LA MAGIE DE
LA LISTE

YUVAL ABRAMOVITZ

LA MAGIE DE
LA LISTE

VIVEZ VOS RÊVES !

Traduit de l'hébreu
par Jean-Luc Allouche

MAZARINE

Conception graphique de la couverture : N. W.
Conception graphique intérieure : Tamara Moyal

Cet ouvrage est la traduction intégrale, publiée pour la première fois en France, du livre de langue hébraïque :

THE LIST

édité par Anat Lev Adler

ISBN : 978-2-86374-430-7
Dépôt légal : septembre 2016

À ma noble grand-mère, Sophia Abramovitz, de mémoire bénie, qui n'a pas pu réaliser tous ses nombreux rêves.

À ma mère bien-aimée, Tamar Abramovitz, qui m'a appris à suivre les élans de mon cœur avec la dernière énergie.

À Shira et Noga, mes filles, qui m'ont offert la chance de vivre une deuxième enfance peuplée de rêves.

1 LA LISTE
QUI M'A SAUVÉ

J'AVAIS 16 ANS LE JOUR OÙ MA VIE A PRIS FIN. DU MOINS, TELLE QUE JE L'AVAIS CONNUE JUSQUE-LÀ. UN ACCIDENT A BOULEVERSÉ MA VISION DU MONDE DE FOND EN COMBLE.

À cette époque, je travaillais comme homme à tout faire dans un restaurant : j'étais chargé de débarrasser les tables et de les nettoyer.

Pendant l'un de mes services, à la fin duquel j'espérais glaner quelques pourboires substantiels à même de gonfler les maigres économies qui devaient financer mon permis de conduire, l'achat de vêtements et de CD, le chef m'a demandé de lui rapporter de la réserve un lourd bidon de conserves de cornichons au vinaigre.

Du restaurant, spacieux et bondé, jusqu'à la réserve (où étaient entreposés des condiments, des desserts et la viande dans des congélateurs), je devais traverser un vaste parking. Avec le temps, une flaque très glissante s'était formée sur le sol : un piège poisseux formé par un mélange d'huile de moteur, d'eaux usées grasses et de produits détergents évacués en fin de journée sur l'asphalte bétonné.

Deux semaines auparavant, le patron du restaurant avait glissé sur cette flaque et s'était fracturé le poignet. Animé d'un sens aigu de la responsabilité, je lui avais suggéré d'installer une passerelle en bois sur le parking pour permettre aux clients d'éviter le sol détrempé, de regagner leurs véhicules en toute sécurité, et d'empêcher ainsi d'autres accidents. Il avait préféré ignorer le conseil d'un tâcheron un brin casse-pieds.

Deux semaines plus tard, c'est moi qui glissais sur cette flaque et, en un millième de seconde, retombais violemment sur une plaque d'égout. Le bidon m'a échappé des mains, le couvercle a sauté, et les cornichons se sont répandus un peu partout.

Aujourd'hui encore, je peux entendre le bruit de mon crâne heurtant le sol glacé et revoir le mouvement de ma tête en partie arrachée et de mon cerveau ballotté de droite à gauche, telle une balle de ping-pong. Le coup sur ma nuque ensanglantée était si douloureux que je n'ai pas senti le choc, au même moment, au bas de mon dos.

Les clients et les employés du restaurant se sont aussitôt précipités pour me relever, puis ont vérifié que j'étais encore conscient. Trois costauds m'ont empoigné, dirigés d'une main de maître par le patron, un bras toujours plâtré après sa propre glissade.

« Lève-toi, qu'on voie si tu es capable de marcher ! »

Inutile de préciser que j'en étais incapable. J'avais le vertige et j'ai vomi deux fois.

Quelques minutes plus tard, toutes sirènes hurlantes, une ambulance m'a transporté à l'hôpital où j'ai subi une série d'examens approfondis et des radiographies. J'ai déclaré au médecin des urgences que j'avais l'impression de ne plus sentir mes jambes. Mais, en l'absence de fracture aux jambes et de blessure à l'épine dorsale, on m'a renvoyé chez moi, avec cette recommandation : « Mettez-vous au lit sous une couverture chauffante, reposez-vous pendant trois jours, et ça va passer. »

L'urgentiste avait raison. Au bout de trois jours, la douleur a disparu, mais je ne sentais toujours pas mes jambes. J'étais paralysé.

J'ai essayé de me lever comme d'habitude – geste quotidien que nous effectuons sans même y penser – mais en vain. J'éprouvais une sensation bizarre. Plus d'une fois j'ai ordonné à mon cerveau de me « mettre sur mes pieds », mais il ne m'a pas obéi. J'ai pincé mes jambes : aucune sensation. Je les ai griffées : rien. J'ai enfoncé la pointe d'un stylo dans ma chair. La jambe saignait, mais je ne ressentais aucune douleur.

« Maman ! Je suis incapable de bouger… Je suis paralysé ! »

Ma mère s'est précipitée à mon chevet. « Essaie de te mettre debout ! Tes jambes sont sûrement engourdies ! » Elle tâchait de faire bonne figure, mais son regard affolé trahissait sa panique.

Elle s'est ruée dans la salle de bains et en a rapporté une pince à épiler, avec laquelle elle a pincé mes orteils, la plante de mes pieds, ma cheville, grimpant jusqu'à ma cuisse.

Aucun tressaillement !

En quelques minutes, je me suis retrouvé dans les bras d'un voisin compatissant qui m'a porté de mon lit à sa voiture, et tous trois nous avons foncé jusqu'à l'hôpital le plus proche. D'abord, on m'a dirigé aux urgences pour un premier diagnostic. Un médecin à la mine sévère a examiné mes jambes à l'aide d'un marteau à réflexes et a conclu que la droite était totalement paralysée et la gauche invalide à 60 %.

Le médecin suspectait une blessure à l'épine dorsale. Au bout de près de deux heures, après de nouveaux tests de réflexes, j'ai été acheminé au service de neurologie.

Là, j'ai subi une batterie complète d'examens. À nouveau, des coups de marteau à réflexes, puis une décharge électrique le long des jambes (censée provoquer des démangeaisons) et, enfin, toute une série d'examens intrusifs pour évaluer l'ampleur de la paralysie.

Trois médecins, accompagnés d'internes intrigués, sont venus observer ce cas exceptionnel. Ils ont essayé de vérifier si la paralysie s'était propagée au-delà de mon bassin et avait affecté mon appareil génital. Non, aucun dommage de ce côté-là : tout fonctionnait – merci d'avoir posé la question…

Au bout d'une longue nuit d'examens, les médecins étaient toujours aussi perplexes. Comme les radios ne montraient pas de fracture de la colonne vertébrale, les blouses blanches n'avaient aucune explication précise à cette paralysie ; ils ne pouvaient présager quand mes jambes recommenceraient à fonctionner, si jamais j'en retrouvais l'usage… Tout au plus, ils ont réussi à repérer un léger déplacement des vertèbres inférieures.

J'ai été hospitalisé pendant presque deux mois, jusqu'au jour où les médecins ont conclu que mon séjour devenait inutile et que je devais retourner chez moi.

Retourner ? Plus exactement, revenir dans le fauteuil roulant dans lequel on m'avait installé pendant mon séjour à l'hôpital. Ce fauteuil, c'était mes nouvelles jambes.

A posteriori, j'ai compris que les médecins avaient mis à profit mon hospitalisation pour m'habituer au fauteuil roulant. Et à ma nouvelle vie. La vie d'un adolescent de 16 ans.

À un moment donné, j'ai senti que les médecins désespéraient de trouver un remède à mon état. Certes, jusqu'au jour de ma sortie, ils ont continué à stimuler mes jambes par des décharges électriques, dans l'espoir de découvrir un effet sur mon système nerveux ou une amélioration, mais il me semble qu'ils s'étaient facilement résignés à me laisser dans un fauteuil roulant et à avouer qu'ils passaient la main (et mes jambes...).

Je n'ai plus remis les pieds (!) à l'hôpital. Ni au collège. Élève de première, mon unique consolation était d'être exempté des devoirs à la maison et de ne plus potasser mes examens.

Très vite, mes activités sociales ont été transférées de la cour de récréation à ma petite chambre de la rue Zamenhof, à Bat-Yam. De huit heures du matin jusqu'à minuit, mes camarades de classe venaient me voir pour me remonter le moral.

Parfois, il y en avait près de vingt regroupés autour de mon fauteuil roulant ou de mon lit. Certains jours, nous étions d'humeur particulièrement joyeuse, nous regardions des films à la télé, nous cancanions sur le dos de la terre entière et nous nous sommes même livrés à une blague stupide : téléphoner à des inconnus.

Mais, à un certain stade, le désœuvrement et l'éloignement du collège m'ont pesé, et même l'affection qui m'entourait commençait à me gaver. Il fallait que je regarde la réalité en face : malgré mes tentatives, conscientes et inconscientes, de refouler mon invalidité, la vie quotidienne multipliait les piqûres de rappel...

Mes copains préparaient les tests de la préparation militaire, bûchaient leur bac, programmaient leurs vacances en Grèce, s'amourachaient – comme tous les jeunes de mon âge –, et leurs visites se raréfiaient. De mon côté, je baignais dans une atmosphère de maladie et de vieillesse : des soins physiothérapiques en compagnie de vieillards qui s'étaient brisé le col du fémur ou d'individus aux capacités physiologiques amoindries suite à une crise cardiaque. Pour couronner le tout, mon corps avait gonflé et était déformé par la cortisone.

Je n'avais pas imaginé profiter de ma jeunesse de cette façon.

PARFOIS, ON ME POSE LA QUESTION : AVEZ-VOUS SOMBRÉ DANS LA DÉPRESSION, DURANT CETTE PÉRIODE ? MA RÉPONSE EST SANS ÉQUIVOQUE : **JE N'AI PAS EU LE TEMPS DE ME MORFONDRE DANS LA DÉPRESSION PARCE QUE J'ÉTAIS TROP OCCUPÉ À PRÉPARER MON AVENIR.**

Un jour, par pur ennui – mais, surtout, parce que j'espérais me remettre à marcher et parce que j'y croyais de tout mon cœur –, j'ai pris un ancien cahier d'école, je l'ai ouvert du côté inutilisé, je l'ai intitulé « La Liste » et j'ai commencé à écrire pour moi-même : « Projets pour l'année à venir » :

- ☐ Préparer le bac, option « art dramatique ».
- ☐ Donner et recevoir mon premier baiser.
- ☐ Me faire offrir un ordinateur.
- ☐ Profiter de ma réclusion forcée pour écrire un livre.
- ☐ Visiter à nouveau Londres, cette fois, avec Grand-père et Grand-mère.
- ☐ Jouer dans une comédie musicale avant l'âge de 25 ans.
- ☐ Me promener sur la Grande Muraille de Chine vers l'âge de 30 ans (de préférence avec ma grand-mère qui en a rêvé toute sa vie).
- ☐ Travailler dans un journal et signer ma propre chronique.
- ☐ Jouer dans une série télévisée (comme un de ces feuilletons américains que je regarde sur le câble).
- ☐ Créer une entreprise dans le domaine artistique.

En quelques minutes, la page s'est couverte de pattes de mouche, avec mes objectifs, tâches et rêves. Au début, j'ai essayé d'écrire en tenant compte de mon état physique mais, bien vite, je me suis laissé entraîner dans une liste illimitée et totalement désinhibée.

Après avoir rempli deux pages à l'horizon de mes 17 ans, j'en ai entamé une nouvelle jusqu'à l'âge de 18, puis de 19 ans. J'ai continué ainsi pour la troisième et la quatrième décennie de mon existence. En moins d'une semaine, mon cahier débordait de projets, de rêves et d'objectifs. Chaque fois que j'avais une nouvelle idée, je l'ajoutais au bas de la liste sous la rubrique d'âge adéquate. Par exemple, sur la page de mes 40 ans, j'ai noté : « Acquérir comptant un appartement. » Dès cette époque, je savais que l'hypothèque sur un crédit immobilier était insupportable et qu'il valait peut-être mieux économiser d'abord la somme requise.

Dans trois ans, j'aurai 40 ans, et je continue à travailler dur pour réaliser l'objectif que je me suis fixé, il y a plus de vingt ans.

Un beau jour, l'une de mes professeures est venue me rendre visite. Elle a regardé mon cahier, intriguée par ce que j'avais bien pu écrire là-dedans. En le lui tendant fièrement, je lui ai fait part de mon idée de « La Liste ». Elle a ouvert le cahier et en a lu à haute voix une partie.

Ma professeure a voulu savoir ce qui motivait chaque point de la liste, et plus je lui expliquais et me laissais divaguer, plus son léger sourire devenait de plus en plus triste. Je ne pouvais pas ignorer les larmes qui embuaient ses yeux bleus et, surtout, je me souviens aujourd'hui encore de l'expression de son visage qui trahissait sa pensée : « Mon pauvre enfant… Non seulement son épine dorsale a été atteinte, mais aussi son cerveau. Il est totalement coupé de la réalité… »

Tous ceux qui voulaient jeter un œil sur mon cahier affichaient la même mine déconfite. Ils n'y découvraient que les chimères d'un songe-creux puéril, aveugle devant la réalité et bâtisseur de châteaux en Espagne – car n'importe quel être sensé doute qu'il soit possible de participer à une comédie musicale dans un fauteuil roulant (bien que la série télévisée *Glee* ait prouvé le contraire), de vadrouiller sur la Grande Muraille ou de s'envoler pour Londres. Même travailler comme journaliste exige mobilité et autonomie : mon ambition était irréaliste. Avec un handicap comme le mien, il va de soi qu'il est impossible d'être actif, de gagner sa vie, de créer une entreprise ou de payer comptant un appartement (de toute façon, il est déjà difficile d'en acquérir un avec deux jambes valides même en bossant comme un damné !). Mais, moi, je voulais croire que j'accomplirais tous ces rêves, coûte que coûte.

En fin de compte, après une longue période de rééducation épuisante (elle a duré un an et demi et comportait des soins intensifs et douloureux) et au bout de milliers d'heures à ruminer dans mon fauteuil roulant pendant lesquelles je me voyais remis sur pieds, au propre comme au figuré, et même interviewé sur ma guérison, j'ai recommencé à marcher.

Cela n'avait rien d'un film hollywoodien dans lequel un blessé de guerre se lève de son fauteuil et retourne au combat en un rien de temps, grâce à un miracle. C'était un très long apprentissage, harassant et particulièrement frustrant. En chemin, j'ai dû supporter les regards apitoyés des passants devant le spectacle de mes amis poussant mon fauteuil roulant. Graduellement, au prix de mille épreuves, je suis passé du fauteuil roulant à un déambulateur de vieillard, dont les pieds étaient munis de balles de tennis pour éviter les glissades. Ensuite, j'ai progressé jusqu'à des béquilles avant de pouvoir enfin me tenir sur mes jambes.

Je n'oublierai jamais le jour où je suis sorti pour la première fois de chez moi pour rendre visite à un ami qui habitait à dix minutes de chez moi. C'était incroyablement bizarre. Je me revois arpenter ma ville natale, essayant de m'orienter en ligne droite mais, je ne sais pourquoi, avancer en zigzag. Mon cerveau avait besoin d'un certain délai pour fonctionner à nouveau et envoyer ses instructions à mes jambes.

J'ai frappé à la porte de mon ami, qui m'a ouvert, m'a pris dans ses bras et fait entrer, comme si de rien n'était. Au bout d'une minute, voyant que je me tenais debout, il a hurlé de joie.

Quand les médecins qui m'avaient traité ont été informés que je m'étais remis à marcher, ils n'ont pu expliquer le phénomène. Certains prétendaient qu'il s'agissait du symptôme dit du « pied tombant » ou « steppage » – une sorte de paralysie, parfois temporaire, due à la pression des vertèbres sur le système nerveux. D'aucuns allaient jusqu'à bredouiller : « Un miracle médical ! » Et d'autres encore préféraient croire aux bienfaits des huiles et des crèmes enduites sur mes jambes, voire aux amulettes dont des rabbins m'avaient gratifié et qui ornaient mon fauteuil.

D'une manière ou d'une autre, pendant les premiers jours du printemps – presque un an et demi après mon accident –, je suis revenu à la vie, en possession de tous mes moyens.

En l'absence d'explication médicale convaincante à ma guérison, j'ai adopté cette réponse personnelle que j'ai fournie à tous ceux qui m'interrogeaient :

✓ LA LISTE **DE TOUS LES RÊVES QUE JE SOUHAITAIS ACCOMPLIR** M'A PERMIS DE RETROUVER L'USAGE DE MES JAMBES. **LA LISTE M'A FIXÉ DES OBJECTIFS ET** M'A INSUFFLÉ **L'ESPOIR** QUE **RIEN NE M'EMPÊCHERAIT DE ME REMETTRE DEBOUT ET DE LES RÉALISER.**

MA LISTE M'A AIDÉ À COMBATTRE LE DÉSESPOIR.

SI NOUS AVONS, EN LIGNE DE MIRE, UN OBJECTIF CLAIR ET PRÉCIS, NUL CHEMIN N'EST TROP ARDU NI IMPOSSIBLE POUR L'ATTEINDRE.

2 LE CADEAU
DE MA VIE

Lorsque je raconte l'histoire de mon accident à des inconnus, je me heurte le plus souvent à la même réaction : un mélange de stupeur et de pitié. De la pitié, parce que j'ai perdu près de deux années de ma jeunesse. De la stupeur, à cause des obstacles que j'ai dû surmonter, si jeune. Pour ma part, je souris à chaque fois et leur affirme que j'appréhende cette période de manière différente : elle a été, en fait, l'époque la plus heureuse de ma vie – j'ai réalisé le rêve ultime de tout collégien : sécher les cours, avoir une vie sociale particulièrement riche, me détendre en regardant la télé ou en lisant des livres et, par-dessus tout, rédiger des listes. Je disposais de ces nombreux mois pour préparer mon avenir, privilège dont peu d'individus bénéficient : le rythme de la vie et la surcharge d'activités nous empêchent, la plupart du temps, d'envisager ne serait-ce que notre lendemain.

QUAND JE JETTE UN REGARD EN ARRIÈRE, JE QUALIFIE AINSI CETTE PÉRIODE : « LE CADEAU DE MA VIE ».

Ah bon, un cadeau ? Oui, parce que j'ai pu, dès mon jeune âge, saisir la précarité de la vie : le destin peut tout chambouler en quelques secondes. Juste avant de glisser sur cette flaque graisseuse, j'étais un adolescent dynamique, plein de projets personnels et professionnels en tête – et, une seconde plus tard, un invalide, à l'avenir en miettes.

Aujourd'hui, je sais que ce genre de lucidité survient relativement tard dans l'existence. Évidemment la maladie, les tragédies intimes et même la mort nous guettent tous, hélas, mais, du moment que la catastrophe nous a épargnés, nous oublions cette fragilité.

Parfois, nous passons à côté des leçons de lucidité que la vie nous offre. Ainsi, cette amie âgée de 45 ans, qui a souffert de deux cancers en dix ans. À chaque fois, la maladie la frappait cruellement et lui interdisait toute activité pendant de longs mois.

Or, même si, à mes yeux, cette femme avait connu la réussite et était appréciée dans son domaine, cela ne l'avait jamais comblée. Elle me donnait l'impression d'avoir oublié les épreuves qu'elle avait surmontées et que sa vie lui paraissait toujours inaccomplie, à force de regarder l'herbe dans le jardin du voisin et de comparer inutilement ses propres succès à ceux d'autrui. Si elle avait investi moins d'énergie à contempler leurs jardins et avait cultivé davantage ses propres parterres de fleurs, je n'ai aucun doute qu'aujourd'hui elle jouirait de sa propre forêt et, surtout, qu'elle serait plus heureuse.

Au cours d'une conversation, je lui ai lancé : « Tu as guéri deux fois du cancer ! Tu devrais en être heureuse ! » Elle écoutait mes propos sans être autrement convaincue. C'est ainsi que j'ai compris que chaque être humain doit entreprendre sa propre odyssée.

Pour ma part, j'ai ressenti très jeune la vulnérabilité dans ma chair. Lorsque j'ai retrouvé l'usage de mes jambes, j'ai regardé ce fameux cahier, rangé négligemment dans la caisse aux vieux papiers et lettres d'amour sous mon lit d'adolescent, et j'ai pris cette résolution : tant que je serai en vie, je continuerai à battre le fer quand il est chaud et, en fin de compte, j'accomplirai tous mes rêves.

Oui, tous les rêves : petits, grands, même irréels. Réalistes et chimériques, avoués et secrets, honorables et puérils, ordinaires et audacieux, personnels et familiaux, locaux et universels… J'ai décidé que rien ne se mettrait en travers de ma route : ni l'incrédulité de mon entourage, ni les contraintes économiques, ni les réponses négatives que je recevrais de qui que ce soit. Or, j'ai déjà eu mon lot de rebuffades. Et je suis sûr que c'est aussi votre cas.

J'AI DONC DÉCIDÉ DE VIVRE
CHAQUE JOUR COMME SI C'ÉTAIT
LE DERNIER DE MA VIE.
ET J'APPOSERAI UN √ SUR CHAQUE POINT
DE MA LISTE INFINIE.

D'ailleurs, j'ai déjà coché la plupart de mes vœux.

- ☑ J'ai rencontré ma première compagne aussitôt après ma guérison (et, bien sûr, j'ai enfin connu l'expérience de mon premier baiser amoureux).
- ☑ Juste avant mon appel sous les drapeaux, j'ai eu le temps de visiter Londres avec ma grand-mère et mon grand-père (ce fut l'un de mes voyages les plus formidables, et tous trois nous regardons souvent les photos de cette escapade avec plaisir).

- J'ai passé mon bac option « art dramatique » (j'incarnais un soldat handicapé, et j'ai obtenu la note de 100/100, parce que j'étais exceptionnellement doué dans ce rôle. Si seulement les examinateurs avaient su les raisons réelles de cette expérience et de ce qui m'avait inspiré...).
- Après mes études de théâtre, j'ai joué dans une comédie musicale intitulée Salah Shabbati, au côté du célèbre acteur comique israélien Zéev Révah.
- J'ai commencé à travailler comme journaliste dans un périodique régional, Holon Bat-Yam.
- Je me suis acheté un ordinateur avec mon premier salaire de journaliste (à cette époque-là, un ordinateur était hors de prix).
- Et, enfin, je me suis promené sur la Grande Muraille de Chine.

Cette période du « cadeau » de ma vie m'a offert une multitude de faveurs. Dans cet ouvrage, j'ai bon espoir de distribuer ces dons autour de moi.

Dans ces pages, j'aimerais vous emmener dans une aventure intellectuelle et intime, sans que vous ayez besoin d'affronter un épisode aussi dramatique que le mien ou de passer ne serait-ce qu'une minute dans un fauteuil roulant. Je souhaite que l'odyssée de « La Liste » que j'ai entreprise au cours de ces vingt dernières années vous inspire et vous familiarise avec le mode de vie qui m'a aidé, comme beaucoup d'autres, à réaliser mes rêves.

CE LIVRE N'A PAS LA PRÉTENTION D'ÊTRE UN OUVRAGE DE « SPIRITUALITÉ », BIEN QUE J'AIE FOI EN NOTRE CAPACITÉ À CRÉER NOTRE PROPRE RÉALITÉ *EX NIHILO*.

SON UNIQUE AMBITION EST DE VOUS PROPOSER UNE SORTE DE GUIDE PRATIQUE QUI VOUS RACONTERA L'HISTOIRE DE L'ACCOMPLISSEMENT PERSONNEL DE MILLIERS D'INDIVIDUS QUI SE SONT MIS EN TÊTE D'ÉTABLIR, EUX AUSSI, DES LISTES. INDIVIDUS QUE J'AI RENCONTRÉS AU HASARD DE MES PÉRÉGRINATIONS À TRAVERS LE MONDE ET PAR LE BIAIS DES RÉSEAUX SOCIAUX DONT, EN PREMIER LIEU, FACEBOOK. J'AI CHOISI DE NE PAS INCLURE DES CHIFFRES, DES PREUVES ET DES RECHERCHES TÉMOIGNANT DE L'INFLUENCE D'INTERNET ET DE LA PUISSANCE DE LA TOILE. CES DONNÉES SONT EN ACCÈS LIBRE SUR INTERNET ET DANS LA PRESSE, ET ON PEUT TOUJOURS LES RETROUVER SUR GOOGLE. DE MÊME, ON PEUT RECUEILLIR UNE MASSE D'INFORMATIONS SUR LE POUVOIR DU NET DANS L'OUVRAGE MERVEILLEUX DE RANDI ZUCKERBERG (ELLE-MÊME, L'UNE DES FONDATRICES DE FACEBOOK ET PERSONNAGE IMPORTANT DES MÉDIAS), *EN ROUTE POUR NULLE PART* (EN HÉBREU, AUX ÉDITIONS YEDIOT BOOKS), CONTENANT UN NOMBRE INFINI D'EXEMPLES ET DE DONNÉES SUR CE SUJET.

DANS MON LIVRE, VOUS DÉCOUVRIREZ SURTOUT DES ANECDOTES À MÊME DE VOUS INSPIRER

ET DE NOMBREUSES EXPÉRIENCES QUE J'AI ACCUMULÉES PENDANT MON ENTREPRISE DE « LA LISTE », TOUT AU LONG DE QUATRE ANS, ET DE QUELQUE 5 000 NOTES ENVOYÉES PAR DES CORRESPONDANTS D'UN PEU PARTOUT DANS LE MONDE.

JE VOUS INVITE À BALAYER TOUS LES OBSTACLES, LES CRAINTES, LES IDÉES PRÉCONÇUES ET LES CYNIQUES, À ACHETER UN BEAU CAHIER ET UN STYLO (NOUS NOUS EN SERVIRONS PAR LA SUITE) ET À COMMENCER AVEC MOI LE PÉRIPLE DE VOTRE « LISTE » PERSONNELLE.

Vous pouvez griffonner au dos de votre cahier, y consigner des citations et rédiger des listes et des notes à l'emplacement prévu (et même ailleurs).

Je gage que ce livre vous insufflera l'audace et le courage de suivre les élans de votre cœur et des rêves que vous voulez réaliser.

Inspiré par cet exemple, vous ouvrirez peut-être un blog sur le Net ; vous commencerez sans doute à utiliser vos réseaux sociaux de manière plus efficace au lieu de vous contenter d'y publier des photos de desserts débordant de crème Chantilly ou des critiques dérisoires sur la fin redoutée et trop précoce du week-end... Vous vous piquerez peut-être au jeu des listes et vous déciderez – qui sait ? – d'effectuer une conversion professionnelle ou de prendre une année sabbatique pour parcourir le monde.

Et, bien sûr, j'ai bon espoir que, à la fin de votre lecture (et même, un peu avant), vous soyez déjà en route pour réaliser un rêve au moins, si ce n'est davantage, de votre propre liste.

Du fait même d'acquérir cet ouvrage, d'y consacrer une partie de votre temps précieux, de vous accorder quelques minutes de réflexion et de les investir à votre profit, vous êtes déjà sur la voie de votre accomplissement personnel. Ainsi, vous vous offrez un magnifique cadeau.

IL N'Y A QUE LE PREMIER PAS QUI COÛTE.

3 | CARTE D'IDENTITÉ

À l'heure où j'écris ces lignes, j'ai 37 ans, je réside dans le centre de Tel-Aviv en Israël et je suis le père de deux filles : la merveilleuse Shira, 5 ans et demi, et mon tout nouveau-né, Noga, au sourire ravageur. Cela fait vingt ans que je travaille dans les médias israéliens (aujourd'hui comme intervieweur au quotidien *Israël Hayom*). J'ai publié deux thrillers devenus des best-sellers, et le troisième doit paraître sous peu. J'ai joué dans plus de 500 épisodes de séries télé populaires israéliennes (dont *Notre chanson*, *Les Huit*, *Pyjamas*, etc.), de même qu'au théâtre. J'ai animé des émissions de radio. Je dirige deux boutiques de design, un site Internet traitant de la culture et un atelier d'écriture.

J'ai sillonné la planète. Je me suis promené sur la Grande Muraille, j'ai contemplé une aurore boréale, j'ai erré à travers les favelas du Brésil et gravi toutes les marches jusqu'au sommet de la tour Eiffel. J'ai dîné avec Bruce Willis, déjeuné au domicile de Juliette Binoche, pris un selfie avec Jason Alexander (au cours d'un repas en faveur de la paix au Proche-Orient) et j'ai interviewé le haut du panier des célébrités hollywoodiennes, de Meryl Streep à Leonardo DiCaprio. J'ai visité des châteaux, des palais et des résidences d'été, et j'ai été l'hôte de personnages riches et influents à travers le monde : et j'en passe.

Je peux ajouter d'autres succès, grands ou mineurs, non pour « frimer », mais juste pour souligner que j'ai pu marquer jusqu'ici d'un « ✔ » victorieux presque tous mes rêves – et je continue à en inscrire d'autres et à les réaliser.

VOUS AUSSI, VOUS LE POUVEZ.

Cette phrase est tout sauf un slogan. J'ai à ma disposition de nombreux témoignages de personnes qui ont découvert le principe de « La Liste », et dont la vie s'est transformée.

4 MON TRAVAIL ?

ACCOMPLIR MES RÊVES

La plupart de mes connaissances ont besoin de définitions claires et de schémas familiers pour classer les informations dans leur cerveau. C'est la raison pour laquelle on me demande souvent : « Qui êtes-vous, en fait ? Quelle est votre profession ? Comment gagnez-vous votre vie ? »

Avant, je bredouillais une réponse à la va-vite, en fonction du projet prioritaire qui me motivait à cette époque, ou je recommandais aux curieux de consulter Google et de se renseigner par eux-mêmes.

Plus d'une fois, j'étais mal à l'aise parce que mes activités semblaient se disperser dans de nombreux domaines. J'ai été tenté de me laisser convaincre par toutes sortes de conseillers, agents, managers ou amis prétendant que des activités aussi diversifiées étaient la preuve de mon manque de concentration et de maturité. Trop souvent, j'ai entendu dire que mon défaut de focalisation professionnelle prouvait une absence de sérieux ou une tendance à l'improvisation, l'incapacité de m'engager, que je souffrais de problèmes d'image et d'identité, et que nul ne pouvait s'identifier à moi ni adhérer à mes vues. Tous les contre-exemples que je fournissais à mes contradicteurs étaient inutiles – tels des journalistes devenus écrivains, des écrivains également hommes d'affaires, des entrepreneurs qui jouaient aussi les humoristes sur scène, ou encore des humoristes entrés en politique. J'ai toujours eu droit à ce genre de remarques tordues et horripilantes : « Ceux-là, ils ont eu du pot ! » Ou encore : « Avec l'argent, on peut tout se permettre ! »

Aujourd'hui, quand on m'interroge sur mon gagne-pain, je réponds, à moitié sérieusement : « Je travaille à accomplir mes rêves. » Car je sais désormais qu'une activité tous azimuts, voire frénétique, m'a enrichi en tant qu'être humain et créateur. Grâce à elle, j'ai pu développer un vaste réseau de relations qui m'aident à faire bouger les choses, une communauté importante de partisans qui me poussent à aller de l'avant, me permettent de déployer mes ailes et de prendre mon envol.

Quand je me souviens du cahier de l'adolescent de 16 ans et du regard compatissant de ma professeure qui s'apitoyait sur ce jeune homme invalide, coupé de la réalité, je souris. Je souris parce que j'ai surmonté mon handicap et que j'ai réalisé mes rêves, malgré le scepticisme d'une grande partie de mon entourage.

Enfant, je ne savais pas vraiment ce que je voulais faire quand je serais adulte. Gamin, je voulais être pompier, comme beaucoup d'autres à cet âge. Plus mûr, je rêvais d'être comédien ou journaliste, mais on m'expliquait que ces métiers n'étaient pas très lucratifs et qu'il valait mieux que je choisisse une autre vocation. Cependant, j'avais un programme bien défini : je rédigerais un agenda hebdomadaire à consulter chaque soir pour me rappeler ce que je devrais faire le lendemain. Aujourd'hui encore, je respecte ce programme.

En fait, j'ai toujours vécu de cette façon.

Aujourd'hui, aucun jour ne ressemble à un autre. Ma vie est aussi riche et diversifiée que dans mes rêves, telle que je la souhaitais et l'envisageais. J'ai même réussi à faire quelque chose dont je suis particulièrement fier : le luxe d'une sieste, chaque jour. Depuis toujours.

TOUT CELA, GRÂCE À CE MOYEN SI SIMPLE : LA RÉDACTION DE LISTES, QUI NE REQUIERT QU'UN STYLO, DES PAGES BLANCHES (DANS LA SUITE DE L'OUVRAGE, VOUS TROUVEREZ DES ESPACES VIERGES OÙ ÉCRIRE ; SINON, MUNISSEZ-VOUS D'UN CAHIER), UN ESPRIT OUVERT, DE LA VOLONTÉ, DE LA FOI, ET UN PEU D'AUDACE. AUJOURD'HUI, JE MOBILISE LA PUISSANCE MASSIVE DES RÉSEAUX SOCIAUX POUR IMPULSER MES RÊVES À TRAVERS LE MONDE. GRÂCE AUX LISTES, DEVENUES MON MODE DE VIE, J'AI EU LE PRIVILÈGE DE CONNAÎTRE LES PLUS BELLES EXPÉRIENCES.

Je ne suis pas un coach. Ni un psychologue. Ni diplômé en sciences comportementales (pour être franc, je n'ai même pas le bac !). Je n'ai pas grandi dans une famille bourgeoise, ni ne suis né à Tel-Aviv, la ville des opportunités infinies aux yeux de l'Israélien moyen. Je ne suis pas non plus Superman, ni ne dissimule un philtre magique pour m'aider à accomplir mes rêves.

Mes parents n'avaient pas de relations, de position sociale ou d'argent, et ils ont divorcé quand j'avais 7 ans. J'ai habité chez ma mère. Mon père remarié (puis à nouveau divorcé), je ne le rencontrais que de loin en loin. Je n'étais pas l'élève le plus populaire de ma classe, loin d'avoir une « belle gueule » ou de bonnes notes. Quant à elles, ma grand-mère et ma mère m'ont toujours encouragé dans mes rêves. J'ai grandi baigné par les récits héroïques de mon grand-père pendant la Seconde Guerre mondiale. J'ai accumulé un énorme trésor de rêves et des montagnes de pages en étaient couvertes.

Je continue à noter des rêves. Tout le temps. Ma table de travail est tapissée de Post-it multicolores. Si on fouillait dans mes poches, je suppose qu'on y trouverait un bout de papier.

Et je possède, bien sûr, des tas de cahiers bourrés de griffonnages et de listes.

Il ne s'agit pas seulement de listes des courses ou de démarches administratives, mais d'une palette d'objectifs que je veux atteindre et de rêves que je désire réaliser. Des listes que les dirigeants de grandes entreprises ou les officiers qualifient dans leur jargon professionnel de « plannings », sinon que le mien est affecté à ma vie privée.

À quoi ressemblent ces listes ? Sont-elles calligraphiées ou gribouillées ? Contiennent-elles des traces de gommage ou de repentirs ? Je dois avouer que c'est le cas. Ces listes débordent de vie, elles réagissent à tout ce qui se produit et se renouvelle autour de moi, ici et maintenant, et demain. Mes rêves ne sont pas gravés dans le marbre. Je les actualise et les modifie à n'en plus finir, en fonction des succès remportés et, bien sûr, des obstacles rencontrés en chemin (et il y en a beaucoup), ou quand il me semble qu'il faut relever le niveau – de l'émotion ou des réussites. Et, surtout, quand je sens que le temps est venu de formuler de nouveaux rêves.

Y A-T-IL UN TEMPS APPROPRIÉ POUR ÉTABLIR LES LISTES ?

J'ai remarqué que je rédige toujours une liste la veille de mon anniversaire, une autre lors de mes congés annuels, et une troisième à la fin de la journée de Kippour, le Grand Pardon juif. Je les actualise chaque fois que je me sens piétiner aux plans professionnel ou personnel, ou dans les périodes de baisse de tension ou de perte d'énergie. Comme je réussis à concrétiser la plupart de mes listes, il va de soi que je vais continuer à en dresser d'autres, au cours des années prochaines. Et je vais apprendre à mes filles à procéder de même.

Mais, malgré la longue introduction qui tourne apparemment autour de ma personne, cet ouvrage et l'histoire qu'il raconte ne se rapportent pas à moi. Cet ouvrage est destiné à transmettre un message, par le biais de mon propre parcours grâce à mes listes, et, surtout, grâce à une expérimentation sociale sur Internet, intitulée le « Blog des rêves », que j'ai créé en mai 2001.

A posteriori, il s'est avéré, grâce à ce blog, et sans que je l'aie prévu, que je me suis retrouvé au cœur d'une expérience massive (certains diront : une sorte d'enquête sociologique) qui a vu la participation grandissante d'internautes, équivalant au nombre de visiteurs du blog, quelques dizaines de milliers à travers le monde, de tous sexes et de tous âges. Ce blog m'a aidé à étudier le domaine de la « réalisation des rêves ». Aujourd'hui, avec le recul du temps et de l'expérience, il me semble avoir réussi à comprendre ce quelque chose qui pousse certains individus à tenter de réaliser leurs listes, rêves, volontés et objectifs. Aujourd'hui, je comprends, moi aussi, ce qui empêche de le faire (moi-même, à l'occasion).

Nous avons tous des rêves, mais nous ne réussissons pas tous à les réaliser.

Je crois savoir pourquoi.

J'ai l'intuition que, vous aussi, vous devez le savoir.

5 | LA LETTRE ÉCRITE À MOI-MÊME

La veille du jour de Kippour 2010, je faisais le ménage dans la minuscule pièce de travail où j'aime m'isoler pendant quelques heures de la journée, m'abandonner à mon imagination, écrire des livres et rédiger mes interviews hebdomadaires et rencontrer des gens sur Facebook où je suis particulièrement actif.

Alors que je dépoussiérais quelques boîtes posées sur une étagère en hauteur, une en carton Ikea est tombée sur le sol. Des dizaines de feuilles et de notes se sont éparpillées dans la pièce et ont recouvert le plancher d'un tapis multicolore de papiers.

J'ai retrouvé là des vœux émouvants à l'occasion de mon trentième anniversaire, le bulletin de naissance de ma fille Shira (alors âgée de six mois), des photos qui n'avaient pas eu de place dans un album... et une ancienne lettre. J'ai aussitôt reconnu ma propre écriture sur l'enveloppe : et c'était moi le destinataire de cette lettre.

C'était plutôt étrange... Je ne m'en souvenais pas. L'enveloppe était encore fermée. Je l'ai ouverte et j'ai trouvé à l'intérieur une liste de rêves que j'avais dressée, quatre ans auparavant.

J'avais établi cette liste à l'occasion d'un dîner organisé sur le toit de mon appartement, la veille de Roch Hachana, le Nouvel An juif, auquel j'avais convié dix amis intimes et chers. Je les avais informés qu'ils devaient s'habiller en blanc, j'avais préparé un repas à base de fromages et, quand nous avons été rassasiés, joyeux et un peu éméchés, j'ai demandé à chacun de rédiger sa liste de rêves et d'objectifs pour l'année à venir.

Chacun s'est mis à l'écart avec la feuille blanche qui l'attendait sur la table et a établi sa liste. Je leur ai ensuite demandé à tous de partager la liste de leurs rêves avec les autres. Même si nous étions une bande d'amis très unis, et que nous n'ignorions presque rien de la vie des uns et des autres, personne ne s'est empressé de s'exécuter. Certains ont rougi et expliqué que leur liste était trop intime et pas tout à fait au point ; d'autres en ont censuré des éléments, et, enfin, quelques-uns ont lu point par point, sans omettre un seul rêve ou un seul objectif. Nous avons écouté la lecture, discuté de leur signification et essayé de réfléchir tous ensemble à la manière de les réaliser. À la fin, j'ai distribué une enveloppe à chacun en lui demandant d'y glisser sa liste, d'y mettre son adresse et de me la confier.

En tout état de cause, la plupart de mes convives de ce soir-là ont oublié les listes qu'ils m'avaient confiées. Quand les pluies de l'automne ont laissé la place aux orages de l'hiver, je leur ai renvoyé leurs enveloppes, comme un rappel en prévision du printemps, pour le moment où la nature se met à fleurir.

Je n'ai jamais ouvert ma propre enveloppe. Je l'avais oubliée. Elle dormait dans cette boîte en carton qui s'est réduite en poussière entre mes mains.

Je me suis assis devant l'ordinateur, j'ai ouvert l'enveloppe et j'ai commencé à lire. Très vite, un large sourire s'est étalé sur mon visage.

PRESQUE TOUS MES RÊVES ÉTAIENT RÉALISÉS !

CORRECTIF : J'AVAIS RÉALISÉ MOI-MÊME TOUS MES RÊVES. PAR MES PROPRES MOYENS.

- ☑ Emménager dans un appartement plus grand : j'ai trouvé un appartement deux fois plus vaste, avec même une courette. Dans ma prochaine liste, je dois promettre de consacrer tous mes soins à l'embellir.
- ☑ Avoir encore un garçon et une fille : Shira, mon aînée, avait à l'époque six mois. Aujourd'hui, j'ai deux filles.
- ☑ Publier un livre : j'en ai publié deux. Des best-sellers, dès leur parution. Les droits de l'un ont été vendus à une maison de production qui veut en tirer le scénario d'une série télévisée.
- ☑ Un rôle au théâtre : à cette époque, je jouais dans une pièce intitulée *Shoufra*, qui a connu un immense succès, puis a été produite au New York Festival International Fringe. La représentation se poursuit depuis plus de sept ans, et, de temps à autre, je remplace le comédien qui a lui-même pris ma place.
- ☑ Créer une entreprise : je me trouvais, à cette époque, dans la phase initiale d'ouverture d'une boutique exclusive d'objets design conçus par des créateurs locaux, une sorte d'hommage à Tel-Aviv et à Israël. D'ailleurs, cette boutique, « MADE IN TLV », fonctionne toujours à l'Espace de la Gare, dans le quartier de Névé-Tsédek.

Comment était-ce possible ? J'avais réalisé tous les points de la liste que j'avais établie, ce soir-là, sur le toit, vêtu de blanc, avec la lune qui souriait au-dessus de nos têtes. Pourtant, je n'avais aucun souvenir de l'avoir rédigée.

Seules manquaient trois réalisations qui me séparaient d'un accomplissement parfait (jusqu'à ce jour-là !) :

- ☑ M'inscrire à un cours de dessin. Je ne l'ai jamais fait.
- ☑ Apprendre le français. J'ai commencé et arrêté au bout de quelques semaines, parce que ces cours coïncidaient avec une période intense de tournages télé (il semble que je ne sois pas si mauvais en matière de prétextes...).
- ☑ M'inscrire à un club de mise en forme.

Je suis prêt à parier que le dernier point vous est particulièrement familier. Nous tous, nous souhaitons être en bonne santé, en meilleure forme physique et... avec une silhouette plus flatteuse. Cela fait vingt (!) ans que je passe ce point d'une liste à l'autre, et je me jure : « Cette année, je tiens ma promesse ! » J'acquiers donc une carte de membre d'un club nouveau et prometteur – puis j'oublie tout, revends mon abonnement ou l'offre à des amis. J'ai dépensé des milliers de shekels (des centaines d'euros) en abonnements que j'ai toujours négligés. De fait, je suis devenu un grand philanthrope : j'alimente de mes deniers, en permanence, des clubs de mise en forme à travers toute la ville.

J'ai lu cette liste en m'étonnant que tout ce que mon entourage considérait comme difficile à réaliser (livres, théâtre, affaires), je l'avais accompli – grâce à un investissement énorme et de nombreuses heures de travail, mais sans effort psychologique spécial –, tandis que les choses apparemment simples et abordables, je les avais négligées. Qu'est-ce qui m'empêchait de me rendre dans une salle de mise en forme ? Pourquoi n'ai-je pas appris le dessin, alors que je l'avais déjà fait auparavant et que j'y avais pris du plaisir – mes professeurs avaient plutôt apprécié mes travaux ? Après tout, il ne s'agissait pas d'une dépense exceptionnelle...

J'ai donc retrouvé cette enveloppe la veille de Kippour, et les questions qu'elle soulevait m'ont accompagné pendant toute cette paisible journée. À la fin de la fête, j'ai évoqué cette liste oubliée devant ma famille et mes proches. Avec eux, j'ai essayé de comprendre ce qui m'avait empêché de réaliser les points qui semblaient si faciles. Ensuite, j'ai posé la même question sur ma page Facebook, consultée par des milliers d'individus intéressants. Les réponses n'ont pas tardé à tomber.

Pouce ! Avant que vous lisiez les réponses à la question « Pourquoi n'ai-je pas réussi à fréquenter un club de mise en forme ? », réfléchissez et rédigez vos propres réponses à l'exercice de la page suivante.

? EXERCICE

- Qu'est-ce qui, selon vous, incite nombre d'individus à réaliser certains rêves et à renoncer à d'autres ?
- Qu'est-ce qui vous pousse ou vous aide à réaliser certains rêves, contrairement à d'autres rêves qu'il vous brûle d'accomplir mais qui ne trouvent pas leur réalisation ?
- Quel est votre rêve inaccompli qui passe, chaque année, d'une liste à l'autre ? (Comment, vous n'avez pas encore de liste ?)

POURQUOI N'AI-JE PAS FRÉQUENTÉ UN CLUB DE FITNESS ?

QUELQUES RÉPONSES EMPIRIQUES, MAIS RÉVÉLATRICES

« Vous ne vouliez pas vraiment fréquenter ce club. Alors que les objectifs que vous avez déjà réalisés vous tenaient vraiment à cœur », remarquait une femme sur Facebook.

« Traitez-moi d'individu superficiel, lui ai-je répondu, mais je voulais vraiment jouir d'une bonne forme physique. C'est aussi important à mes yeux que de jouer dans une nouvelle pièce de théâtre, de publier un livre ou d'augmenter mes revenus. Cela m'importe aussi au plan professionnel, parce que le corps représente l'un des outils du comédien. »

« Qui peut bien aimer les clubs de fitness ? », réagissait un malabar qui, à en juger par sa photo, appréciait beaucoup ces clubs et s'y exerçait souvent.

« On dirait que tu as du mal à faire des efforts de longue durée, comme fréquenter un club de fitness », déclarait un ami.

« Mais je suis capable de m'astreindre à la rédaction d'un livre pendant deux ans ! Je transporte mon ordinateur partout où je vais, et j'écris à chaque seconde de libre », ai-je protesté.

« Certes, mais un livre offre une récompense, comme l'argent et la renommée », a-t-il répliqué.

« Mais un corps en forme offre aussi une récompense, ai-je rétorqué. À part ça, j'ai l'impression que tu n'as pas lu le récent rapport sur les maigres droits d'auteur de l'écrivain en Israël... »

Bref, personne ne m'a fourni une réponse satisfaisante. C'est pourquoi j'ai décidé de continuer à analyser ce qui nous empêche, en fait, de réaliser tous nos rêves. J'ai reposé à plusieurs reprises ma question sur ma page Facebook, et les réponses reçues étaient plutôt éclairantes.

QU'EST-CE QUI NOUS EMPÊCHE DE RÉALISER NOS RÊVES ?

✓ Difficile d'entreprendre des choses trop éloignées de notre environnement familier.

✓ Notre dynamisme est limité : on ne peut pas tout faire...

✓ Cela dépend de notre ordre de priorités.

✓ Si nous réalisions tous nos rêves maintenant, nous n'aurions plus rien à espérer. Il faut toujours avoir des rêves en réserve.

✓ Par peur de l'échec. Au moindre échec, notre moral en prend un coup.

✓ Au contraire : par peur du succès ou du changement. Nous évitons de réaliser une partie de nos rêves par crainte de bouleverser notre existence. Voir le syndrome de la reine de beauté : devant le monde nouveau qui s'ouvre devant elle, elle plaque son petit ami et se met à fréquenter un nouveau milieu.

✓ Quand nous affrontons de grands rêves, nous repoussons à plus tard un rêve immédiat et banal.

✓ J'ai des rêves grandioses, et pourtant je ne suis qu'un jeune homme. Je serais ridicule de les exprimer.

✓ J'ai 87 ans. J'ai tout vu, tout fait, tout réussi. Je n'ai plus de rêves.

✓ Nous consacrons tant d'énergie intellectuelle à accomplir nos grands rêves que nous négligeons nos rêves moins éclatants.

✓ Question de désir.

✓ Paresse et procrastination.

Quand j'examine la liste de ces explications ingénieuses et, en premier lieu, les problèmes d'argent et de temps, elle m'apparaît surtout comme une litanie de dérobades. Autant de prétextes derrière lesquels je me suis naguère abrité, moi aussi, et que je me bredouille encore, dans mes moments de faiblesse.

Certes, notre temps est limité, mais nombre d'enquêtes révèlent à satiété que nous gaspillons trop de temps libre à regarder des émissions de téléréalité ou à consulter les réseaux sociaux. En fait, un jour sans télé et/ou ordinateur nous permettrait de dégager quelques bonnes heures dans une semaine surchargée.

De même, je balaie d'un revers de la main le manque d'argent. Certes, nous ne sommes pas tous riches, et nombre d'entre nous ont du mal à joindre les deux bouts, mais la réalisation des rêves n'est pas un privilège réservé à la ploutocratie.

Aucun doute : pour réaliser des rêves grandioses, il faut un investissement financier exceptionnel (une excursion familiale en caravane, disons en Nouvelle-Zélande, coûtera des milliers de dollars), mais la plupart de nos rêves sont modestes et exigent un coût raisonnable (rafraîchir sa garde-robe, une fois par saison), logique (retaper la salle de bains) et bénin (une gâterie vénielle, comme un fauteuil télé massant). Ce qui nous sépare de leur réalisation tient à notre formulation du projet, notre acharnement, notre audace, notre engagement, la définition précise de nos besoins et une somme d'argent annuelle qui peut varier de quelques centaines à quelques milliers de shekels ou d'euros. Une telle somme est à portée de main, grâce à une gestion rationnelle, des plans d'épargne, un petit prêt bancaire, l'aide de la famille ou des amis, et même – ce qui est dans l'air du temps – un financement participatif sur des sites Internet de *crowdfunding*.

LES ANNÉES PASSANT, JE CONNAIS DES MILLIERS DE RÊVEURS. LA PLUPART AFFICHENT DES RÊVES MODESTES ET PEU ONÉREUX, QUI EXIGENT TOUT AU PLUS (OUTRE LA VOLONTÉ ET LA TÉNACITÉ, BIEN SÛR) UN RISQUE FINANCIER RAISONNABLE OU UN SIMPLE ENTRETIEN AVEC UN DIRECTEUR D'AGENCE BANCAIRE. OBTENIR UN BREVET DE PILOTE, ESCALADER LE KILIMANDJARO OU ASSISTER À UN SPECTACLE DE BEYONCÉ AU PREMIER RANG ? AUTANT DE RÊVES RELATIVEMENT FACILES À RÉALISER.

RÉALISER SON RÊVE COÛTE PARFOIS QUELQUES MILLIERS D’EUROS.
MAIS LES REGRETS REVIENNENT BEAUCOUP PLUS CHER.

6 | LES FANTASMES SE RÉALISENT AUSSI

Certains rêves sont solides, bâtis en béton armé, d'autres, très enfouis, se bercent d'ovations, d'affiches jalonnant des boulevards périphériques et de panneaux lumineux géants clignotant à Times Square. D'aucuns foncent à 120 km/heure et d'autres, emballés sous vide, ignorent toujours quand ils s'échapperont à l'air libre…

Notre rôle est de nous tenir aux aguets et à l'écoute, d'identifier le potentiel de combustion et de mettre en contact l'étincelle avec le combustible.

En feuilletant des journaux économiques, j'éprouve une émotion particulière à la lecture d'infos concernant la création de petites entreprises – des affaires fondées par des particuliers visionnaires, la plupart du temps dénués d'expérience gestionnaire ou de capital privé : un citoyen lambda possède une minuscule et brillante idée et l'incarne en une entreprise véritable.

J'aime surtout découvrir des boutiques concepts qui s'ouvrent un peu partout en Israël et dans le monde, dont les murs proclament la vision et le rêve de leurs propriétaires. Ainsi, cette échoppe de Tel-Aviv transformée en boutique de toilettage pour chiens dont les maîtres répugnent à salir leur baignoire (comment n'y ai-je pas pensé moi-même ?) ; une boutique pour accessoires et décorations d'anniversaire, ouverte en centre-ville ; un magasin de vêtements et de livres d'occasion, agrémenté d'un café ; une chaîne de bars proposant des consommations à

5 shekels (1 euro) ; et d'autres établissements originaux de ce genre.

Par le biais de « La Liste », j'ai rencontré un couple merveilleux avec lequel je me suis lié d'amitié. Grâce à lui, j'ai compris encore une fois à quel point nécessité est mère d'inventions, à quel point il faut écouter son cœur et obéir à son rêve.

La vie de ces gens a été bouleversée du jour au lendemain grâce à une application qu'ils ont développée : destinée aux nourrissons, elle leur permet, en regardant des animaux, des instruments de musique ou des véhicules, d'apprendre les bruits qu'ils produisent et de répéter leurs noms. Elle occupe une place privilégiée dans la liste des applications les plus populaires du monde, et son téléchargement rapporte à ce couple des dizaines de milliers de shekels par mois, parfois même des centaines de milliers.

Il y a deux ans encore, il était criblé de lourdes dettes et ne parvenait pas à boucler le mois. Lorsque l'idée de cette application leur vint, ils se sont heurtés tous deux à des réactions hostiles et méprisantes de la part de leurs proches, qui prétendaient qu'ils gaspillaient leur temps et leurs maigres moyens en matériel informatique.

En outre, chacun d'eux se débattait avec une séparation et la charge d'enfants nés de leurs unions précédentes ; face au scepticisme de leur entourage, ils auraient pu facilement plonger dans l'abîme des prétextes du genre : « On n'a pas le temps, on n'a pas l'argent » – ils ont choisi de suivre leur vision, de développer une application universelle, en dépit de tout – et les voilà en voie d'être millionnaires.

Je leur ai demandé de me raconter leur histoire pour la partager avec les lecteurs de cet ouvrage. À ma grande joie, bien qu'ils soient modestes et rebutés par la publicité (y compris par les interviews dans la presse et les invitations à la télé), tous deux ont accepté, uniquement parce qu'ils avaient confiance en ce livre et en sa vocation d'offrir un modèle d'inspiration. Ils se nomment Eran et Lia. Voici leur témoignage :

Eran : « Certains individus sont capables de se mentir à eux-mêmes durant toute leur vie, de refouler la frustration et l'impression d'échec, mais, désolé, je n'appartiens pas à cette catégorie. Si je ne poursuis pas mes rêves pendant la journée, de toute façon, ce sont eux qui viennent m'assaillir pendant la nuit.

J'ai toujours rêvé d'échapper à la course aveugle à la consommation. Musicien de vocation, j'ai essentiellement gagné ma vie dans le high-tech. Pendant des années, installé devant un ordinateur, mon esprit s'envolait chez moi vers mon piano. Je sentais que je gâchais mes journées – des journées devenues des années. Le temps passant, j'ai eu de plus en plus de mal à dissimuler mon malaise : j'arrivais de plus en plus tard au bureau, je le quittais plus tôt, si bien qu'à la fin, pour la première fois de ma carrière, j'ai été licencié.

Sans sécurité financière, j'ai dû, comme tout le monde, envoyer des CV et me trouver une nouvelle « prison » qui accepte de payer mon temps précieux, mais mon manque d'ambition n'a fait que croître. Je me souviens d'un entretien d'embauche pendant lequel on m'a demandé, comme test, d'exécuter une tâche sur ordinateur, et, au lieu de me jeter sur ce défi, je me suis levé et je suis parti au beau milieu de l'entretien.

Mes périodes de travail n'ont fait que diminuer. Pendant mon dernier job, mon épouse, Lia, a liquidé notre compte épargne et m'a fait la surprise de m'emmener à Amsterdam. Nous n'avons pas vraiment visité les musées ; nous sommes restés au lit, dans notre modeste hôtel, à réfléchir, à ruminer, à fixer le ventilateur du plafond. Après de longues heures à contempler les murs, j'ai évoqué Steve Jobs qui, une année auparavant, avait inventé l'iPhone. J'ai raconté à ma femme qu'il venait de créer une boutique virtuelle dans laquelle tout un chacun pouvait déposer et commercialiser une application pour tous les utilisateurs d'un iPhone dans le monde. Apple se réservait 30 % des revenus et laissait le reste au programmateur.

Dès que Lia a entendu cette histoire, elle a su que nous allions devenir millionnaires. Pour ma part, sa prévision me semblait chimérique. D'abord, je n'avais pas de Macintosh. Je n'avais pas non plus, de quoi m'en acheter un. Ni aucune idée d'application. Oh, à part ça, je ne savais pas programmer ! Et sûrement pas le temps d'apprendre. »

Pour comprendre ce qui avait incité Lia à penser qu'ils deviendraient millionnaires, il convient de se familiariser avec sa manière de penser, depuis son enfance. Voici le récit de **Lia** :

« Dès mon plus jeune âge, j'ai eu un but dans la vie : être libre. Sans patrons, sans l'obligation de travailler de huit heures du matin à cinq heures du soir. Libre de maîtriser mon temps, libre financièrement, libre de créer et libre de dormir l'après-midi. Après mon divorce, j'ai été obligée d'élever seule deux filles. Je me suis retrouvée à bosser dans deux, trois boulots, outre les heures de l'après-midi et du soir où j'exerçais à plein temps mon métier de mère.

Depuis mon enfance, je tiens un journal et, de temps à autre, j'y répertorie différentes listes : décisions, objectifs, rêves. Quand j'ai rencontré Eran, j'ai découvert que, tout comme moi, il tenait sa liste de rêves. C'est une des choses qui nous ont rapprochés l'un de l'autre. »

Eran : « Lia m'a convaincu de contracter un prêt et d'acheter un Mac et, après quelques efforts, nous l'avons fait. Un camarade de travail m'a parlé d'un cours de programmation pour iPhone à l'université Stanford, dispensé par des ingénieurs d'Apple, transmis par vidéo et diffusé gratuitement sur le Net.

J'ai téléchargé le premier cours, auquel je n'ai rien compris. Certes, j'avais l'habitude de travailler sur ordinateur, mais je n'avais jamais élaboré un programme. J'ai remis la vidéo, j'ai regardé à nouveau et, au bout de deux minutes, je suis retourné au point de départ. Pas facile de commencer de zéro... Mais je me suis dit que rien n'était impossible et que je n'étais pas plus bête qu'un autre : si je m'obstinais, je saisirais le contenu à la fin.

Le premier cours, d'une durée d'une heure, je l'ai assimilé en une semaine. J'étudiais jour et nuit. Je regardais les cours, revenais en arrière, m'arrêtais, m'arrachais les cheveux, puis je reprenais mon étude. Cela m'a pris deux mois pour parvenir à environ la moitié du cours. Entre-temps, mon patron m'a licencié...

Selon la logique de mon entourage, tout en étudiant, j'étais censé chercher du travail. Je vivais des allocations chômage, mais elles fondaient à vue d'œil, et mes dettes augmentaient de façon exponentielle. On me disait qu'investir dans des applications n'était pas rentable, que j'étais stupide, irresponsable, un songe-creux. Mais j'ai préféré mettre tous mes œufs dans un seul panier, puis je les ai couvés.

Un beau jour, je regardais notre petit enfant en train de jouer avec un livre illustré d'animaux. J'ai été horrifié : la vache n'avait pas l'air d'une vache, le chien ressemblait à un nuage, et tous les autres animaux étaient dessinés de manière trop artistique et trop abstraite. Mon enfant allait croire qu'une poule ressemblait à ça ? Dieu nous en préserve !

Furieux, je lui ai ôté le livre mais, cette nuit-là, je me suis réveillé avec une idée : une application pour enfants qui montre des images réalistes d'animaux ! Chaque enfant qui utiliserait une telle application n'aurait pas en tête des représentations erronées. Et je pourrais même leur associer des sons ! Chaque image ferait entendre le cri de la créature et donnerait le nom de l'animal.

J'avais trouvé notre application ! Cette idée m'a immédiatement beaucoup plu.

J'ai reposé ma tête sur l'oreiller mais, au moment de fermer les yeux, j'ai eu peur de ne plus m'en souvenir au matin. Avec répugnance, je me suis relevé, j'ai trouvé un stylo et un papier, et j'ai esquissé un schéma avant de m'endormir.

Peu après, je me suis réveillé à nouveau avec une idée similaire : une application montrant des moyens de transport, puis, une fois encore, une autre représentant et reproduisant des instruments de musique. Au matin, j'ai émergé avec une idée vague de ce que j'avais imaginé pendant la nuit... Par chance, j'avais noté les détails !

En regardant les trois applications conçues sur le papier, j'ai aussitôt compris qu'il s'agissait d'une seule et même application visuelle et sonore. Une telle application n'exige pas une programmation compliquée, et je l'ai conçue en deux jours. Mais ce n'est qu'au bout de trois mois de recherche et d'élaboration des images et des sons qu'elle a été réellement prête. Il ne restait plus qu'à lui trouver un nom. Nous l'avons appelée “Sound Touch”.

Fin décembre 2009, notre application était mise en ligne. Pendant deux mois, notre déception a été totale : nous avions en moyenne deux téléchargements par jour, qui nous rapportaient un pourboire d'un dollar et demi. Mais, un beau jour, deux mois après le lancement sur App Store, nous avons eu 500 téléchargements. Le lendemain, plus de 600.

Nous étions perplexes – mais une rapide vérification nous a montré qu'Apple avait décidé de nous placer dans la liste des nouvelles applications recommandées. Aujourd'hui, c'est l'une des applications les plus populaires dans le monde : plus de deux millions d'usagers l'ont acquise. Les noms sont énoncés dans plus de trente langues et, dans les avis d'utilisateurs, elle remporte en général la note de 5 étoiles sur 5. De même, nombre de thérapeutes l'utilisent pour des enfants dyslexiques, des autistes, des malentendants, des malvoyants, voire des adultes frappés de démence sénile.

L'argent qu'Apple vire chaque mois sur notre compte me permet enfin de jouer de la musique à loisir, de créer et de progresser, et à Lia de se consacrer à l'écriture et à ses autres passe-temps. Je ne suis même pas obligé de travailler. Notre “boutique” tourne 24 heures/24 et 7 jours/7. Et moi, j’en profite chez moi. »

Lia : « Nous avons gagné la liberté de travailler aux heures qui nous conviennent. Même pendant notre sommeil ou en vacances, l’argent tombe dans les caisses. Dès qu’on gagne ne serait-ce qu’un dollar pendant son sommeil, on appréhende le pouvoir formidable de l’“extension du temps”. Au fond, de combien d’heures dispose-t-on dans une journée ? Vingt-quatre. Combien de temps peut-on consacrer au travail ? Douze ? Mais si on vend son produit pendant son sommeil, on multiplie son temps par millions d’unités, et sa liberté d’autant. Or, toute notre entreprise se réduit à deux individus travaillant chez eux par plaisir. »

« LES INDIVIDUS ASSEZ FOUS POUR PENSER QU'ILS SONT CAPABLES DE CHANGER LE MONDE SONT CEUX-LÀ MÊMES QUI RÉUSSISSENT À LE FAIRE. »
STEVE JOBS

Jadis, poser le pied sur la Lune re-
levait de l'utopie.
Aujourd'hui, la conquête de Mars
est à portée de main.

7 LA PIERRE
DE FONDATION D'UN RÊVE
(OU : UNE BOUTIQUE NÉE PAR HASARD SUR UN PILIER)

Internet abonde en récits d'individus audacieux ayant décidé de foncer tout droit en direction de la réalisation de leur rêve, et de négliger les railleurs.

Prenons, par exemple, Scott Moore, sergent des marines cantonné en Afghanistan, qui rêvait de rencontrer l'actrice Mila Kunis. En 2001, il poste une vidéo de dix-huit secondes sur YouTube lui proposant d'être son cavalier au bal du 226ᵉ anniversaire de la création des marines. Cette vidéo devient « virale » : en très peu de temps, plus de quatre millions d'individus la regardent. Kunis, bien sûr, s'empresse de confirmer qu'elle viendra au rendez-vous espéré par le sergent Moore.

Le chanteur israélien Yoni Bloch, autre rêveur impénitent, a expliqué plus d'une fois dans des interviews à quel point sa vie a changé grâce au site « Nouvelle Scène » où il a posté ses chansons. Ses compositions avaient déjà réussi à plaire à de nombreux internautes, avant que la fille du patron de la maison de disques NMC en prenne connaissance et en parle à son père. À partir de là, sa carrière de musicien s'est envolée.

Un autre rêveur israélien, Elyahou Loev, décide en 2010 de fonder une agence de publicité intitulée « shirts.com ». Son idée est simple et originale : chaque jour, il se fait photographier vêtu d'un T-shirt portant le logo de la société de son client, poste sa photo sur son mur

Facebook, outre une vidéo sur le Net. Son tarif est, lui aussi, ingénieux : le premier jour coûte un dollar à l'annonceur, le deuxième, 2 $, le troisième, 3 $, et ainsi de suite jusqu'au 365e jour : 365 $. En quelques jours, son projet bénéficie d'un énorme écho sur Internet, à la télé et dans la presse. Rapidement, Loev réussit à vendre des « espaces publicitaires » pour un montant de 70 000 shekels (plus de 15 000 euros).

Ou encore l'histoire de Kyle McDonald, jeune Canadien qui a réussi à créer un site original, « one red paper clip » (« Trombone rouge »), dans lequel il proposait aux internautes d'échanger des objets contre un petit et simple trombone, avec pour objectif final l'acquisition de sa demeure.

Très vite, son initiative se répand sur le Net et conquiert les États-Unis et le Canada. Au début, il échange son trombone contre un stylo en forme de poisson. Ce dernier est troqué contre une poignée de porte ouvragée, échangée contre un réchaud, etc. Avec le temps, le jeune homme reçoit, puis troque au fur et à mesure un générateur, un scooter des neiges, une camionnette pick-up, un contrat d'enregistrement d'un disque, un bail locatif d'un an et, enfin, une rencontre personnelle avec le chanteur Alice Cooper. En fin de compte, au bout de quatorze échanges, le jeune McDonald reçoit la maison de ses rêves et publie même un livre sur son projet. On peut supposer que les droits perçus pour son ouvrage l'ont aidé à meubler et à équiper son nouveau logis…

Dans ce cas, il s'agit d'un genre de jeu Internet plutôt fructueux, sans dépenses ni risques (hormis l'hypothèse d'une humiliation publique, si l'on devait s'inquiéter des critiques), mais il est clair que toutes les idées de ce genre ne provoquent pas forcément un raz-de-marée.

Il faut de la chance, le sens du timing, de la ténacité, rester à l'écoute de l'air du temps et, souvent – on n'y peut rien –, de l'argent. Comme disaient nos Sages du Talmud : « Rien ne résiste à la volonté. » Jusqu'à ce jour, je garde la preuve de cette maxime dans mon salon. Non, rassurez-vous : je ne cultive pas des totems par plaisir – je travaille simplement à réaliser mes rêves.

☑

Donc, il y a six ans, au cours d'un séjour à Amsterdam avec des amis, j'ai acquis un objet pour touristes dans une boutique de souvenirs de Kalverstraat, rue commerçante du centre-ville : un tableau en plastique rigide à suspendre au mur, constitué de poches transparentes contenant une vingtaine de vues typiques de la ville, en noir et blanc.

Mon ancien appartement, datant des années quarante, était encombré par un pilier de soutènement particulièrement hideux. Il me rappelait les épaisses colonnes des salles de théâtre londoniennes qui cachent la scène aux yeux de nombreux spectateurs. Je me suis dit que ce serait charmant de mettre dans les poches en plastique de ce tableau d'anciennes photos de Tel-Aviv pour décorer ce pilier agaçant.

À mon retour en Israël, j'ai cherché pendant deux semaines des photos contemporaines des beaux bâtiments Bauhaus de la « Ville blanche » (classée au patrimoine universel par l'Unesco). En vain. J'ai fouillé chez des antiquaires, des libraires et des studios photos ; tout ce que j'ai trouvé, c'étaient des photos datant des années quatre-vingt, autant de clichés du genre : un chameau près d'un téléphone public, une jeune nymphette en Bikini dégustant une tranche de pastèque sur laquelle était écrit « Shalom » ou une photo particulièrement laide d'une rue banale et grise portant l'inscription « Tel-Aviv by Night ».

J'ai d'abord souri amèrement : voilà ce que les touristes rapportent chez eux d'Israël ? Mais, ensuite, je me suis emporté : de toute façon, Israël est déjà victime d'une mauvaise image de marque dans les médias internationaux, et nombre d'étrangers croient encore que nous nous rendons au travail ou à l'école à dos de chameau ! Pourquoi n'existe-il pas de cartes donnant une image plus conforme à la réalité ?

Nécessité fait loi, dit-on. J'ai donc pris sur moi de me promener, un samedi, avec mon appareil photo et de photographier la ville, à seule fin de réaliser mon minuscule souhait de recouvrir l'horrible pilier de mon salon. J'ai choisi trente de mes clichés préférés, je les ai fait tirer en noir et blanc, j'ai indiqué les cotes d'agrandissement et je les ai envoyés à l'impression.

Lorsque les clichés sont revenus du labo, je les ai glissés dans leurs poches respectives : j'avais sauvé mon pilier. Pendant les semaines suivantes, sans y prendre garde, cette créature iconographique a entamé sa mutation : quiconque regardait ce décor s'enthousiasmait et me demandait où il pouvait acquérir cette collection de clichés de Tel-Aviv. Au bout du cinquantième compliment, j'ai compris que le battement d'ailes d'un papillon d'Amsterdam allait produire une tempête commerciale à Tel-Aviv...

Or, je le savais : de nombreux Israéliens adorent cette ville, et pas seulement ses habitants qui éprouvent une réelle fierté inassouvie. Et si les New-Yorkais, les Londoniens et les Parisiens s'enorgueillissent à juste titre de leur cité, grâce à des posters et des cartes postales, aucune raison que nous ne présentions pas notre

Tel-Aviv au grand public, même si elle est dépourvue de monument aussi symbolique que la tour de Pise, la tour Eiffel ou Big Ben.

J'ai examiné le pilier de mon appartement sous toutes les coutures et j'ai compris brusquement : tout comme les Londoniens collectionnent une tasse ou une assiette frappées du portrait de leur reine, et les Américains brandissent à tout propos la bannière étoilée, il est temps que les citoyens de Tel-Aviv égayent leur frigo d'un magnet élégant de leur ville !

C'est ainsi que j'ai commencé à creuser cette idée (qui m'avait coûté 20 euros à Amsterdam). Très vite, elle s'est concrétisée et a pris de l'ampleur. En fin de compte, cette trouvaille a accouché d'une boutique que j'ai baptisée « MADE IN TLV ». Au double sens : un magasin de produits liés à Tel-Aviv et fabriqués à Tel-Aviv par des designers et des artisans de la ville.

À l'époque, je n'avais aucune expérience en matière de commerce ni de gestion. Je savais à peine remplir mon formulaire de vacation à la fin d'une journée de tournage télé. Pourtant, je me suis mis en quête de collaborateurs pour m'aider à réaliser ce rêve.

Tous ceux auxquels j'ai fait part de mon idée, y compris des hommes d'affaires chevronnés et des personnalités tel-aviviennes influentes, m'ont pris pour un fou : « Qu'est-ce que tu vas vendre avec ça ? Des plaques aimantées reproduisant la fontaine d'Agam, place Dizengoff ? Des raquettes avec l'image de la plage ? Si, en près de cent ans d'existence de la "Ville blanche", aucune boutique de ce genre n'a été créée, dis-toi bien qu'il n'y aura aucun client pour ça », m'a déclaré le propriétaire célèbre d'une marque réputée que, jusque-là, je prenais pour un visionnaire. Dans son cas, j'avais sous les yeux un gestionnaire repu qui avait si bien accompli tous ses rêves qu'il ne rêvait plus du tout. Pis : il commençait à dédaigner les rêves d'autrui.

J'ai continué à partager mon rêve, encore et encore, jusqu'à ce que je fasse la connaissance, grâce à des amis, d'une femme qui pensait que ce dernier pouvait être intéressant, voire lucratif. Nous avons décidé d'avancer et de rencontrer un conseiller en gestion.

Ce conseiller a écouté les détails de notre projet, a pris des notes, fait quelques calculs et, en fin de compte, a griffonné sur une serviette en papier d'un café cette somme : 250 000 shekels (environ 60 000 euros). Un quart de million : l'étiquette du prix collée sur l'aile de mon rêve.

RAPPEL : LE TEMPS ET L'ARGENT SONT LES PIRES DESTRUCTEURS DE RÊVE, CEUX QUI NOUS EMPÊCHENT (PSYCHOLOGIQUEMENT) DE POURSUIVRE LEUR ACCOMPLISSEMENT.

Cette fois, c'est l'argent qui menaçait d'éteindre la flamme qui éclairait mon rêve et de l'abandonner sur le plancher de « la salle des répétitions ».

8 LA VIE EST UN JEU

(OU : UNE RENCONTRE CAPITALE AVEC UNE BANQUIÈRE À L'ESPRIT OUVERT)

Le conseiller en gestion parti, mon associée et moi sommes restés au café, à l'abri du vacarme de la métropole. À nous deux, nous disposions de 50 000 shekels d'économies pour ouvrir cette boutique. Où allions-nous « gratter » les 200 000 shekels restants ?

Nous avons décidé de nous adresser aux banques : toutes nos demandes de prêt ont été rejetées, l'une après l'autre, sans aucun rapport avec nos antécédents financiers. Chacun de nous possédait des comptes courants sans incidents particuliers, mais l'année 2009 était marquée par une récession mondiale qui menaçait de frapper Israël, et les banques refusaient des engagements hasardeux avec des individus dénués de la moindre expérience réelle en affaires.

Faute d'un soutien économique sérieux, mon rêve s'éloignait, pour ne pas dire étouffait sous la pochette plastifiée suspendue au pilier de mon appartement.

Un beau jour, me promenant avec ma future associée boulevard Rothschild à Tel-Aviv, nous avons croisé en chemin plusieurs banques. « Nous n'avons pas encore essayé la banque Hapoalim », ai-je remarqué ; quelques secondes plus tard, nous étions à l'intérieur de l'agence climatisée. Nous avons mobilisé toute notre énergie et notre enthousiasme, présenté notre plan sur PowerPoint et défendu notre projet avec fièvre devant une banquière particulièrement attentive.

À la fin de notre démonstration, elle nous a déclaré avec un sourire : « J'avoue : ce projet est très courageux de votre part. C'est une première à Tel-Aviv. Votre ténacité me plaît. Laissez-moi vérifier ce que je peux faire pour vous aider. »

Au bout d'un quart d'heure, elle nous a informés qu'on nous accordait un prêt de 200 000 shekels. Sans garants, sans cautions. Juste sur la foi de notre idée et de notre passion – et grâce à cette banquière enthousiaste qui réfléchissait hors du cadre.

Certes, nous avons eu la chance de tomber sur cette femme à l'esprit ouvert, au grand cœur et avec un vrai flair en affaire. Mais c'est précisément de cette façon que Sénèque définit la « chance » : « La chance n'est que la rencontre entre la volonté et des circonstances favorables. » Et, aussi, la faculté de se tenir prêt pour le moment où elle frappe à la porte…

Le prêt s'étalait sur cinq ans, avec un remboursement mensuel de 4 000 shekels. Ces conditions garantissaient que, en cas de faillite (si aucun des millions de touristes ne mettait le pied dans notre boutique et si nos produits paraissaient laids et banals aux yeux des Israéliens amoureux de la ville), chaque coemprunteur serait mis en demeure de rembourser 2 000 shekels mensuels – en tout et pour tout. Somme certes non négligeable, mais guère susceptible de mettre sur la paille quelqu'un disposant d'un emploi : en renonçant aux restaurants, au superflu et au gaspillage, un tel engagement mensuel restait supportable. En outre, au moment de créer une affaire, qui songe à la faillite et à un tiroir-caisse à moitié vide ?

Un jour, dans une émission économique télévisée, on m'a demandé comment, moi qui venais du monde artistique, je n'avais pas craint d'engager une somme aussi importante dans une première affaire. J'ai raconté à l'intervieweur que ma grand-mère bien-aimée, qui m'a beaucoup influencé, avait pris soin de remplir un bulletin hebdomadaire du loto pendant quarante ans. Elle n'a jamais gagné : ni le gros lot, ni même un prix de consolation. Tout au long de sa vie, ma grand-mère optimiste a investi une somme astronomique sur son rêve de gagner le loto et de devenir millionnaire. Comme l'optimisme est héréditaire, j'ai choisi, moi aussi, de continuer à jouer, mais avec un bulletin du loto « hénaurme » !

LA VIE (ET LES INDIVIDUS AYANT RÉUSSI QUE J'AI RENCONTRÉS) M'A APPRIS QUE CELUI QUI PREND UN RISQUE PEUT TOUT PERDRE MAIS, ÉGALEMENT, RAFLER LA MISE.

Nous avons signé les formulaires de banque et nous nous sommes lancés, avec la somme requise pour réaliser notre rêve en poche, dans l'ouverture de notre boutique. « MADE IN TLV » a bénéficié d'une intense couverture médiatique en Israël et dans le monde ; touristes et habitants de Tel-Aviv, en manque d'icônes et fiers de leur ville, ont dévalisé les rayonnages, et, très vite, nous avons reçu des propositions de franchise. (Au fait, le magasin a fêté son quatrième anniversaire, et nous projetons de durer jusqu'au cent-vingtième...)

Pourquoi est-ce que je vous raconte cette histoire ? Parce que la plupart des rêves dont j'ai pris connaissance exigent moins d'investissements. Des sommes qu'on peut collecter auprès de proches et d'amis, un prêt modeste de la banque, des fonds d'aide aux entrepreneurs débutants, voire un financement participatif par le biais de sites, tels les américains Kickstarter ou Headstart, les israéliens Mimoona ou Jumpstarter, les français Ulule ou Kisskissbankbank, qui lèvent des fonds auprès des internautes.

À NOTRE ÉPOQUE, LES OBSTACLES DU TEMPS ET DE L'ARGENT – LES PLUS COURANTS CONTRE LA RÉALISATION DE NOTRE RÊVE – SONT DEVENUS FACILEMENT SURMONTABLES. IL SUFFIT D'ÉCHAUFFER LES MUSCLES DE L'AUDACE ET DE SAUTER PLUS HAUT QUE LA BARRE.

9 | VOICI COMMENT J'AI TROUVÉ JOHN AMAECHI

Un soir, à l'époque où j'avais retrouvé l'enveloppe contenant mon ancienne liste, je regardais le programme télévisé d'Oprah Winfrey.

Winfrey interviewait John Amaechi, basketteur britannique de la NBA à la retraite, qui venait de publier une biographie à cœur ouvert. L'entretien me captivait : l'histoire d'Amaechi, l'un des rares basketteurs au monde à avoir déclaré son homosexualité, me semblait passionnante et courageuse. À la fin de l'interview, je brûlais de poser au joueur des dizaines d'autres questions et, dans ce but, j'ai aussitôt décidé de le retrouver. En quittant mon canapé, je me suis donné cet objectif, sans avoir la moindre idée de la manière de le contacter.

« Et si j'essayais grâce aux réseaux sociaux du Net que tout le monde utilise aujourd'hui ? », me suis-je dit en pensant à Facebook, encore balbutiant. Je me suis hâté d'ouvrir la page de mon profil.

Dans la rubrique « Recherche », j'ai noté : « John Amaechi ». En quelques secondes, trente profils d'hommes nommés John Amaechi ont surgi. La plupart affichaient la même photo tirée des archives de Google.

J'ai cliqué chaque profil, en attendant l'acceptation de mon statut d'ami. Celui bourré de statuts, et qui me paraissait authentique, s'est révélé truqué. De nombreux autres semblaient peu crédibles et surtout étaient en sommeil. L'un des profils où j'avais pu pénétrer débordait de photos, d'un nombre impressionnant d'amis et d'une activité intense. J'ai fouillé là-dedans et dans les albums photos, qui fourmillaient de fêtes autour d'une piscine et de barbecues et me semblaient parfaitement authentiques. Enfin…

J'AVAIS TROUVÉ JOHN AMAECHI !

J'ai lui ai envoyé un message personnel, plus quelques passages de son entretien avec Winfrey, en ajoutant que je serais heureux de lui poser quelques questions. Le lendemain, il m'a répondu, poliment et patiemment, et nous sommes devenus « amis » sur Facebook. Plus tard, Amaechi acceptera que je l'interviewe dans le cadre d'un article sur les célébrités qui constituent mes modèles.

Le fait que j'ai pu atteindre une star du basket international en quelques secondes – outre la question qui me taraudait à propos des obstacles qui nous empêchent d'accomplir nos rêves – m'a conduit à saisir ceci : notre univers n'a jamais été aussi limité qu'aujourd'hui. En appuyant sur une touche de clavier, il nous est possible, désormais, d'accéder directement à tout individu ou, du moins, à la messagerie de son assistant, de son agent de relations publiques, de son publicitaire ou de ses proches.

C'est ainsi que, dans le passé, j'ai pu contacter une amie intime de Madonna pour essayer de convaincre la star de m'accorder une interview (qu'elle a refusée) et des hommes d'affaires importants en Israël et dans le monde, ou des personnalités influentes dans le monde du spectacle et des médias qui m'ont aidé à faire avancer mes rêves professionnels.

ET, DONC, QU'EST-CE QUI L'EMPORTE ? L'INDÉCISION, QUI NOUS EMPÊCHE DE RÉALISER NOS RÊVES, OU L'IMPULSION, QUI NOUS LANCE AU GALOP MALGRÉ LE DANGER ? C'EST ICI PRÉCISÉMENT QU'INTERVIENT L'EXPÉRIMENTATION PAR INTERNET QUE J'AVAIS DÉCIDÉ D'EFFECTUER, À CETTE ÉPOQUE, ET QUI A PROUVÉ AU-DELÀ DE TOUTE MESURE CE QUE JE SENTAIS EN MON FOR INTÉRIEUR : AUJOURD'HUI, À NOTRE ÈRE TECHNOLOGIQUE PRODIGIEUSE, IL SUFFIT DE DÉPLACER UNE SOURIS ET D'EFFLEURER QUELQUES TOUCHES POUR PROGRESSER À PAS DE GÉANT EN DIRECTION DE NOS OBJECTIFS.

10 | LE BLOG
« LA LISTE »

En mai 2001, je me suis lancé dans une autre aventure : la rédaction d'une nouvelle liste de rêves et d'objectifs, illimitée et décomplexée, sa publication sur un blog et sa diffusion sur les réseaux sociaux, grâce aux listes de partage de mes amis.

Je me demandais jusqu'où mon message parviendrait, comme une lettre qu'on introduisait jadis dans une bouteille et qu'on jetait à la mer, en ignorant dans quelles mains elle échouerait.

J'étais curieux de connaître l'écho que ma liste de rêves rencontrerait à notre ère électronique et de réseaux. Afin d'accroître les chances de succès, j'ai ajouté une version anglaise à mon blog dans l'espoir de recruter le plus grand nombre possible de supporteurs dans le village global.

J'ai ouvert mon blog sur le site WorldPress, payé quelques centaines de shekels à un concepteur graphique et posté une liste comprenant 10 choses que je désirais accomplir dans un délai de 400 jours.

Pourquoi 10 choses et 400 jours ? Aucune raison, c'était purement arbitraire. Ces nombres me sont venus à l'esprit, parce qu'ils sonnaient agréablement, et que je pensais que ces objectifs étaient réalisables dans ce laps de temps.

Voici ma liste :

- ☐ Avoir des abdominaux en « tablette de chocolat ».
- ☐ Être interviewé à la télé française à propos d'Israël (mais, d'abord, apprendre le français).
- ☐ Achever mes études interrompues (et passer mon bac).
- ☐ « Sauver une âme », comme dit la tradition juive (en d'autres termes : aider un SDF à s'en sortir).
- ☐ Fonder une association internationale d'aide aux enfants (et vérifier que l'argent leur parvienne et ne reste pas dans les poches des responsables).
- ☐ Interviewer mon modèle, Oprah Winfrey (et faire en sorte que l'entretien soit diffusé sur sa nouvelle chaîne télé aux États-Unis).
- ☐ Faire le tour de l'Australie (sans dépenser un shekel ni un dollar australien).
- ☐ Vendre à des producteurs un programme télé adapté de « La Liste » (de préférence, au prochain festival de Cannes).

Si vous avez pris soin de compter les paragraphes précédents, vous aurez sûrement remarqué qu'il en manque deux. J'ai tout simplement décidé d'en laisser deux de libres au profit de rêves ultérieurs.

Dans mon adresse aux internautes, je leur promettais que, s'ils m'aidaient à réaliser les objectifs de ma liste, je les aiderais en retour à accomplir les leurs.

Je suis un fervent adepte de l'aide mutuelle. J'imagine une communauté universelle de rédacteurs de listes et de rêveurs qui s'entraident ; un monde où chacun serait heureux de faire un petit pas pour faire progresser un autre individu. Je ne doute pas qu'un tel univers serait plus heureux et plus épanoui grâce à l'échange de dons et à la joie qui découle de l'accomplissement personnel.

EN EFFET, IMAGINEZ UN MONDE DANS LEQUEL LES DIRIGEANTS DES ÉTATS PUBLIERAIENT DES OBJECTIFS ANNUELS POUR LE BIEN DE LEURS CITOYENS ET GOUVERNERAIENT DANS UNE TOTALE TRANSPARENCE. UN UNIVERS OÙ L'ON SAURAIT DANS QUELLE DIRECTION LES POUVOIRS PUBLICS FONT VOGUER LE NAVIRE. CELA VOUS PARAÎT UTOPIQUE ? EH BIEN, CELA PEUT DEVENIR UNE RÉALITÉ.

Les différents points de ma liste ne sont pas le produit de mes lubies ; ils sont nés d'une réflexion argumentée et circonstanciée. Sur mon blog (dont l'adresse figure en dernière page de cet ouvrage), on pourra trouver des explications et des arguments pour chaque point.

Par exemple, même si j'étais tout à fait en mesure de financer mon voyage en Australie, quel qu'en soit le prix, je voulais me lancer un défi : constater si je réussirais à organiser une telle expédition sans dépenser un shekel. Je voulais découvrir jusqu'où j'étais capable d'aboutir en fonçant avec ma seule volonté et vérifier aussi comment le monde réagirait à un tel appel à l'aide.

En comparaison, la volonté d'aider un SDF à s'en sortir représente l'écho d'un souvenir lointain. Naguère, un

SDF très jeune m'avait hélé pour me demander une pièce. J'ai eu l'audace de l'interroger sur ce qui l'avait conduit à vivre aussi misérablement dans la rue et, après m'avoir raconté qu'il avait été chassé du foyer maternel par son père adoptif, j'ai décidé de faire quelque chose : au lieu de lui donner une pièce, je lui ai proposé mon aide pour s'en sortir et je lui ai fixé un rendez-vous pour le lendemain, au même endroit.

Je n'étais pas sûr qu'il viendrait, et lui ne l'était pas plus que je viendrais. Tous deux, nous nous sommes retrouvés là, à l'heure dite.

D'abord, nous nous sommes rendus au ministère de l'Intérieur pour lui faire établir une carte d'identité, afin de pouvoir nous adresser aux différentes institutions publiques. De là, nous nous sommes précipités au ministère des Affaires sociales pour trouver un hébergement de nuit ; plus tard, nous nous sommes mis en quête d'un emploi. Pendant un mois et demi, j'ai eu l'impression de toucher au but, mais, brusquement, mon SDF s'est volatilisé, et je ne l'ai plus revu à l'endroit de nos rendez-vous habituels…

Je me suis lancé à sa recherche. Presque chaque jour, mes pas se dirigeaient d'eux-mêmes au lieu de notre ancien rendez-vous, mais en vain. Avec le temps, ce sentiment de ratage s'est transformé en ardente volonté de prendre en charge un autre SDF et de mener à terme le processus interrompu.

Au passage, Oprah Winfrey, je voulais la rencontrer, encore adolescent, paralysé et confiné dans mon lit. J'aimais regarder ses émissions sur je ne sais quelle chaîne câblée asiatique, et ses interviews m'insufflaient une grande énergie. L'optimisme qui émanait d'elle, son approche saine de la vie et sa volonté d'encourager autrui ont exercé une profonde influence sur moi. Je voulais, et je veux toujours, lui exprimer mes remerciements. Par la suite, j'ai souhaité l'associer aux leçons apprises sur mon blog afin qu'elle les popularise dans ses médias : son site, son magazine et sa chaîne télé.

Un jour, je la rencontrerai. À mes yeux, c'est aussi évident que le soleil en plein midi.

« POUR QUE LE POSSIBLE SE RÉALISE, IL EST NÉCESSAIRE DE TOUJOURS TENTER L'IMPOSSIBLE. »
HERMANN HESSE, ÉCRIVAIN ET POÈTE ALLEMAND

Parfois, je me demande ce que Hesse aurait écrit en cette ère d'Internet qui nous ouvre des perspectives infinies.

11 JE PLANE SUR MON NUAGE

Un jeudi soir, j'ai lancé mon blog.

Ensuite, saisi d'émotion, j'ai copié le lien pour un premier post que j'ai publié sur ma page Facebook. Le lendemain, j'ai vérifié le nombre de clics sur mon blog et j'ai constaté qu'au cours de la nuit quelque 500 internautes insomniaques l'avaient consulté.

Je n'ai pas fanfaronné : « Bon, ça n'est pas un si gros exploit que, avec un Facebook de 5 000 amis, 10 % aient regardé ton post ! »

Mais, dès le lendemain, le blog a pris son envol. Les vues augmentaient à un rythme effréné et, à la fin de la première semaine, 6 000 curieux l'avaient visité. Des centaines d'entre eux me laissaient des commentaires enthousiastes et émouvants, tandis que d'autres m'adressaient des messages personnels.

Au bout de deux semaines, le nombre de vues s'élevait à 20 000. À la fin du premier mois, le blog enregistrait 50 000 entrées en provenance de toute la planète, d'Australie à la Russie, en passant par la Jordanie voisine.

Le nombre de « partage » n'a fait que croître ; les commentaires s'accumulaient sur le blog, et les médias ont commencé à me contacter, sans que j'investisse une once d'énergie ou d'argent en relations publiques. D'intervieweur, je devenais interviewé : je me suis retrouvé à « bouffer » du micro dans des émissions matinales et à répondre à des questions de rédacteurs de sites Internet importants.

Tous voulaient connaître l'arrière-plan de ma tentative et, surtout, si je réussirais à marquer du « ✓ » de la victoire les dix rêves de ma liste.

CHAQUE VUE, CHAQUE PARTAGE, CHAQUE NOUVEL INTERNAUTE

A AGRANDI MON CERCLE ET M'A AIDÉ

À EFFECTUER DE NOUVEAUX PAS, PLUS LARGES ET PLUS GRANDS.

Certes, les médias, comme à leur habitude, ont manifesté un intérêt obsessionnel pour la musculation en « tablette de chocolat » dont je souhaitais doter mes abdominaux et ont balayé, cyniquement, la possibilité que je réalise la plupart des autres points de ma liste, mais je n'ai pas laissé leur scepticisme me contaminer.

J'AI DÉPLOYÉ UNE GRANDE ÉNERGIE POUR FAIRE AVANCER MA LISTE DE RÊVES, DANS SA TOTALITÉ, SANS COMPRENDRE ENCORE CECI : CE QUE J'ACCOMPLIRAI À L'AVENIR ET DÉCOUVRIRAI EN CHEMIN ÉTAIT PLUS IMPORTANT QUE TEL OU TEL AUTRE SUCCÈS PERSONNEL.

---

12 LE MONDE RÉAGIT À MA LISTE

Moins d'une semaine après l'ouverture de mon blog, le premier mail se référant à ma liste de rêves a atterri dans ma messagerie depuis Chicago.

Il émanait d'une Israélienne résidant dans cette ville, qui m'écrivait que son frère, demeurant non loin d'elle, était marié à une femme dont l'amie travaillait à proximité des studios d'Oprah Winfrey.

« Voici l'adresse des studios d'Oprah et celle de sa maison. En fait, l'une de ses demeures. Envoie-lui ton histoire. »

Une correspondante de New York m'a aussi insufflé de l'espoir : « J'ai rencontré une fois Oprah Winfrey, nous avons des connaissances communes. Je vais essayer de vous mettre en contact avec elle. »

Deux jours plus tard, je recevais un mail d'une autre Américaine : « Je connais l'un des producteurs d'Oprah. Il s'appelle Don. Voici son mail. Écrivez-lui. » Ce que j'ai fait.

Un Israélien habitant à New York, découvrant mon désir de muscler mes abdominaux, m'a envoyé des infos sur un DVD animé par un coach de fitness au regard de tueur et à la tablette de chocolat sculpturale. « Commande son DVD ; d'expérience, je sais que ça marche !

– Ils ne font pas d'envoi en Israël...

– Tu sais quoi ? Je vais l'acheter et te l'envoyer. Cadeau ! »

D'autres internautes, gagnés par l'idée d'aide mutuelle, se sont proposés de traduire mon blog en plusieurs langues. C'est ainsi que des extraits ont paru en français, en allemand, en russe, et même en persan.

Je n'en croyais pas mes yeux devant cette vague déferlante de bonté. Et ce n'était que le début. Ensuite, un véritable déluge de propositions a submergé ma boîte. Comme dit le proverbe :

« DÈS QU'IL SE MET À PLEUVOIR, TOUT LE MONDE EST ARROSÉ... »

Un agent en relations publiques de « Holmes Place » m'a mis en contact avec les dirigeants de la chaîne, qui m'ont écrit ceci :

« La santé et la forme font partie de notre culture d'entreprise. Nous souhaitons vous offrir un abonnement d'essai gratuit de 400 jours (une salle de fitness gratuite ? Bon sang, fini le prétexte financier !), et mettre à votre disposition une diététicienne et un coach privés. Il ne vous reste plus qu'à vous rendre dans l'une de nos salles. »

Je n'ai jamais profité de cette invitation, malgré les salles de fitness et les piscines attrayantes de cette chaîne. Je n'étais pas encore mûr : avouez que vous n'avez encore jamais entendu parler d'un manque de maturité en guise de faux-fuyant pour s'abstenir d'exercices physiques...

En revanche, j'ai répondu positivement à un coach privé, particulièrement généreux, qui avait importé des États-Unis une méthode de course baptisée « Courir pour le plaisir ». J'avoue que cet oxymore (« courir » et « plaisir ») me semblait tout à fait improbable. Avec un sourire, je me suis résolu à lui accorder le bénéfice du doute. En fin de compte, je me suis retrouvé à courir sur la plage de Tel-Aviv et, ô miracle, avec un certain plaisir (quoique relatif). J'ai réussi à améliorer mon endurance métabolique (cœur et poumons) et à perdre 5 kilos (en trois mois seulement !) avanr de me séparer de mon coach. Tout de même, les meilleures plaisanteries sportives ont une fin !

Un informaticien très chaleureux du nord d'Israël m'a écrit : « Ton blog est sympa, et aussi l'idée de base, mais je te suggère de corriger et d'améliorer quelques trucs. En tout cas, je me tiens à ta disposition. Si tu le souhaites, fais-moi signe, et je bosserai dessus. J'ajoute : gratis ! » J'étais stupéfait : une heure de programmation coûte au bas mot 100 dollars, et cet homme me proposait son aide bénévole. Qui a dit que l'homme est mauvais dès la naissance ?

Puis, j'ai commencé à recevoir des mails d'Australiens : « Quand vous serez en Australie, nous vous invitons à séjourner dans notre salon/chambre d'amis. » En quelques semaines, j'ai accumulé 30 nuitées gratuites en Australie – la destination la plus lointaine qui me faisait saliver. Il ne me restait plus qu'à m'occuper du billet d'avion coûtant 2 000 dollars environ.

Surprenant ou non, j'étais à deux doigts de marquer du « ✔ » de la victoire l'objectif qui, justement, me semblait le plus inaccessible.

Mais le meilleur était à venir. Il est arrivé sous la forme d'une mignonne voiture de sport rouge conduite par un moine adorable.

Deux mois après que le blog « La Liste » avait été mis en ligne, j'ai eu l'occasion d'interviewer, pour mon journal *Israël Hayom*, Robin Sharma, l'auteur du best-seller mondial *La Sagesse du moine qui vendit sa Ferrari** et d'autres ouvrages qui ont poussé des millions d'individus à se dépasser.

À la fin de notre entretien transatlantique entre Tel-Aviv et sa demeure canadienne, je lui ai parlé de mon blog ; il a aussitôt demandé à le lire. Je lui ai envoyé le lien et, en échange, j'ai reçu un article de sa plume sur le fondateur de la chaîne hôtelière internationale « Four Seasons », un rêveur impénitent, lui aussi. Sharma m'a prié de le publier en hébreu. Cette traduction se trouve sur mon blog.

Odetta, aussi, la « grande dame » des bons trucs et tuyaux d'Israël, célèbre gourou des modes de vie et elle-même modèle d'inspiration, est tombée sur mon blog. Nous avons commencé à correspondre, la nuit, et, deux semaines plus tard, j'ai découvert qu'une rubrique entière de cette femme légendaire avait été écrite sous l'inspiration et l'influence de ma « Liste ».

Aussi, sans préambule inutile, voici le texte d'Odetta sur la manière de réaliser ses rêves et de se fixer des objectifs (tel qu'il a paru dans le supplément week-end de *Maariv*, le 13 mai 2011) :

COMMENT RÉALISER SES DÉSIRS

(et, au passage, une superbe recette pour arrêter de grossir)

Hello, mes amis !

J'ai un ami sympa sur Facebook, obsédé de cocher des « ✓ » sur ses objectifs. Il se fixe des buts quotidiens, mensuels, annuels, et se hâte de les concrétiser. La liste de ses désirs accomplis (et

* Éditions J'ai lu, 2010.

inaccomplis) est infinie. Une sorte de boulimie, à la fois pour la nourriture et pour la vie. Il me rappelle la magnifique chanson de Yéhouda Poliker, *Moi aussi, je veux*. Le chanteur ne l'a pas composée à propos de mon ami, mais certainement en pensant à des individus aussi acharnés que lui. Ce que je veux dire, en fait, c'est que sa liste d'objectifs est impeccable, sauf qu'il doit prendre garde à son dosage. Car un dosage trop concentré fonctionne comme l'addiction au sexe. Trop de sexe (autrement dit : de succès) entraîne une insatisfaction chronique qui condamne à reproduire sans fin la même expérience. Pour quelle raison ? Afin d'obtenir encore et encore ces deux secondes d'extase. Car, sinon, comment retrouver cette sensation inouïe ? Et l'on ne connaîtra jamais la satiété, parce que la drogue, c'est comme empiler des vêtements, alors que l'âme a juste besoin d'un verre d'eau : un camion de vêtements n'étanchera jamais un assoiffé. Ce phénomène, je le nomme « syndrome du pudding » : on n'a pas le temps de jouir des fruits de la réussite que déjà, bip, bip, on se voit obligé de courir à l'objectif suivant. Dès lors, où est le plaisir ? Je sais bien qu'à en croire les coaches nous devons sacrifier au culte de la réussite – eh bien, la vérité, c'est que rien ne nous y oblige.

POURQUOI TEL DÉSIR NE SE RÉALISE PAS ?

Mon ami se plaint de repousser deux ou trois objectifs permanents à la liste suivante. Depuis des années, il se promet que, un « beau jour », il entretiendra sa forme physique et apprendra le français – et il ne comprend vraiment pas la raison de son échec. Alors que, pour d'autres sujets, plus importants, il a atteint des sommets *a priori* inaccessibles. La réponse est simple : il ne trouve pas les ressources en lui-même ou la capacité d'accomplir certaines choses (pour autant qu'il ne soit pas empêché par quelque inhibition psychologique ou des blessures secrètes et stérilisantes), car il n'accepte pas de se résigner à cet oukase ! Quel oukase ? Eh bien, mis devant la vérité la plus nue, en fait, il se fiche comme de sa première chemise de faire des pompes ou des conjugaisons en français. *So simple !* Mais pourquoi ? Parce que, si l'image de soi qu'il se projette lui vante infiniment la posture d'un « Apollon français », ce n'est pas au point d'épuiser toute son énergie. Eh oui, que faire si, parfois, la réalité est plus forte que la volonté ?

IMPORTANCE DU DÉSIR APPROPRIÉ

« La volonté, c'est un don », disait Yona Brenner, la mère de mon amie Irit, pour expliquer la réussite d'un moins-que-rien. Elle avait raison, bien sûr. Car la « volonté » est ce moteur puissant qui contrôle tous les mécanismes familiers. Dans la course à la réussite, la volonté est le joker qui bat l'intelligence, l'argent, les relations, la beauté, le savoir, le talent et autres « signes intérieurs et extérieurs de réussite ». Merveilleuse ressource qui permet à des handicapés comme Stephen Hawking d'écrire des best-sellers à l'aide de mouvements du visage, et condamne des individus sains de corps et d'esprit à rater leur vie quand ils ont tout pour réussir. Mais nous disposons de deux sortes de volonté : celle de l'« image de soi » (notre personnalité) et la volonté « authentique ». Seule l'harmonie des deux peut nous offrir une existence heureuse.

COMMENT FAIRE LE TRI DE NOS DÉSIRS ?

Comment différencier nos volontés véritables et les contingentes – autrement dit, l'image de soi que nous avons conçue pour toutes sortes de raisons « pures » ou « impures » ? Après avoir accompli une « volonté d'image de soi » – née dans notre tête et non dans notre cœur (car ce dernier fait aussi bouger les choses) –, nous ressentons tout de même un vide, un malaise, un manque et l'impression d'un : « Tout ça pour ça ? » Car ces succès sont à mille lieues de l'essentiel. C'est d'ailleurs pourquoi certains possédant tout, en apparence, remâchent leur frustration.

D'un autre côté, la « volonté authentique » est autonome, bien à nous, et insensible à la critique, aux difficultés, voire à l'invraisemblance. Nous débordons d'émotion à son égard, tandis qu'elle-même existe par elle-même – sans honte ni excuses –, et ne dépend de rien ni de personne. Car une volonté réelle, à l'instar d'une prière sincère, offre la certitude paisible et minuscule (vraiment minuscule, d'ailleurs) que la chose se produira. Et elle se produit, tout simplement. C'est une « zone » très claire de notre âme. Quiconque y a accédé une fois, serait-ce pour une broutille, connaît cette chanson.

COMMENT POUVONS-NOUS REMPORTER DES SUCCÈS ?

Le plus souvent, on inscrit sur une feuille de papier tout ce qu'on souhaite obtenir, mais on repousse en permanence le reste à « demain ». On divise les tâches selon la technique du salami en fines tranches et petites portions, et le tour est joué. Une tâche par jour, pas plus, et la liste – tout comme les longues queues à Disneyland finissent par prendre fin – se clôt par un « ✔ », juste en « faisant le ménage ». On nous met en garde qu'une « volonté exagérée » torpille les succès. Mais si elle est « exagérée », ce n'est plus une « volonté » : cela devient une obsession lancinante. Seul un esprit de sérieux abyssal et la surévaluation de certaines aspirations torpillent la réussite. À rebours, voici ce qu'il faut : de la légèreté. Non de la légèreté d'esprit, mais de la légèreté d'approche (je répète : « légèreté d'approche », eh oui !), qui engendre le succès.

Lorsque nous agissons en fonction de nos désirs authentiques, qui nous viennent du cœur, du sentiment, il nous est facile de les accomplir avec le « vent dans le dos ». Nous nous sentons à l'aise dans notre vie. Nous éprouvons du contentement et de la joie. Suivre notre volonté authentique attirera aussitôt les solutions (stratégie) et ouvrira la voie à l'« activité » – que nous redoutons tant (tactique).

Parce que, lorsqu'un désir surgi des entrailles parvient à notre cerveau (qui nous fournit le savoir tactique et intuitif pour le réaliser), nous nous transformons en missile et nous le réalisons facilement. Le mot important ici est : « facilement » – facilité subjective, bien sûr, car, de l'extérieur, cela semble inconcevable à force de complexité. Mais, à ce stade, nous sommes invincibles et réalisons des prodiges aussi tangibles qu'improbables.

VOLONTÉ ET ALIMENTATION

L'une des causes fondamentales pour laquelle les individus prennent du poids réside dans leur volonté personnelle, réprimée et dominée en permanence. Un réflexe conditionné, une sorte de « marque de naissance ». C'est la raison pour laquelle, par ailleurs, les gens grossissent après le mariage. Car, dès la fin de la lune de miel, la répression mutuelle des désirs commence. De même que le proverbe biblique dit : « Devant la vieillesse, cède ta place », là, il s'agit de : « Devant la volonté de tes proches, efface-toi – ta volonté doit céder sa place. » Et, donc, où s'exprimera-t-elle en toute impunité ? Uniquement dans l'assiette, bien sûr ! « Tu veux manger ? Prends ! », me dit la nourriture. Bon, c'est au prix de quelques pneus à la taille, mais c'est un faible dommage en compensation de la catastrophe suprême de vivre sans réaliser une seule de nos volontés.

Le remède ? Se faire le détective de nos désirs, et les accomplir en toute conscience en les consignant par-devers soi et sans culpabilité. Car la culpabilité, je dis bien la *culpabilité*, annule le don de soi. Tu as préféré satisfaire ton propre désir au détriment de celui d'autrui, et tu te sens coupable ? Du coup, ce don est nul et non avenu. Tu as mangé et tu te sens coupable ? Toutes les calories vont enrober tes hanches, et, en plus, tu auras encore faim.

Diététiciens de tous les pays, prenez-en de la graine !

13 LES AUTRES CADEAUX APPORTÉS PAR MA « LISTE »

Au fil du temps, le nombre des visiteurs de mon blog a augmenté. Chaque jour, quelqu'un le découvrait et le partageait avec d'autres internautes. En quelques semaines, j'ai compté des milliers de visites quotidiennes et un nombre infini d'offres de collaboration.

Après avoir lu l'un de mes posts, Alon Gal, « le » coach national d'Israël, animateur de *Famille adoptive*, émission en *prime time*, et à la tête d'une école de développement personnel réputée, a pris contact avec moi :

« Une centaine de mes étudiants en coaching achèvent leur année d'études, et je serais heureux si vous veniez leur exposer l'histoire du handicap qui vous a conduit à votre liste. Avez-vous une conférence prête sur le sujet ? »

Je n'en avais pas. Mais, deux heures plus tard, elle était rédigée.

Ma conférence devant les élèves de Gal fut un succès. Naturellement, je l'ai postée sur mon blog et sur ma page Facebook. Inutile de nier que j'étais aux anges. Car qui étais-je pour exposer mon histoire devant de futurs coaches diplômés ?

Une femme, qui avait découvert ce post et l'annonce que je commençais à donner des conférences, m'a questionné : « Quel serait le coût d'une conférence dans le cadre d'une journée de formation du staff de l'Université pour tous ? » Moi ? Donner une conférence à des universitaires ? Contre rémunération ? Je vivais un rêve éveillé !

Ma trempette du bout des orteils dans le bassin d'apprentissage d'Alon Gal m'a jeté dans le grand bain. Dès que la rumeur de la conférence s'est répandue, j'ai reçu des invitations d'entreprises israéliennes de premier plan (Bank Leumi, Cellcom, Pelephone, Chemins de fer d'Israël, Tnouva, etc.), de chaînes hôtelières, de cercles de réflexion privés… Un soir, lors d'une fête d'enterrement de vie de garçon particulièrement originale, j'ai donné un « spectacle » comme… « go-go boy des rêves ». En quelques mois, mon revenu annuel a augmenté de 30 %. Inutile de dire que, dans mes rêves les plus roses, je n'avais jamais fantasmé un tel pactole. Car, au total, je n'avais fait que jouer à un jeu Internet avec moi-même.

LA « LISTE » COMMENÇAIT À TRAVAILLER POUR MOI ET ME MENAIT BEAUCOUP PLUS LOIN QUE JE N'AVAIS OSÉ IMAGINER.

Lors de la création de mon blog, c'est mon webmestre bénévole qui m'avait suggéré de permettre à Google d'y implanter des bannières publicitaires. « Si ça produit un bon flux, ça peut te rapporter quelques dollars par mois. Chaque fois que quelqu'un cliquera sur la pub de Google, tu empocheras quelques cents… »

Au bout de trois mois, j'ai reçu un chèque de 102 dollars de Google. Les 100 dollars les plus gratifiants de toute ma vie !

Donc, sans faire autre chose que coucher quelques réflexions sur mon blog, je recevais de l'argent de poche. Par la suite, d'autres chèques me parvenaient. Bingo ! Avec cet argent, je voyagerais en Australie ! Ma première rencontre avec un kangourou dans son environnement naturel me semblait à portée de main. Parallèlement, j'envoyais un nombre infini de mails aux médias australiens, aux fonctionnaires des ministères des Affaires étrangères et du Tourisme du cinquième continent, dans l'espoir de glaner un peu d'intérêt et de recevoir une invitation officielle, tous frais payés. En fait, je les ai submergés de mails exaltés évoquant mon rêve érotique de surfer sur les vagues de l'océan Pacifique...

Sauf que la majorité des autorités officielles australiennes n'ont pas pris la peine de me répondre. J'ai compris que, malgré l'avalanche de cadeaux déversés sur mon crâne, le chemin ne serait pas toujours aisé.

Avec le recul, j'avoue que mes demandes n'étaient pas suffisamment centrées. Elles étaient la plupart du temps enthousiastes, drôles à l'occasion, maladroites souvent, ou tout simplement interminables. Je n'ai même pas pris soin de signaler à ces autorités australiennes ce qu'elles gagneraient en échange de leur aide. Par exemple, je pouvais mettre l'accent sur leur propre intérêt commercial à voir affluer des milliers de touristes en Australie, qui regarderaient les photos et les vidéos que je réaliserais pendant mon excursion et que je posterais sur mon blog.

Au fil du temps, j'ai compris que tous ceux qui m'ont aidé à réaliser tel ou tel point de ma liste l'ont fait pour deux motivations : *primo*, une empathie pure et simple et, *secundo*, le désir d'apparaître eux-mêmes sur le blog. Dès que j'ai compris mon erreur, j'ai veillé à signaler, bien sûr, à quiconque dont je sollicitais l'aide, la contrepartie symbolique qu'il en retirerait.

J'ai reçu aussi des sollicitations de diététiciennes, de moniteurs de fitness, de coaches de développement personnel, de psychologues et même d'un psychiatre ; tous avaient repéré le buzz né autour de mon blog et compris que leur soutien à la réalisation de ma liste leur offrirait une réelle visibilité sur le Net et une publicité susceptible de leur apporter de nouveaux clients.

À mes yeux, ce « deal » est plus qu'honnête, une sorte de troc : rendez-moi des services et vous bénéficierez, en échange, d'une exposition appréciable. Du gagnant-gagnant.

14 | JE DANSE
TOUT LE LONG DE LA ROUTE VERS MON BLOG

Pendant mes conférences, je repère immédiatement un ou deux visages narquois : « Bon, d'accord, tout cela t'est arrivé parce que tu t'appelles **Yuval Abramovitz**, que tu es célèbre et que tu disposes du carnet d'adresses utiles… »

Je suppose que cette idée a dû vous traverser l'esprit à la lecture des « miracles » dont j'ai bénéficié et des personnes célèbres qui se sont adressées à moi, en Israël et dans le monde.

Certes, mon nom est connu en Israël d'un nombre respectable de personnes (et tout aussi inconnu de secteurs entiers de la population). Mais j'ai reçu aussi des messages d'Australiens, d'Américains, de Japonais, de Norvégiens, voire d'Iraniens et, pour tous ces gens-là, je ne suis qu'un citoyen lambda.

Mais ce n'est qu'un hors-d'œuvre du festin interminable que je déguste jusqu'à ce jour – près de trois ans après la création du blog « La Liste ».

Pas un seul jour sans un message au moins au sujet de « La Liste » : mails d'encouragement, de propositions personnelles ou de business, de collaboration, d'une nouvelle liste ou de questions qui me donnent à réfléchir.

Pas un seul jour sans que quelqu'un, à l'autre bout du monde, ne réagisse à mes rêves ou ne me fournisse une clé pour ouvrir, peut-être, les bonnes portes.

J'ose affirmer que j'ai créé des milliers d'« ambassades » dans le monde portant mon nom et arborant le drapeau de « La Liste ».

VOUS AUSSI, VOUS POUVEZ OUVRIR DES AMBASSADES DE CE GENRE ET TROUVER DES INDIVIDUS PRÊTS À VOUS AIDER À RÉALISER VOS RÊVES.

Qu'est-ce qui a pu inciter de nombreux individus à s'intéresser à un jeune homme anonyme et à sa liste incongrue ? Eh bien, selon moi, c'est la preuve que j'ai réussi à surmonter le réflexe conditionné (conséquence de l'éducation reçue depuis la plus tendre enfance) qui nous enjoint de nous débrouiller par nos propres moyens – surtout, « ne pas importuner autrui », lequel est accaparé, de toute façon, par ses propres problèmes – et que j'ai osé clamer mes rêves à tue-tête et solliciter de l'aide.

J'ai eu l'audace de me dresser et de proclamer : mes chers congénaires, j'ai besoin de vous. J'ai besoin que, vous aussi, vous participiez à mon expédition jusqu'au sommet de mes rêves car, seul, je n'y parviendrai pas.

La plupart d'entre nous ont été éduqués à « ne pas enquiquiner les autres avec leurs problèmes », et la plupart d'entre nous s'efforcent d'intérioriser ce message. Sauf que, à mon sens, cette ligne de conduite joue parfois à notre détriment, et c'est bien dommage.

? EXERCICE

Essayer de penser à votre rêve le plus grandiose, le plus fou et le plus bizarre, mais susceptible de se réaliser grâce à un recours intelligent aux réseaux sociaux. Pouvez-vous imaginer « clamer » vos rêves sur ces réseaux ? Les chuchoter à l'oreille de vos proches collègues ? Dans le cas contraire, qu'est-ce qui vous empêche de révéler vos rêves devant les autres ? Mais si vous ne craignez pas de vous découvrir en public, qu'attendez-vous encore ?

DÉPÊCHEZ-VOUS DE RÉDIGER UN STATUT FACEBOOK OU DE TWEETER VOTRE RÊVE !

15 VOILÀ QUE LE MONDE SE MET À RÉDIGER DES LISTES

Parallèlement à mes premiers pas dans la diffusion de ma liste, quelque chose d'étonnant par son ampleur et de très émouvant s'est produit – plus émouvant que la route en briques jaunes vers mon pays d'Oz. Car si Dorothy, l'héroïne du *Magicien d'Oz*, était une rêveuse impénitente, moi aussi, on m'a accusé, plus d'une fois, de n'être qu'un songe-creux.

Ma messagerie a commencé à accumuler des listes personnelles venues du monde entier. Des individus adhéraient à l'idée de rendre leurs rêves publics, comme une étape opérationnelle en vue de leur réalisation, et souhaitaient m'associer à leurs aspirations.

J'ai reçu des dizaines de listes (en anglais) d'Australie, des Pays-Bas, de Grande-Bretagne, de Chine, de Norvège, du Rwanda, de l'Autorité palestinienne, des États-Unis, d'Afrique du Sud, de Russie, de Jordanie, d'Irak, de France, du Brésil, etc.

Dans leurs mails, ces individus me faisaient part de leurs rêves et, souvent, me demandaient mon avis. J'étais à la fois heureux et confus : qui suis-je pour attribuer des notes aux rêves d'autrui ? Suis-je maître ès rêves ? Diplômé en taxinomie ? Alors même qu'à cette époque tout ce sujet des listes était, pour moi aussi, encore vierge et purement intuitif.

Lorsque j'ai cliqué sur « Publier » et lancé mon blog « La Liste », ce jeudi de mai 2001, j'ignorais que j'étais à deux doigts d'un clic qui me conduirait, peu à peu, à rédiger une liste réelle à même de réaliser des rêves.

Malgré ma perplexité et la sensation de voyeurisme, j'ai avalé goulûment ces listes d'inconnus : listes de personnes que je n'avais jamais rencontrées et que, sans doute, je ne verrai jamais – rêveurs et rêveuses de différents âges dans le monde entier – qui adoptaient ma méthode et, par là même, m'aidaient à comprendre à quel point nous nous ressemblons tous. Des listes, encore des listes, m'ont enseigné combien les paroles que chante Chava Alberstein, *Nous sommes tous pétris dans la même pâte vivante*, sont justes.

Nombre de ceux qui ont découvert ce blog, anonymes comme célébrités, ont commencé à dresser des listes. Ido Tadmor, par exemple, danseur et chorégraphe de renommée mondiale, m'a envoyé une liste d'objectifs : « entreprendre une tournée mondiale pour faire avancer la paix avec les Palestiniens », « avoir le premier rôle dans une comédie musicale », « monter une production avec des danseurs, des acteurs, des chanteurs et des créateurs d'autres disciplines » et, enfin, « danser avec Barychnikov ».

À cette heure, Tadmor n'a exécuté aucun pas de deux avec son modèle, mais il a déjà effectué quelques sauts en direction de son rêve. Récemment, Tadmor a été le premier Israélien invité à danser avec la troupe du Bolchoï en Russie, dans laquelle Barychnikov a fait ses débuts. Tadmor a aussi donné une représentation avec le groupe de rock Hayéhoudim (et ainsi a pu marquer d'un « ✔ » son rêve de produire un spectacle avec des artistes de différentes disciplines), puis a entrepris une tournée de poésie et de danse en Extrême-Orient. Certes, ces représentations n'avaient pas pour objectif de faire avancer la paix, mais du peu que je sais de

Tadmor, cela arrivera. Et son pas de deux avec Barychnikov, aussi.

Ohad Hitman, chanteur-compositeur, personnage connu lui aussi, a publié une liste de ses rêves inspirée de la mienne, avec des points tels que : « achever la comédie musicale sur laquelle je travaille depuis deux ans », « officialiser ma relation avec mon compagnon », « économiser pour avoir un enfant » et aussi : « me produire devant l'ONU avec un orchestre de musique proche-orientale formé d'Israéliens et de Palestiniens ».

Hitman a posté sa liste en mai 2011.

Trois ans plus tard, Hitman remportait un prix d'un montant de 100 000 shekels pour une comédie musicale, *Billy Schwartz*, qu'il a composée et orchestrée, prix décerné dans le cadre du Festival de la comédie musicale destiné à révéler de nouvelles créations musicales. Il a épousé à New York son conjoint, Ran, et tous deux ont célébré leur union par une fête somptueuse en Israël. Le couple a adopté des jumeaux nés au Népal. Et Hitman s'est produit avec un ensemble de musique proche-orientale devant le Parlement européen – certes, il ne s'agit pas des Nations unies, mais trêve de mesquinerie ! Les rêves du chanteur-compositeur israélien se sont presque tous réalisés, un à un.

Il y a eu des centaines d'autres rêveurs à travers le monde désireux de marquer d'un « ✓ » leurs propres listes. Felicity d'Australie, devenue l'une de mes charmantes amies sur Facebook, a été la première à m'inviter chez elle. La liste qu'elle avait postée sur mon blog était particulièrement émouvante. En voici une partie : « former un groupe de randonnée de trois membres avec des voisins », « cultiver des légumes et des fruits », « achever au moins quarante semaines supplémentaires de thérapie contre l'hépatite C », « aller voir la mer avec les enfants », « m'abstenir de sexe, de drogues, d'alcool et de tabac à cause de mon traitement », « courir le risque d'être repoussée par ma famille, pour avoir essayé de m'en rapprocher pour la dernière fois ».

Au fil du temps, Felicity a pris l'habitude de me tenir informé des progrès de sa liste. Entre autres, elle m'a fait part de ses retrouvailles émouvantes avec sa famille, d'une nouvelle relation amoureuse et d'une amélioration sensible de sa santé.

Dans ces conditions, on constate que « La Liste » fonctionne pour tout un chacun, célébrités comme anonymes. Ce n'est pas la renommée qui ouvre le cœur des individus mais une simple sollicitation d'aide, sincère et convaincante, de la part d'autrui, quel qu'il soit.

« LA SOLITUDE N'EST PAS DUE À L'ABSENCE DE GENS AUTOUR DE NOUS, MAIS À NOTRE INCAPACITÉ À COMMUNIQUER LES CHOSES QUI NOUS SEMBLENT IMPORTANTES. »
CARL JUNG, PSYCHOLOGUE.

Je pourrais multiplier les témoignages de centaines de rêves réalisés, d'individus qui ont osé défier leur phobie du public et ont réussi. Des rêves minuscules sans doute, mais dont l'inachèvement peut provoquer une grande souffrance. Un quinquagénaire qui a remplacé sa dentition gâtée ; une femme qui a perdu 25 kilos ; un jeune homme qui s'est adonné à l'écriture d'un livre (et qui cherche désormais un éditeur) ; une femme qui a réussi à surmonter son hydrophobie et a commencé à nager, et de nombreux autres qui ont trouvé l'âme sœur.

Vous en voulez d'autres ? Je suis persuadé que tous ceux qui ont réalisé leur rêve ne l'ont pas fait uniquement par leurs propres moyens. Chacun d'eux a eu l'intelligence d'associer à sa réalisation les cercles proches, lointains ou virtuels qui accompagnent son existence. Grâce aux listes qui m'ont été envoyées, j'ai découvert que nous avions, tous, beaucoup de choses en commun, sans rapport avec notre âge, notre sexe, notre religion, notre situation financière, notre statut social ou nos préférences sexuelles.

Nous tous, croyez-le ou non, nous avons les mêmes rêves. Nous tous, nous voulons être sveltes et meilleurs (le point préféré dans toutes les listes que j'ai lues) ; nous tous, nous voulons effectuer le tour du monde ou résider dans un autre pays pendant un certain temps. Beaucoup désirent publier un livre, ou leur autobiographie, ou le roman de science-fiction qui occupe leur esprit depuis des années. Une partie d'entre nous sont convaincus que leurs inventions peuvent changer le monde (certes… quand nous aurons le temps et les moyens de la développer !). La quasi-totalité d'entre nous rêvent de rencontrer des vedettes admirées dans telle ou telle discipline ; nous tous, sans exception, souhaitons une bonne santé et le bonheur de nos êtres bien-aimés, et nous tous, absolument nous tous, aspirons au grand amour et à une union heureuse jusqu'à souffle.

À ce stade, avant de m'égarer entre les listes et les langues, je me suis consacré à établir une synthèse de ces listes simplement comme cela, par curiosité, pour découvrir au moins trois rêves récurrents et fondamentaux dans chacune.

Il s'avère que les rêves communs à la majorité de mes correspondants étaient : « trouver l'âme sœur », « habiter une maison plus grande » et « être plus svelte ». Il semble bien que Dieu se niche dans les petits détails chez la plupart d'entre nous. Mais, ici ou là, j'ai repéré des souhaits originaux et singuliers. Par exemple, cette jeune fille, ayant décidé d'ouvrir un chenil pour chiens abandonnés, demandait des conseils pour une levée de fonds ; une autre souhaitait organiser une soirée de collecte en faveur des animaux ; quelqu'un rêvait de sauter en parachute, de pratiquer le saut à l'élastique ou d'affronter un défi encore plus extrême. J'ai lu des rêves de voyage de retour au pays natal avec une grand-mère, d'écriture d'un programme de téléréalité, de présentation d'une émission de radio, de fondation d'un foyer pour femmes battues, d'ouverture d'un restaurant gastronomique pour adeptes du véganisme, d'adoption d'un vieillard solitaire, de création d'une comédie musicale à Broadway. Une adolescente de 17 ans rêvait d'écrire des scénarios pour les studios Disney ; une autre désirait créer une boutique d'alimentation végétarienne – la liste est infinie…

16 RÊVES EN MOUVEMENT

Lorsque le rythme des arrivées s'est accéléré et que ma messagerie a accumulé près de 200 messages, j'ai décidé d'ouvrir une boîte intitulée « Vos listes » sur mon blog.

J'ai suggéré à tous ceux qui m'envoyaient leur liste sur mon mail personnel de la poster sur le blog, avec leur photo et leurs coordonnées, pour que le monde puisse réagir à leurs listes, comme il le faisait pour moi, et aider à leur réalisation.

J'ai écrit aux rêveurs par retour de mail : « Beaucoup de choses merveilleuses me sont arrivées ! Cela peut être aussi votre cas. Je ne doute pas que d'autres voudront vous aider. Vous pourrez vous appuyer sur le flux d'internautes qui visitent mon blog. »

Au début, la plupart de ceux qui m'avaient adressé leur liste sur mon mail n'ont pas osé sauter le pas et rendre publiques leurs aspirations. « C'est vrai, nous désirons tous une grande maison avec piscine, a réagi l'un d'eux, mais pourquoi demandez-vous de le crier du haut du plongeoir ? »

J'avoue : plus je creusais ces dérobades, moins je comprenais pourquoi ces rêveurs s'opposaient à la publication de leurs listes devant les internautes. J'ai donc entamé avec chacun d'eux un long dialogue à cœur ouvert et je leur ai demandé de m'expliquer ce qui les dissuadait de révéler leur liste personnelle sur mon blog.

Sur la base des différentes réponses reçues, je vous suggère d'examiner vos propres réactions devant la révélation de vos aspirations aux yeux du public. Évitez-vous, vous aussi, de dévoiler vos rêves ? Dans ce cas, en connaissez-vous la raison ?

? EXERCICE

- Quelle est votre opinion sur la révélation de vos rêves ? Pouvez-vous l'effectuer facilement ou une telle publication éveille-t-elle en vous une crainte ?
- Supposons que je vous propose d'héberger votre liste de rêves sur un site qui accueille des milliers d'internautes actifs ou que je vous demande de vous présenter devant un public de centaines de personnes pour proclamer à voix haute votre rêve le plus précieux, dans l'espoir qu'il se trouvera quelqu'un dans le public qui vous aidera à le réaliser : oserez-vous vous lancer ?

Qu'est-ce qui, selon vous, vous empêche de le faire et pourriez-vous surmonter vos réticences ?

SI VOUS AVEZ RÉPONDU POSITIVEMENT AUX QUESTIONS CI-DESSUS, VOUS ÊTES EN BONNE VOIE DE DIFFUSER VOTRE LISTE DE RÊVES.

SI VOTRE RÉPONSE EST HÉSITANTE, JE VOUS PROMETS DE VOUS FOURNIR ICI LE FILET DE SÉCURITÉ QUI VOUS ENCOURAGERA À LE FAIRE.

17 POURQUOI ÉTOUFFER LE CRI DE NOS RÊVES ?

À partir des réactions à ce mail, j'ai établi une liste des motivations fréquentes fournies par mes correspondants pour m'expliquer ce qui les empêchait de publier la liste de leurs objectifs :

- ✓ **Je préfère garder mes rêves pour moi-même.**
- ✓ **Je ne suis pas intéressé à ce que les gens connaissent mes projets futurs.**
- ✓ **Cela me gêne.**
- ✓ **C'est trop personnel.**
- ✓ **En racontant mes rêves, je bousille, du coup, leur puissance.**
- ✓ **Les rêves appartiennent au sommeil : on peut réaliser des désirs, non des rêves.**

Et ainsi de suite. En fin de compte, la boîte « Vos listes » de mon blog est restée désespérément vide…

QUE DIABLE, QU'EST-CE QUI NOUS EMPÊCHE DE CRIER NOS RÊVES ?

D'OÙ VIENT CETTE INHIBITION COLLECTIVE QUI NOUS POUSSE À ÉTOUFFER NOS DÉSIRS, POURVU QUE NOUS NE SOYONS PAS OBLIGÉS DE LES RÉVÉLER ?

J'ai trouvé un début de réponse, ou du moins une réponse partielle, dans l'œuvre d'Alfred Adler, le père de la psychologie individuelle. Pour résumer : selon lui, le haut niveau de collaboration et de culture sociale, nécessaire à tout être humain, exige un effort social spontané – et l'objectif principal de l'éducation est de l'éveiller. Les sentiments sociaux ne sont pas innés, mais leur potentiel l'est, et l'on doit les développer de manière consciente. Le même Adler ajoute que le progrès de l'humanité ne pourra jamais se produire sans, au préalable, la prise de conscience de ce qui l'entrave.

Ainsi, grâce à Adler, j'ai compris que la collaboration représente un outil essentiel à notre existence, mais qu'il exige de nous un effort pour l'obtenir (tout comme s'acharner à suer dans une salle de fitness...). J'ai aussi appris que tout commence et tout finit par l'éducation et, plus précisément, par celle reçue dans la famille qui, parfois, réprime la spontanéité naturelle et tue les germes potentiels de collaboration sociale, si nécessaire à notre existence. Cette éducation, le plus souvent, nous dresse à ne pas apparaître aux yeux des autres comme orgueilleux, fanfarons, fantasques, coupés de la réalité ou en quête de plaisirs et de lucre. On nous inculque, sans doute en contradiction avec notre nature profonde, d'enfermer nos rêves dans notre cœur et de les dérober aux regards d'autrui.

J'ai découvert, en outre, que les raisons qui nous poussent à dissimuler nos rêves sont liées, parfois, à la foi religieuse ou à des superstitions transmises de génération en génération.

J'ai eu droit à des explications très ingénieuses sur l'importance de l'humilité, de dissimuler une faiblesse personnelle ou d'éviter de mêler les autres à nos problèmes. Mais plus je discutais avec ces personnes, plus je me rendais compte que cette autopersuasion était dirigée d'une main de fer par le dictateur bien connu nommé « Qu'en-dira-t-on ? » : que vont penser mes voisins, mes amis, mes professeurs, et les autres rêveurs qui, eux aussi, pèsent de tout leur poids sur le sac de leurs rêves personnels et l'empêchent d'exploser par souci obsessionnel du « Qu'en-dira-t-on » ?

Voici un extrait du mail d'une rêveuse qui m'a écrit ceci :

> « Je mets ma liste en piece jointe, mais interdit de la publier ! J'insiste ! Interdit ! C'est juste à votre attention ! J'ai réfléchi à votre sympathique projet et à votre activité si riche, et j'ai essayé de comprendre pourquoi, pour moi, il est si difficile de publier ma liste. Alors même que je rédige des chroniques dans la presse et sur Internet, publie des réflexions intimes sur Facebook – et, donc, pourquoi ce refus ? Voici la réponse à laquelle j'ai abouti : c'est comme ça que j'ai été éduquée. On m'a appris qu'il est impoli et prétentieux d'afficher des rêves extravagants et, même si c'est le cas, qu'il ne faut sûrement pas se précipiter pour le raconter aux copains… On m'a aussi appris à ne pas accabler les autres de mes questions et de mes affaires intimes, et c'est pourquoi je ne vais pas vous imposer les questions qui m'intriguent à propos de votre liste. Bref, vous aurez compris : à cause d'un reste de politesse à l'ancienne… »

Super ! Encore une fois, l'histoire de l'œuf et de la poule dans sa version actualisée « Rue des Bonnes-Manières, au coin du boulevard Désolée-J'ai-Peur-J'ai-oublié-Comment-Être-Moi-même ». Et cette rengaine connaît une multitude de versions, de détours et de prétextes.

Une jeune fille élevée dans une famille religieuse, assistant un jour à ma conférence, a brandi à mes oreilles cette citation des sources traditionnelles : « Seul un lieu dérobé aux regards est source de bénédiction. » Lorsque je l'ai un peu titillée en lui disant qu'il était temps d'oser clamer ses rêves secrets, elle m'a expliqué calmement qu'un commentaire à cette maxime affirmait que nul n'avait le droit de jeter de la poudre aux yeux d'autrui avec ses succès et sa réussite et qu'on devait se montrer réservé. Si je respecte beaucoup la foi d'autrui (et je me tiens, moi aussi, pour un croyant. À ma façon...), je n'ai pas, pour autant, trouvé de contradiction entre la vision du monde de cette jeune fille pieuse et ma conviction que, pour réaliser nos rêves, nous devons les semer à tous vents.

Je n'ai jamais encouragé quiconque à se vanter en public. Pour ma part, je n'ai jamais eu l'intention de faire un selfie de ma nouvelle tablette de chocolat et de le poster sur les réseaux sociaux. Tout ce que je souhaitais, c'était d'éveiller notre capacité à demander ouvertement l'aide d'autrui, et sans aucune honte.

IL N'Y A RIEN DE PRÉSOMPTUEUX À ASSOCIER LES AUTRES À NOS RÊVES ET À LEUR DEMANDER DE L'AIDE. LOIN DE LÀ. SELON MOI, CELA PROUVE MÊME LE CONTRAIRE : LA MODESTIE CONSISTE À AVOIR LA CONSCIENCE SUPRÊME DE NOS LIMITES INDIVIDUELLES PAR RAPPORT À LA PUISSANCE EXPONENTIELLE DE L'UNION DE TOUTES LES FORCES.

LES NÔTRES ET CELLES DES AUTRES.

MODESTES RÊVEURS

Si certains ont réussi à réaliser leur rêve le plus fou mais ont préféré ne pas le brandir sous le nez d'autrui pour ne pas l'aveugler, je n'y vois aucun inconvénient : gardez votre réussite pour vous-même. D'un autre côté, que faites-vous de tous ceux qui vous ont aidé en chemin ? Ne méritent-ils pas de prendre part à votre joie ? Et avez-vous pensé aux individus timorés ? Ne devraient-ils pas être inspirés par votre réussite ?

C'est l'une des raisons pour lesquelles vous tenez cet ouvrage en mains, en ce moment, avec, peut-être, d'autres guides de développement personnel. Puiser un peu d'audace dans les « exploits » d'autres personnes – c'est l'une des raisons pour lesquelles beaucoup d'entre nous lisent des journaux, des magazines, des suppléments hebdomadaires de quotidiens. Entre les rubriques de potins et celles de recettes de cuisine, se dissimulent nombre d'histoires dignes de nous inspirer, dont des anonymes ou des célébrités ont été les acteurs dans leur ascension vers les sommets, après avoir surmonté tant d'obstacles. Ou qui, noyés sous les dettes, ont réussi à s'en sortir. Ou encore, qui ont affronté une terrible catastrophe et conservé, envers et contre tout, une vision optimiste de la vie.

Pour ma part, j'aime faire participer les autres à mes succès, même si des étrangers (surtout, ceux qui ne m'aiment pas) sont enclins à y voir de la vantardise et de la gloriole, pour ne pas dire de la mégalomanie. Cela m'est égal, ils peuvent penser ce qu'ils veulent. Tout simplement, parce que la fanfaronnade n'a jamais été ma ligne de conduite.

Avez-vous déjà vu une fleur garder ses graines pour elle-même, au lieu de les disperser à tous vents, et rêver pourtant du printemps ?

18 LES PIRATES DES RÊVES

J'ai découvert une autre chose : de nombreuses personnes évitent de révéler leurs rêves par peur que d'autres les dépouillent de leurs idées !

Au cours d'une conférence, j'ai ainsi rencontré une rêveuse, diplômée d'architecture intérieure et à la témérité anémique, qui m'a avoué pourquoi elle repoussait l'idée d'ouvrir une boutique au concept original dans sa bourgade assoupie : « Si je révélais mon intention d'ouvrir une boutique de design, il se trouverait toujours quelqu'un pour me piquer mon idée. » À l'en croire, elle fantasme cette boutique depuis l'époque de son premier congé maternité – depuis, soit dit en passant, elle a mis trois enfants au monde. Faites le calcul du nombre d'années pendant lesquelles son rêve est resté étouffé en elle…

Je lui ai répondu ceci : « Votre localité existe depuis soixante-dix ans, et, jusqu'à ce jour, aucune boutique de ce genre n'y a été créée. Vous croyez qu'un pirate borgne va se jeter sur votre idée ? Juste parce qu'il aura entendu dire à l'épicerie du coin ou lu sur Facebook que, pas plus tard que maintenant, vous allez faire refleurir le désert ? Vous pensez vraiment qu'un petit statut de demande d'aide à des entrepreneurs expérimentés va pousser tous vos voisins à ouvrir une avenue de boutiques design justement sous votre nez ? Si, pendant soixante-dix ans, personne ne l'a fait, pourquoi quelqu'un le ferait maintenant ? N'oubliez pas que la plupart des gens sont accaparés par leurs propres rêves, non par les fantasmes des autres gens. »

« C'est exact ! », est intervenue une autre femme au troisième rang de la salle. « Ne faites pas trop d'honneur aux autres. La plupart des gens sont paresseux et préfèrent copier des réussites attestées et non se lancer dans une nouvelle aventure. Voyez le nombre d'imitations internationales de l'iPhone, des sandales Crocs ou de Frozen Yogurt… »

Mais, malgré nos protestations, je n'ai pas eu l'impression que notre designer en herbe allait surmonter ses craintes et signer un bail commercial dès le lendemain ou oser révéler en public ses projets pour les partager avec d'autres.

De toutes les explications que j'ai reçues à la question « Pourquoi craignez-vous de partager vos rêves avec d'autres personnes ? », il en est une particulièrement lancinante qui revenait :

« PUBLIER UNE LISTE D'OBJECTIFS ÉQUIVAUT À PRENDRE UN ENGAGEMENT CONTRAIGNANT. »

Et voilà ! C'est elle, la clé inédite : nous craignons tout simplement de nous engager – y compris à l'égard de nous-mêmes mais, surtout, de notre entourage. Pour revenir à ce cher Alfred Adler, il affirmait :

« L'ÉDUCATION NE PEUT AVOIR QU'UN BUT UNIQUE : L'APPRENTISSAGE DU COURAGE. »
ALFRED ADLER

La peur, je l'ai découvert rapidement, est l'émotion la plus paralysante et la plus castratrice. La peur n'est pas seulement le contraire du courage ; elle est aussi le contraire de l'amour. D'où je le sais ? Parce que, dès que nous cessons de craindre quelqu'un ou quelque chose, nous commençons à être capables de l'aimer. Par exemple, les chiens, les étrangers...

Nul être humain n'est immunisé contre les frayeurs qui s'emparent de lui.

Plus d'une fois, moi aussi, je fais de mon mieux pour chasser les démons qui m'inhibaient. Parfois, des gens s'étonnent de mon rythme de vie qui, pour un observateur étranger, peut paraître terriblement trépidant, mais je leur explique que la raison pour laquelle j'agis avec frénésie et fonce, pied au plancher, est que, si je ralentissais, j'aurais trop de temps pour réfléchir aux virages et aux nids-de-poule...

C'est ainsi que j'agis chaque fois que je publie un nouveau post sur mon blog ou sur ma page Facebook : j'écris, je transmets, puis, en route pour le prochain objectif. Je ne m'arrête pas pour réfléchir à ce que j'ai fait et à quel point mes actes peuvent être embarrassants. Certes, parfois, le jeu est un peu dangereux, mais nous sommes déjà d'accord que celui qui ne sème pas de risques ne récolte pas de succès.

Puis, on me rétorque que, bon, j'ai un « tempérament courageux », que « je me fiche de l'opinion des autres », et toutes sortes d'arguments qui apaisent la conscience des abouliques et leur offrent de bonnes excuses à leurs échecs.

Eh bien, je me vois contraint d'avouer que, si le courage n'est pas ma vertu suprême, j'ai décidé, avec le temps, que c'est moi qui dominerais mes frayeurs et qu'elles ne me domineraient pas. Mon activité, comme mes échecs, mes déceptions et les critiques que j'ai essuyées au fil des ans (et que j'essuierai encore) m'aguerrissent et m'aident à revêtir une cuirasse face aux remarques venimeuses.

À PARTIR DU MOMENT OÙ NOUS CESSONS DE CRAINDRE QUELQU'UN OU QUELQUE CHOSE, NOUS COMMENÇONS À ÊTRE CAPABLES D'AIMER.

19 ENTRE PEUR ET FERVEUR,

ENTRE PLÉNITUDE ET DÉCONFITURE

Cela fait des années que je suis convaincu que la maladie la plus dévastatrice au monde n'est ni le cancer, ni le sida, mais la peur. C'est elle qui nous tue, c'est elle qui nous transforme en morts-vivants. Un jour, un ami très cher m'a murmuré à l'oreille cette phrase :

« UN HOMME COURAGEUX NE MEURT QU'UNE FOIS. UN PEUREUX CRÈVE CHAQUE JOUR DE SON EXISTENCE. »

Le sentiment de la peur nous asservit davantage que celui de l'amour ou du désir de réaliser nos aspirations. Les peureux redoutent de risquer un pas, grand ou petit, qui les expulserait de leur zone de confort. Les individus craignent les changements qui les obligeraient à penser différemment et les pousseraient peut-être à se réinventer. Les gens s'accrochent à leur existence familière, même si son contenu s'est vidé de toute signification pour ne laisser qu'une coquille vide – pourvu qu'on ne les oblige pas à s'arracher à leur lieu, même si ce lieu est devenu inhospitalier. Comme une plante, dont les racines ont déjà percé le pot et dont la tige lèche le plafond de verre, ils s'obstinent à s'accrocher au vieux pot. Tout, sauf s'éloigner du lieu familier ; tout, sauf être dépaysé ! C'est ainsi qu'ils s'entortillent, se courbent, s'étouffent peu à peu, sans un bruit, à leur insu, et se fanent.

Nombreux, trop nombreux sont ceux qui préfèrent la cage connue (même si elles provoquent maladie et souffrance) à l'inconnu (même s'il est clair qu'il offre un espoir de changement).

De trop nombreux célibataires, hommes et femmes, redoutent de déclarer leur amour et leur désir et préfèrent jouer les indifférents – pourvu qu'ils taisent leurs sentiments. De nombreux couples craignent de rompre une union qui a perdu toute saveur, pourvu qu'ils ne soient pas contraints de mettre en danger leurs biens, leur réputation, l'avenir de leurs enfants. D'autres s'effraient de déménager, de quitter leur lieu de travail, de renoncer à une amitié attiédie, voire... de changer la peinture du salon. Car pourquoi changer, si ça marche comme ça (à peu près) ? Pourquoi chambouler, puisque ça fonctionne encore (plus ou moins) ?

Ça marche, ça fonctionne – admettons. Mais est-ce que ça secoue, ça émeut, ça bouleverse ? Est-ce que, simplement, ça vit ?

Nous sacrifions notre avenir sur l'autel de la peur qui nous domine. Nous immolons notre chance d'évolution sur l'autel de la paresse et du confort, et nous laissons la médiocrité s'emparer de nos vies. Pis : ce comportement poltron, nous l'exhibons devant nos enfants qui apprennent de nous à assimiler et à reproduire le code destructeur qui détruit nos rêves. Car, pour en revenir à la doctrine d'Alfred Adler, l'éducation s'illustre, avant tout, par l'exemple personnel. Nos enfants ne sont pas spécialement éduqués par ce que nous leur disons de faire ou de ne pas faire, mais ils imitent, surtout, nos conduites qu'ils assimilent grâce leurs capteurs émotionnels et tacites.

DÈS LORS, NOTRE PROPRE PEUR PEUT TUER LES RÊVES DE NOS ENFANTS.

☑

Il y a quelques semaines, je me promenais, en fin de journée, à Tel-Aviv avec Shira, ma fille âgée de cinq ans et demi. Soudain, Shira s'est figée sur place, a regardé le ciel, a fermé les yeux et a marmonné quelques mots pour elle-même.

Je me suis penché vers elle : « Qu'est-ce qui t'arrive ?

– J'ai vu une étoile filante, et j'ai donc fait un vœu, m'a-t-elle chuchoté à l'oreille.

– Et qu'as-tu demandé ?

– Je ne peux pas te le dire, Papa, m'a-t-elle rembarré. Si je te raconte mon souhait, aucune chance qu'il se réalise ! »

Nous avons continué à marcher, main dans la main. J'ai souri à ma petite fille, mais je ne pouvais pas ne pas penser à « La Liste » qui m'avait si bien réussi. Pourquoi la laisser enfouir ses aspirations secrètes au plus profond de son cœur ? Je me suis immobilisé et je lui ai dit : « Shira, je crois que tu te trompes. Je pense que, si tu choisis de me raconter ton vœu, il aura une plus grande chance de se réaliser, parce que je pourrais peut-être t'aider à le réaliser. » Elle m'a jeté un regard dubitatif. J'ai insisté : « Tu vois, un jour, j'avais ton âge et je me suis rendu avec Grand-père et Grand-mère au Mur occidental à Jérusalem, j'ai glissé un petit billet entre les grosses pierres – et mon vœu a été exaucé. J'ai reçu l'ordinateur que je désirais !

– Quoi, Dieu a lu ton billet ? s'est écriée Shira en écarquillant ses grands yeux bleus.

– Je n'en suis pas tout à fait sûr, lui ai-je répondu avec un sourire et un clin d'œil, mais je suis presque certain que Grand-père a jeté un œil sur mon billet, l'a raconté à Grand-mère, et elle m'a acheté mon ordinateur... »

Shira n'a pas eu besoin de plus de trente secondes pour exploiter l'info et a décidé, sur-le-champ, de me faire part de son vœu.

« J'ai demandé que notre famille soit en bonne santé », m'a dit ma modeste fillette. Pouvais-je de ne pas approuver avec joie son souhait ?

La douce tradition des anniversaires, où l'on souffle sur les bougies du gâteau en faisant un vœu secret, convient à l'univers enchanté des gamins – univers dans lequel les fées volent dans les airs, les animaux parlent et les princesses de Disney roulent en carrosse vers un soleil couchant majestueux...

LE PROBLÈME NAÎT QUAND NOMBRE D'ADULTES ADOPTENT CETTE TRADITION – PAS TOUJOURS À L'OCCASION DES ANNIVERSAIRES – ET CONTINUENT DE DISSIMULER LEURS SOUHAITS DERRIÈRE DES SUPERSTITIONS. ET CELA SE POURSUIT AINSI, DE GÉNÉRATION EN GÉNÉRATION.

APPRENEZ PLUTÔT À VOS ENFANTS ET À VOS PROCHES À VOUS COMMUNIQUER LEURS VŒUX ET, SURTOUT, À LES EXPRIMER.

20 COMME SI ON RÉVÉLAIT

UN SECRET DE POLICHINELLE

Une amie proche, femme charmante et talentueuse, dynamique et douée du sens de l'humour, n'a toujours pas trouvé l'âme sœur. Particulièrement belle et très élégante, elle frise la quarantaine. Un soir, alors que nous sirotions un verre de vin, elle s'est épanchée sur sa souffrance.

« Les rencontres sur Internet, ce n'est pas trop ma tasse de thé. Je travaille vingt-quatre heures sur vingt-quatre au milieu de gamins à peine sortis des jupes de leur mère, et je ne réussis pas à trouver un homme de mon âge. Pour tout dire, je me sens coincée dans le célibat !

– J'ai une idée ! lui rétorquai-je. Je vais poster ta photo sur ma page Facebook, rédiger quelques mots flatteurs à ton sujet, comme une sorte de témoin de moralité qui te connaît depuis une vingtaine d'années, et je vais les partager avec mes milliers d'amis. Ils vont découvrir ton souhait de rencontrer un chic type, et nous recevrons sûrement des réponses d'hommes courageux et ouverts, trop heureux de relever le défi. »

Son air éberlué disait tout.

« T'as disjoncté ou quoi ? Tu veux que tout le monde sache que je suis une vieille fille solitaire ?

– Tu n'es pas célibataire, tu cherches l'amour. Nuance ! Comme tout le monde. Pourquoi éprouves-tu de la difficulté à le déclarer à voix haute ?

– Parce qu'on va penser que je n'ai pas réussi à trouver chaussure à mon pied... »

Encore une preuve que nos craintes irrationnelles l'emportent sur la logique. Car tout son entourage savait qu'elle était célibataire ; mais, à son âge, cela équivaut apparemment à un « échec ». En d'autres termes, ce n'était qu'un secret de Polichinelle. Pourquoi, dans ces conditions, ne pas l'exprimer clairement afin d'essayer de remédier à cette situation ?

Qu'avons-nous conclu avec ma belle amie talentueuse ? En fin de soirée, après avoir vidé quelques verres de vin, nous sommes convenus qu'elle diffuserait à 100 amis un mail les informant qu'elle cherchait un compagnon. Nous étions d'accord que, sur cette centaine de messages, elle recevrait sûrement quelques propositions.

Et c'est ce qui s'est produit. Elle a été invitée à quatre rendez-vous, et l'un d'eux a donné naissance à une histoire d'amour qui a duré un mois. À l'heure où je rédige ces lignes, elle est toujours célibataire. Cependant, je n'ai pas jeté l'éponge ! Alors, si vous, à ce stade de votre lecture, le sourire aux lèvres, pensez que vous pouvez être la moitié de cette femme de qualité, qui certes fait un peu la difficile, écrivez-moi sur mon site Internet (adresse en fin d'ouvrage), et je serais heureux de jouer les intermédiaires. Je m'engage, en outre, à organiser votre cérémonie nuptiale.

Mais, pour être tout à fait sincère, je la comprends, mon adorable amie. Car, malgré mes éloges du courage et de la publication de nos aspirations, plus d'une fois j'éprouve moi aussi de la crainte, dans le dédale obscur de mon cœur, et je dois me contraindre à un bras de fer avec moi-même.

Lorsque mon blog a débouché sur des conférences, j'ai reçu un nombre important d'invitations émanant de différents pays pour y exposer ma méthode. Lorsque les médias ont été informés de la rédaction de ce livre, j'ai eu des appels et des propositions de rencontres à l'étranger. J'étais heureux de cette moisson déposée devant ma porte, et, en même temps, pris d'une panique presque hystérique : justement maintenant, alors que ma vie est rangée et organisée – avec des affaires en plein boom, une carrière stable, ma sieste quotidienne et mes deux filles –, je serais obligé de vendre une partie de mes sociétés, qui exigent une gestion méticuleuse, de m'absenter de chez moi et de m'éloigner de ma famille. Des discussions avec des amis fidèles et avec mes proches m'ont rasséréné et m'ont prouvé que chaque situation (à plus forte raison, positive) peut se dénouer. Le fait d'avoir extériorisé mes craintes a conduit mon entourage à me présenter tout un faisceau de solutions et de soutiens.

21 LA VERTU DU COURAGE

En fin de compte, ce n'est pas seulement ma charmante amie qui a osé partager son rêve avec les autres internautes. À cette heure, un groupe plutôt large de dresseurs de listes courageux a déjà posté ses listes sur mon blog et, en peu de temps, l'effet de la liste publique s'est fait sentir.

Certains ont adressé des comptes rendus quotidiens de leur perte de poids (à mon avis, « La Liste » a brûlé, à ce jour, au moins 50 tonnes de calories dans le monde). D'autres ont livré les recettes familiales de leur grand-mère ou de leur mère, comme ils en rêvaient. Et d'autres encore ont même immortalisé leur biographie sur vidéo (la majorité d'entre nous, je l'ai constaté, veulent le faire à un moment ou à un autre, mais ne trouvent jamais le temps – jusqu'à ce qu'il soit trop tard).

Ces mêmes internautes téméraires ont rapporté le cas d'internautes étrangers qui ont jeté un œil sur leurs listes et leur ont proposé leur aide.

Ainsi un patron d'une fabrique de porte-clés a contacté une femme dont la liste affichait le souhait de lever des fonds pour les animaux en détresse, et il lui a offert un stock de fins de série pour qu'elle les revende à bas prix et collecte ainsi l'argent nécessaire à la réalisation de son souhait.

Un rêveur, qui fantasmait depuis des années de rencontrer le groupe pop Roxette, a réussi enfin à le faire grâce à l'aide d'autres internautes. Et une passante inconnue m'a arrêté en pleine rue pour me raconter que la fillette qu'elle portait dans son kangourou, elle l'avait adoptée grâce à ma « Liste ».

Moi aussi, j'ai essayé d'aider les rédacteurs de listes à effectuer un pas ou deux en vue de la réalisation de leurs rêves.

Ainsi, à une journaliste israélienne installée à Berlin qui avait du mal à trouver une rédaction, j'ai suggéré de rédiger des articles en hébreu, de les faire traduire en allemand, puis de les proposer à des rédactions locales. « Bien sûr, une grande partie de tes revenus va profiter au traducteur, mais, en même temps, tu auras mis le pied dans les médias locaux, et tu pourras apprendre à la fois la langue et le terrain. » Deux semaines après avoir suivi mon conseil, elle intégrait un périodique berlinois réputé.

Un jeune homme admirable, atteint de la maladie de Charcot, a exprimé le souhait d'exposer son combat contre la maladie, malgré son handicap, afin d'inspirer d'autres malades. Je lui ai conseillé d'adresser son histoire à différents sites Internet. En très peu de temps, sa première rubrique émouvante paraissait sur l'un des sites les plus importants d'Israël.

Une femme de 33 ans m'a fait part de son désir de devenir comédienne. « Mais ça n'arrivera plus », concluait-elle. En retour, je lui ai envoyé une liste de comédiennes, en Israël et dans le monde, qui ont atteint la célébrité à un âge mûr parce qu'elles avaient osé écouter leur cœur. Cette aspirante comédienne a mobilisé le courage nécessaire, s'est présentée aux examens d'un cours d'art dramatique et a entamé ses études.

ENFIN, « LA LISTE » COMMENÇAIT À ŒUVRER POUR LE BIEN D'AUTRUI.

22 LE SECRET DE « LA LISTE »

Plus d'une fois ai-je entendu une réaction de ce genre : « En fait, ta liste, c'est comme le film *Le Secret*, non ? Il suffit de penser positivement, et les choses se réalisent ? »

À l'instar de nombreuses personnes qui se sont familiarisées avec la vision du monde séduisante du film et du livre *Le Secret* (ne me dites pas que vous n'avez pas encore vu ce film de Rhonda Byrne qui a conquis le public !), moi aussi j'ai adhéré aussitôt à la méthode de la pensée positive.

À dire vrai, j'en ai fait ma philosophie de vie depuis toujours. J'ai tendance à croire que, sans une pensée positive et une approche optimiste de la vie, héritées de ma grand-mère et de ma mère (et de mon cahier « La Liste », dans ma jeunesse), je serais encore cloué dans mon fauteuil roulant.

Il est très facile de plonger dans la mélancolie lorsqu'on se débat dans des situations difficiles, sans énergie positive pour nous délivrer du piège et changer le cours de notre existence.

Plus les gens évoquaient la ressemblance entre « La Liste » et *Le Secret*, plus je me montrais sensible à un élément essentiel, commun à tous ceux qui cherchent des réponses.

Nombre de ceux qui sont en quête de voies pour l'accomplissement s'appuient sur la théorie de la pensée positive, telle qu'elle est exposée dans les ouvrages de développement personnel : « Si votre pensée est positive, la réalité le sera… » Mais la plupart ne sont pas conscients que, malgré cette approche correcte, ils risquent de continuer à stagner dans leur passivité. Car :

PENSER, C'EST BIEN.
AGIR, C'EST MIEUX.

Bien sûr, certains d'entre nous ont rédigé un chèque virtuel d'un montant d'un million de dollars ou ont collé sur leur frigo une photo de la maison de leurs rêves découpée dans un magazine, mais sans effectuer de démarche décisive, hormis attendre que leurs pensées positives fassent le boulot à leur place.

L'aspect le plus essentiel se situe en dehors du tableau : pour que les choses arrivent, on ne peut pas se contenter de rêvasser. Il faut concevoir son projet de manière coordonnée :

RÊVER. PUIS EXÉCUTER.

Même si je demeure un adepte acharné de la pensée positive, je reste persuadé que les pensées, à elles seules, ne suffisent pas. Car ce n'est pas l'« univers » qui nous écoute, mais des êtres vivants. C'est aussi la raison pour laquelle je soumets mes rêves aux yeux et aux oreilles d'individus – célèbres ou inconnus – capables de me venir en aide.

LA DISCUSSION SUR L'EXISTENCE D'UNE PUISSANCE SUPRÊME EST AUSSI VIEILLE QUE LE MONDE, ET MÊME SI JE ME TIENS POUR UN CROYANT, COMME ON L'A VU, JE PRENDS SOIN D'ADRESSER AUSSI MES PRIÈRES INTIMES AUX GENS DE MON ENTOURAGE, PROCHE OU LOINTAIN. C'EST POURQUOI PEU IMPORTE QUE VOUS SOYEZ JUIFS, CATHOLIQUES OU PROTESTANTS, MUSULMANS, HINDOUS OU FIDÈLES D'UNE AUTRE CONFESSION, OU QUE VOUS CROYIEZ À L'EXISTENCE DE DIEU, DU CHRIST OU DE BOUDDHA – MON APPROCHE DEMEURE NON MOINS PERTINENTE POUR VOUS.

C'EST À VOUS QUE J'ADRESSE MES RÊVES ET, EN MÊME TEMPS, VOUS INCITE À AIDER AUTRUI.

23 | DU RÊVE AUX CRÉATEURS DE START-UP

Ceux qui ont compris, sans aucun doute, le principe de partage de nos rêves sont les entrepreneurs et les créateurs de start-up de la fin du XXe et du début du XXIe siècle. Autant de personnages visionnaires et dynamiques qui rêvent d'abord, et réalisent ensuite.

Ils font grand tapage d'une invention technologique, d'une nouvelle application, d'une voiture électrique ou de toute autre découverte, et n'hésitent pas à assiéger les bureaux des investisseurs, à se faire interviewer dans les journaux économiques ni à créer le buzz autour de leur produit rêvé (à double sens), alors même qu'ils s'échinent à le fabriquer.

J'ai le plaisir de partager avec vous un petit truc que j'utilise dans la plupart des initiatives auxquelles je suis mêlé :

**JE LES CLAME À COR ET À CRI
AVAN MÊME QU'ELLES EXISTENT.**

Ce « cri » me permet de tester la réaction de l'entourage et, en même temps, de vérifier le potentiel du projet.

Ainsi, il y a près de trois ans, je déjeunais avec l'éditeur de mon deuxième ouvrage. Cela fait des années que, tous deux, nous enseignons dans différents ateliers d'écriture, mais, à un certain moment, nous en avons eu assez de ces structures. Du coup, pendant le repas, cette idée m'est venue : fonder, pour la première fois en Israël, une école qui enseignerait tous les styles d'écriture – depuis la rédaction de statuts et de blogs, la composition de chansons, l'écriture de scénarios et de pièces de théâtre, jusqu'au journalisme et à la fiction.

Même après avoir affiné entre nous le concept, nous n'étions pas encore totalement certains de la validité de cette idée : d'un côté, nous voulions pénétrer un marché saturé d'ateliers d'écriture – mais, d'un autre côté, nous proposerions à des étudiants des mets gastronomiques qu'ils n'avaient pas l'occasion de goûter sur ce marché...

Comme nous ignorions le moyen d'atteindre des clients potentiels, nous avons décidé de « clamer » notre idée. Nous nous sommes adressés à un nombre important d'écrivains réputés, que nous voulions intégrer à l'équipe enseignante, et leur avons demandé l'autorisation de les y inclure. À l'étape suivante, nous avons obtenu une publicité Internet pour la somme symbolique de 5 000 shekels (environ 1 000 euros) et nous avons commencé à « clamer » l'existence de cette école.

À ce stade, nous n'avions pas encore de structure pour abriter notre école... sans même parler des étudiants. Et voilà qu'après deux jours de « tapage » sur Internet, des « amis » de Facebook ont commencé à demander des renseignements et, au bout de deux semaines, un nombre suffisant d'étudiants s'était inscrit pour inaugurer un premier cycle. Quelle réaction rapide et fructueuse à notre cri ! Aujourd'hui, un an et demi après l'ouverture, 180 étudiants étudient dans notre école en plusieurs promotions parallèles.

Selon la même méthode, j'ai réussi à attirer l'attention sur mon thriller, *Ici, Yaël Weiss, Tel-Aviv*. L'intrigue de ce roman tourne autour d'une jeune fille qui déménage de la bourgade de Carmiel à Tel-Aviv, avec l'intention d'y creuser son trou et de devenir célèbre. Embauchée par une chaîne d'infos qui bat de l'aile, elle révèle si bien les coulisses des médias que sa vie est menacée. J'ai réfléchi à ce qui inciterait un acheteur à pénétrer dans une librairie, à choisir mon premier roman au milieu des piles de centaines de livres, à le payer à la caisse et à trouver le temps de le lire. Solution : « faire du tapage » autour de la publication de l'ouvrage pour accéder à la liste des best-sellers.

Pour la modique somme de 500 shekels (environ 100 euros), une imprimerie m'a fabriqué 1 000 autocollants portant des messages « inquiétants », dans l'esprit de ce thriller, du genre : « Yaël Weiss, on connaît ton adresse ! », « Yaël Weiss, on va te serrer ! » ou « Yaël Weiss, tu ne vas pas nous échapper bien longtemps ! ».

Après avoir mobilisé quelques amis, un vendredi soir, nous avons placardé les affichettes un peu partout sur les murs de Tel-Aviv. En moins de trois heures, un inconnu nous a abordés pour savoir qui était cette Yaël Weiss. Nous lui avons révélé notre astuce commerciale, et le badaud – qui s'est identifié comme journaliste – s'est empressé de rendre compte de notre technique originale de merchandising dans son journal. Des sites Internet ont pris le relais : moyennant quoi, le livre a bénéficié de la publicité voulue. Au bout de deux semaines, mon roman occupait la neuvième place dans la liste des best-sellers.

DANS UN UNIVERS SUBMERGÉ D'INFORMATIONS COMME LE NÔTRE, DANS LEQUEL PRESQUE TOUT UN CHACUN A QUELQUE CHOSE À « VENDRE » AUX AUTRES, NOUS N'AVONS PAS D'AUTRE CHOIX QUE DE NOUS METTRE EN AVANT ET DE DONNER DE LA VOIX.

De nombreux sites suggèrent aux inventeurs et aux artistes de partager leur rêve avec le monde et de mobiliser l'aide financière d'internautes, sur la foi de ce rêve. C'est ainsi que j'ai recueilli le financement de l'ouvrage que vous lisez en ce moment. Je développerai ce point en fin d'ouvrage et vous fournirai quelques tuyaux pour le faire, vous aussi.

☑

Les citoyens de la nouvelle planète numérique ont l'intelligence d'extérioriser leurs rêves. Les exemples abondent. Ainsi Barack Obama a réussi à convaincre des millions d'Américains grâce à une brillante campagne de collecte de fonds et de propagande politique qui a contourné les moyens de communication traditionnels et s'est concentrée sur Internet. Son équipe et lui-même ont su « clamer » à haute voix leur rêve de changement – rêve qui a connu son apogée lors de la cérémonie d'investiture d'Obama, le premier président noir des États-Unis.

☑

Un jour, à la fin d'une conférence, un jeune homme m'a abordé pour me déclarer que l'idée de « La Liste » et de sa publication était séduisante... « Mais pas pour moi. Les listes, c'est bon pour des individus extravertis et qui se font remarquer, comme vous ! » Je me suis examiné des pieds à la tête. Moi, je serais extraverti et je me mettrais en avant ? Ce jour-là, je portais un simple jean, un polo bon marché et des chaussures de sport on ne peut plus ordinaires. La seule chose moins ordinaire en moi, c'est ma coiffure surmontée d'un toupet... « Je ne crois pas que je sois extraverti et que je me fasse remarquer, lui ai-je répondu. Une telle description convient davantage à, disons, quelqu'un comme Lady Gaga qui se balade à moitié nue dans des robes confectionnées avec des steaks et qui change tout le temps de perruques et de couleur de cheveux. Et vous savez quoi ? Voyez jusqu'où elle est parvenue, grâce à son extraversion et à son exhibitionnisme... »

Stefani Germanotta, jeune fille rêveuse de New York, est devenue Lady Gaga, la reine des hit-parades, uniquement grâce à l'usage intensif qu'elle a su faire du retentissement. Pour que ses chansons soient écoutées et surnagent au-dessus des dizaines de milliers d'autres chanteurs dans le monde, elle « hurle » sa propre existence. Car nous ne vivons plus à l'ère d'une chaîne télé unique, dans laquelle une apparition dans une émission populaire suffisait à faire passer, en une nuit, l'homme de la rue au statut de vedette. Des stars comme Lady Gaga comprennent que, pour qu'on les écoute, il leur faut désormais crier à tue-tête.

Eh oui, le « bruit » représente, parfois, l'élément obligatoire à la publicité de soi, et sûrement pour quiconque désire être connu dans un show-biz regorgeant de vedettes, de clips sur YouTube et d'émissions de téléréalité, de millions de sites Internet, de réseaux sociaux, de médias, de chaînes télé, qui se renouvellent à une cadence de plus en plus frénétique.

C'est pourquoi, que vous soyez fans de Lady Gaga ou qu'elle vous fasse « péter un plomb » quand vous l'écoutez, vous serez d'accord avec moi que cette femme est entreprenante et talentueuse. Ce qui ne gâte rien, elle possède une belle voix, elle joue plutôt bien et se déhanche à la perfection sur scène – mais, surtout, elle dispose d'une équipe inventive qui se soucie de mettre en valeur son existence.

LE SOIN APPORTÉ À LA MISE EN VALEUR ET À LA VISIBILITÉ DE VOTRE PRODUIT/ VOTRE IDÉE/VOTRE VISION NE FAIT PAS DE VOUS UN « FANFARON », MAIS UN INDIVIDU UTILE ET EFFICACE.

Le jeune homme qui venait de m'aborder a réfléchi un peu et, à la fin, m'a expliqué qu'il n'avait pas l'intention de me traiter de « fanfaron » mais, du fait que j'étais à la fois journaliste, écrivain, comédien et entrepreneur, j'incarnais déjà un personnage public ; il m'était plus facile d'exprimer et de clamer mes rêves. Je lui ai donné raison et j'ai compris pourquoi il avait du mal à afficher les siens. En comparaison, j'ai l'habitude d'exposer mes réflexions personnelles dans des tribunes et des articles de journaux.

Dans cet esprit, je lui ai donné le même conseil qu'à mon amie célibataire : « Cela ne vous convient pas de crier vos rêves à tue-tête ? Eh bien, chuchotez-les. Mais chuchotez-les de manière claire à, disons, une centaine de vos connaissances. Vous ne connaissez pas 100 personnes ? Je suis sûr que, dans votre entourage familial et social, il y a 50, voire 30 proches. Mobilisez-les à votre service ! »

? EXERCICE

? CALCULEZ L'UN DE VOS RÊVES

Maintenant, effectuez ce calcul : qui sont les gens de votre entourage qui seraient heureux de faire un pas en direction de votre rêve, pour peu qu'ils le connaissent ? Vous en avez trouvé ? Envoyez-leur, tout de suite, un mail bien tourné, drôle, dans lequel vous exposez votre rêve et la manière dont, selon vous, ils pourraient vous aider à le réaliser.

Nombreux sont ceux qui ont assimilé le pouvoir des masses et l'importance de l'utilisation adéquate des réseaux sociaux. Poster les préparatifs du déjeuner, se plaindre des corvées quotidiennes ou se réjouir des « teufs » du week-end sur les réseaux sociaux, c'est peut-être « cool », mais totalement dénué d'importance ou de signification.

Un recours ingénieux aux réseaux sociaux provoquera le changement, pour vous et pour les autres, réussira à modifier la réalité et à engendrer un avenir meilleur. Améliorez votre usage d'Internet, formez la communauté appropriée de vos « amis », et appuyez-vous sur elle quand vous déciderez que le moment est venu d'avancer sérieusement. Diffusez vos rêves sur toutes les plates-formes imaginables et faites agir l'univers à votre profit. Prenez soin de consacrer du temps et de la réflexion aux différents profils que vous placez sur les réseaux sociaux.

Ainsi, mon profil Facebook est d'abord un journal dont je suis le patron : j'en suis à la fois le propriétaire, l'éditeur et le rédacteur en chef. Je le baptise par plaisanterie *YuvalNews* et, à cette heure, il compte près de 15 000 abonnés.

Dans mon journal, je livre mes observations sur la vie, poste des selfies et des photos relevant de la « rubrique des potins », expose ma vie familiale (les photos d'enfants récoltent des tombereaux de « j'aime » ! À la lumière de ce succès, j'envisage d'ailleurs d'adopter un chien…) et mène de vifs débats autour de la politique et de l'actualité. Il y a aussi une « rubrique loisirs », grâce à laquelle je divertis mes abonnés, leur recommande des restaurants et des événements culturels et leur fais partager mes chansons et films préférés. En contrepartie de ce contenu quotidien gratuit, de temps à autre, je demande à mes abonnés leur aide pour diffuser mes rêves par un clic sur « Partager ».

Une fois, j'ai réussi à convaincre 6 688 internautes de partager un post pleurnichard, rédigé certes dans la précipitation et un certain laisser-aller, mais qui émanait du fond de mon cœur saignant et de mes nerfs en loques, contre une société de distribution de bons de réduction, qui avait marchandé pendant un semestre un paiement qui me revenait, à la suite d'une promotion opérée dans l'une de mes entreprises. Et, ô miracle !, quarante-huit heures après que mon post a pris son envol, il aura été vu par un demi-million (!) d'internautes et occupé la « une » des journaux économiques : j'ai été invité dans les bureaux de la société récalcitrante et j'ai reçu, comptant, la forte somme qui m'était due. Sans l'appui massif du Net, j'en serais encore à me lamenter sur ce déni de justice…

Dès que j'ai compris que mon statut devenait viral, à une vitesse stupéfiante, un nouveau moment inaugural débutait (comme la fois où j'avais retrouvé

John Amaechi avec une facilité déconcertante). Cela m'a aidé à appréhender en profondeur les opportunités d'Internet et la force de frappe des réseaux sociaux.

Plus d'une fois, il m'arrive de découvrir des histoires touchantes qui connaissent une accélération fulgurante sur le Net, comme celle de cet homme qui avait franchi la barre des 40 ans et peinait à trouver un travail, ou comme celle d'un petit magasin dont les propriétaires avaient du mal à rivaliser avec les grandes chaînes de distribution et demandaient une aide.

Il y a aussi des histoires charmantes et émouvantes, comme celle de Louis Corbett de Nouvelle-Zélande, âgé de 12 ans, auquel les médecins avaient annoncé qu'il perdrait bientôt la vue à cause d'une affection chronique. À la suite de quoi, Louis rédigea avec ses parents une liste des choses qu'il souhaitait voir avant d'être frappé de cécité. Cette liste énonçait, entre autres : visiter des paysages spectaculaires et rencontrer ses idoles sportives préférées. Ses parents ont ouvert une page Facebook pour couvrir les dépenses nécessaires à la réalisation de ses rêves – et, en très peu de temps, ils ont réussi à collecter la somme de 25 000 dollars de la part d'inconnus du monde entier, émus par son histoire.

PRENEZ L'HABITUDE DE PARTAGER,
UNE FOIS PAR SEMAINE,
UN STATUT DEMANDANT UNE AIDE QUELCONQUE
À VOS AMIS DU NET – ET, ENSEMBLE, NOUS CRÉERONS
AINSI UN MONDE DE RÊVE, DE PARTAGE,
D'AIDE ET D'ACCOMPLISSEMENT.
GRÂCE AUX PRODIGES
DE LA TECHNOLOGIE,
CETTE CAPACITÉ DE S'ENTRAIDER
ET DE S'AIDER SOI-MÊME SE TROUVE
ENTRE VOS MAINS.

24 | AU FOND, À QUOI ÇA SERT, TOUT ÇA ?

Deux jours à peine après avoir posté mon blog « La Liste », j'ai été assailli de remarques de la part de ma famille et de mes amis : « C'est quoi, tout ce baratin ? »

Certains d'entre eux ont pris la peine de remarquer que, de toute façon, j'étais déjà un homme très occupé, avec une carrière à mener et une petite fille à élever (Noga n'était pas encore née) et qu'ils ne comprenaient pas ma quête stupide, publique et puérile, d'abdominaux façon tablette de chocolat, d'escapade en Australie au beau milieu de ma vie, de réhabilitation d'un SDF ou de rencontre avec Oprah Winfrey.

« Tu consacres trop de temps à ton blog », m'a reproché un ami intime.

« Surtout, ne va pas mettre en danger ton gagne-pain et tes affaires », m'a averti un membre de ma famille.

« À quoi ça sert, tout ça ? », s'est étonné un collègue du journal où je travaille.

Très vite, à toutes les questions qu'on me posait, j'ai trouvé des réponses puisées dans la masse de mails, de listes et de dialogues que j'entretenais chaque jour. Mais, en bon juif, j'ai répliqué par une question :

ET VOUS ? QUELLE EST LA DERNIÈR FOIS OÙ VOUS AVEZ PRIS UN ENGAGEMENT À L'ÉGARD DE VOUS-MÊME ?

25 QUAND ÉCRIRE, C'EST FAIRE

Notre existence se passe à signer des contrats : contrat de mariage, acte de divorce, achat d'un appartement, ouverture d'un compte bancaire, contrat d'embauche – même lorsque nous achetons un téléphone portable, nous nous engageons à nous abonner auprès de l'opérateur.

Il n'y a qu'avec nous-mêmes que nous échouons à conclure un contrat. Enfoncés jusqu'au cou dans la carrière, l'éducation des enfants, la vie conjugale et la survie quotidienne, nous ne trouvons jamais le temps de nous engager à l'égard de nous-mêmes.

POUCE ! NOUS NE RÉUSSISSONS PAS ? OU BIEN, NOUS NE VOULONS PAS VRAIMENT RÉUSSIR ?

En toute sincérité : quand, pour la dernière fois – si jamais ! –, vous êtes-vous assis devant une page blanche, avez-vous écrit pour vous-même (à la main !) une liste contraignante et vous êtes-vous dit : « Je m'engage, devant moi-même, à réaliser, pour moi-même, les choses suivantes au cours de l'année prochaine… Si je ne parviens pas à tenir ces obligations à l'égard de moi-même, je prends l'engagement de m'infliger une amende douloureuse » ?

Je n'ai aucun mal à deviner votre réponse : « Jamais ! » Dans le meilleur des cas, vous bredouillerez : « Je possède une telle liste en tête… »

Pourquoi, en nous rendant au supermarché, trouvons-nous le temps de dresser la liste des achats mais nous abstenons-nous pour notre propre existence ?

Pendant mes conférences ou mes rencontres, les gens m'expliquent souvent qu'ils n'ont pas besoin d'un stylo et d'une feuille de papier pour rédiger leur liste, parce qu'ils l'ont en tête ou quelque part sur leur téléphone portable (enterrée sous des dizaines de pense-bêtes et des centaines de photos qu'ils ne consultent jamais), à laquelle ils pensent de temps à autre. Pas mal, mais insuffisant ! Surtout à notre ère de vacarme, alors que nous sommes disponibles au téléphone de manière quasi instantanée ; alors que de plus en plus d'individus souffrent de problèmes d'attention et de manque de concentration, et que la masse de données auxquelles nous sommes confrontés, chaque jour, est énorme. Toutes ces distractions peuvent facilement brouiller n'importe quelle liste emmagasinée dans nos neurones.

À propos d'amende, il existe, en l'occurrence, des moyens que la technologie met à notre portée : récemment, j'ai entendu parler de quelques applications et de sites, comme « stickK », qui encouragent les internautes à s'engager dans différents objectifs. Chaque candidat confie à la caisse du site une certaine somme garantissant la poursuite de son objectif ; un représentant du site, en collaboration avec un « inspecteur » (membre de la famille ou ami), suit les progrès des internautes, et quiconque faillit à ses obligations se voit obligé de reverser cette caution à une association quelconque.

LA RÉDACTION D'UNE LISTE, ACTE ÉMINEMMENT SOLENNEL, POSSÈDE PLUS D'EFFICACITÉ ET DE POUVOIR QUE LES LISTES QUI PAPILLONNENT DANS NOTRE CERVEAU. ÉCRITE, LA LISTE REFLÈTE NOS ASPIRATIONS ET EXPRIME UN RAPPEL CONCRET DE NOS DÉSIRS. LE RÊVE N'EST, TOUT AU PLUS, QU'ARTIFICE, DÉSIR ET FANTASME AVANT D'ÊTRE COUCHÉ SUR LE PAPIER – ET DE SE TRANSFORMER EN OBJECTIF CONTRAIGNANT.

Dans ces conditions, pourquoi craignons-nous de nous engager envers nous-mêmes ? Pourquoi redoutons-nous les obligations qu'une liste écrite noir sur blanc nous impose ?

J'ai remarqué que nombre de mes expéditeurs de listes hésitaient à les voir publiées de crainte d'être contraints de les mettre en œuvre aux yeux du monde et d'eux-mêmes. Autrement dit, le fait de savoir que la rédaction d'une liste nous oblige à la mener à bonne fin nous empêche de nous engager.

Mais, si notre but est de réaliser les rêves que nous avons formulés, quel mal y a-t-il à ce que quelqu'un d'autre nous oblige à tenir nos engagements ?

Et, donc, voici ma réponse à ce proche inquiet, au collègue qui craint pour la stabilité de ma carrière et à l'ami intime qui jalouse mes heures gaspillées à la rédaction de mon blog :

Lorsque nous dressons une liste de manière méthodique et efficace, nous commençons, en fait, à nous montrer lucides, conscients et attentifs à nos aspirations et au but que nous voulons atteindre. La liste offre une sorte de carte routière qui nous oriente sur la bonne voie, ou pour recourir à une application contemporaine : « Un genre de Waze, quoi ! » Elle nous rappelle en permanence la destination finale à laquelle nous désirons parvenir, dans un délai imparti.

Le rêve exprimé représente un contrat passé avec nous-mêmes. À peine l'avons-nous couché sur le papier, au vu et au su de tous, que nous sommes engagés par ce que nous avons écrit. À rebours, quand une liste vagabonde dans notre cerveau, sans cible ni focalisation, elle tombe aux oubliettes. De même qu'un cheval porte des œillères limitant son champ de vision pour qu'il ne s'égare pas sur les bas-côtés, pour qu'il s'acharne sur la voie qui lui est tracée, de même croyons-nous avancer sur la voie principale à même de nous mener en toute sûreté à la réalisation de nos souhaits. Ce faisant, nous risquons de rater un nombre infini de chemins de traverse qui peuvent nous aider à obtenir d'autres objectifs.

Dès lors que notre liste est rédigée, ordonnée et nous accompagne dans la vie quotidienne, nous devenons plus ouverts et nos sens sont plus aiguisés ; nous repérons des occasions de plus en plus nombreuses. « Soudain », il nous arrive de

surprendre, au café, une conversation de gens en train d'évoquer un rêve similaire au nôtre. « Soudain », il s'avère que notre voisin de siège d'avion peut nous mettre en contact avec quelqu'un susceptible de nous donner un coup de main – cela grâce à la définition contraignante de nos objectifs.

Nous pouvons nous rendre à l'anniversaire d'un ami et nous voir entourés de dizaines d'inconnus, assaillis par une musique bruyante, et, pourtant, entendre l'individu qui évoque son désir d'ouvrir un restaurant et de trouver un associé. Cet associé peut être chacun des invités autour de lui, verre à la main, et vous aussi. C'est de cette manière qu'on commence à repérer les occasions.

Cela vous rappelle quelque chose ? Bien sûr. Ces femmes enceintes qui ne voient autour d'elles que des femmes enceintes ; ce conscrit qui repère aussitôt un homme en uniforme dans la foule ; ou ce conducteur novice qui remarque des dizaines d'autocollants « A ». Eh oui : notre cerveau a tendance à identifier nos semblables dans le même « état d'esprit » que nous. Cela fait sans doute partie de notre besoin d'appartenance. Abraham Maslow, le théoricien de la « pyramide des besoins », y a réfléchi bien avant moi.

De même, les hommes d'affaires, les PDG et autres entrepreneurs à succès, qui ont déjà connu la réussite d'un point de vue professionnel (grâce à des plannings de travail, soit dit en passant), ont, eux aussi, besoin de listes dans leur vie privée. Des listes qui améliorent leur qualité de vie et les aident à gérer leurs loisirs limités, à profiter au mieux de leurs relations familiales, amicales et à accomplir leurs désirs personnels qu'ils négligent, parfois, à cause d'une carrière exigeante.

Plus d'une fois, devant un public de PDG et d'hommes d'affaires qui gèrent des millions, j'ai eu du plaisir à entendre leurs listes personnelles – trahissant leur aspiration à bénéficier de temps libre avec leur famille et, en premier lieu, à cultiver leur « âme » ou leur corps négligés.

L'un d'eux, magnat de l'immobilier et propriétaire de biens en Israël, à Londres et à New York, a lâché devant moi, lors d'une rencontre autour de « La Liste », qu'il n'avait aucun rêve parce qu'il les avait tous réalisés. « C'est très triste, non ? l'ai-je défié délibérément. Dans ce cas, qu'est-ce qui vous pousse à vous lever le matin ? »

Il ne m'a pas répondu. Compter de l'argent ou signer des chèques peut n'être qu'une activité fastidieuse et monotone. À la fin de la rencontre, il m'a abordé à nouveau pour m'avouer que sa vie n'était plus que routine mais qu'il ne voyait pas la nécessité de dresser des listes de ses rêves parce que, avec ses moyens, il pouvait tous les réaliser, sans y penser outre mesure.

« Mais qu'est-ce que vous ne possédez pas et que vous souhaiteriez avoir ?

– Une compagne merveilleuse qui comble le vide laissé par mon épouse décédée il y a sept ans, m'a-t-il répondu, les yeux humides.

– Dans ce cas établissez une liste des manières de trouver la femme du deuxième volet de votre vie, et au galop ! »

Il a souri et a promis d'essayer de s'engager, de surmonter enfin le deuil profond qui l'accablait depuis toutes ces années et d'agir désormais pour lui-même.

MAIS LA LISTE N'EST PAS SEULEMENT UN CONTRAT. LA LISTE OFFRE AUSSI UN PUR PLAISIR. UNE LISTE PUBLIQUE PEUT COLORER L'EXISTENCE DE CHACUN DE NOUS AVEC UNE TOUCHE DE FANTAISIE ÉTINCELANTE.

Car, quelles que soient nos occupations, la vie de chacun d'entre nous emprunte le chemin de la routine, remâchée et quelque peu monotone. Certes, nous atteignons parfois des sommets ; nous connaissons des moments d'exaltation, de rupture des limites, de franchissement des barrières, mais, la plupart du temps, ce n'est que dur labeur et corvées.

Vous serez étonné, mais c'est précisément ce qu'éprouvent les stars du cinéma les plus célèbres, invitées aux festivals les plus prestigieux comme Cannes ou Berlin. Comment le saurais-je ? J'ai assisté à un bon nombre de fêtes avec la haute société de Dubaï, la jet-set de Monaco et des célébrités planétaires. En fin de compte, la plupart de ces icônes de magazine souhaitent se défaire des corsets, des robes de grands couturiers et des smokings loués pour enfiler un survêtement confortable chez eux. Et si les plus grandes vedettes et les nababs du monde s'ennuient dans leur vie luxueuse – que dirons-nous, nous, les gens ordinaires ?

C'EST POURQUOI JE M'EN TIENS À LA LISTE. ELLE NOUS OFFRE SIMPLEMENT DE PETITS SURSAUTS DE BONHEUR, CHAQUE JOUR. POUR MOI, C'EST DÉJÀ BEAUCOUP. ET, LE PLUS SOUVENT, GRATUITEMENT.

26 QUAND LE BONHEUR

NE RIME PAS (FORCÉMENT) AVEC LA RICHESSE

En mai 2014, peu avant l'impression de cet ouvrage, je séjournais à Cannes à l'occasion du Festival de cinéma. En balade dans le port de Monaco, face aux yachts en provenance de pays riches, j'eus une révélation fulgurante.

C'est là que j'ai trouvé la réponse à la question qui me taraudait : « Après tout, pourquoi chacun doit-il tenir sa liste ? » Mais, avant de vous faire part de cette expérience intime, je voudrais vous parler d'un vieil ami, entré dans ma vie, alors que j'avais 27 ans.

Cette année-là, à l'occasion de mon anniversaire qui tombait en novembre, j'ai décidé, pour la première fois, de marquer l'événement en organisant une fête particulièrement joyeuse pour tous mes amis. J'ai donc loué l'une des discothèques les plus prestigieuses de la scène tel-avivienne et j'ai invité des centaines d'amis et de collègues, présents et passés.

Une heure avant le début des festivités, un ami proche m'a appelé pour me demander s'il pouvait venir avec une connaissance et sa compagne. Comme ma liste d'invités comptait près de 400 noms, je ne voyais aucun inconvénient à y ajouter deux de plus – au contraire, plus on est de fous, plus on rit, n'est-ce pas ?

Alors que la fête battait son plein, mon ami est arrivé avec son copain et la compagne de ce dernier, lesquels se sont confondus en excuses d'être venus les mains vides et m'ont promis de me dédommager le lendemain ; ils m'ont demandé mon numéro de téléphone, bien que je leur aie affirmé que je n'avais guère besoin de cadeau.

Le lendemain, ce nouvel ami m'a téléphoné pour me demander quel était mon programme pour la fin de semaine.

« Bosser et récupérer après la fête. Rien d'extraordinaire.

– Ton passeport est toujours valide ? »

Il l'était.

« Dans ce cas, mardi prochain, je t'emmène à l'étranger. »

Je me suis dit qu'il plaisantait (ce que je pensais déjà, pendant la fête, quand il m'a proposé d'en régler les frais, comme une sorte de compensation à l'absence de cadeau). Amusé, j'ai accepté sa proposition.

Un jour avant le voyage, il m'a rappelé pour vérifier si j'étais prêt et m'a informé que nous nous envolerions pour Londres. Dans son avion privé. C'est ainsi que j'ai découvert la richesse de l'inconnu débarqué par surprise à mon anniversaire.

Plus les semaines passaient, plus notre amitié se renforçait, et plus je découvrais que sa richesse dépassait l'imagination et que les intérêts qu'il engrangeait en vingt-quatre heures équivalaient au salaire mensuel d'un ouvrier. Avec le temps, nous sommes devenus intimes, et nos escapades impromptues dans les capitales étrangères sont devenues une habitude.

Un beau jour, lors d'un séjour à Londres pour mon travail, son nom est apparu sur l'écran de mon téléphone. « Où es-tu en ce moment ? me demandait-il.

– Je me balade dans Oxford Street.

– Bon. Prends un taxi et ramène-toi à Soho. Nous avons fait un saut pour te voir. Je paierai ton taxi. »

Il va de soi que je ne l'ai pas laissé régler. Tout en nous promenant dans ce quartier pittoresque, je ne pouvais pas dissimuler mon émotion devant le rythme trépidant de la ville, alors que j'en étais, pourtant, à ma dixième visite.

« Quel pied d'être à Londres ! J'aime tellement cette ville !

– En effet, a répondu mon ami d'un air désabusé.

– Quoi, tu n'es pas content ?

– Ouais, ouais, je suis content, content, a-t-il repris, toujours aussi blasé. Simplement, je suis venu ici tant de fois que ça ne me fait plus ni chaud ni froid. »

Dès cet instant, je n'ai pu que noter le détachement qui s'était emparé de son existence. Il devenait difficile de l'émoustiller ou de le surprendre. À 37 ans, le jeune millionnaire avait déjà tout vu, tout vécu (y compris une crise cardiaque), et pouvait se permettre de tout acheter. La seule excitation qu'il pouvait encore s'autoriser, c'était de séduire des femmes inconnues que son portefeuille bien garni ne pouvait pas lui procurer.

☑

Revenons à ma révélation intime à Monaco – principauté lilliputienne à la richesse inouïe, qui ignore le chômage, dont les rues débordent de boutiques de luxe, et qui entretient une force policière spéciale (un policier pour 60 habitants) chargée de la sécurité et du maintien de l'ordre. Brusquement, je me suis rendu compte que je me promenais dans ce beau décor si particulier sans que rien ne réussisse à m'émouvoir.

Je me suis dit que c'était parce que je ne connaissais pas vraiment les sites spectaculaires de la ville. J'ai donc engagé un guide privé qui m'a conduit au palais princier, au marché couvert aux fromages, à la cathédrale, au port, à la marina et au somptueux observatoire marin donnant sur la mer et sur la Riviera française qui se déployait sous mes yeux, telle une carte postale. Et, pourtant, rien de tout cela n'entamait mon flegme.

En un instant effrayant, j'ai senti que je commençais à ressembler à mon ami riche. Je ne suis pas millionnaire, et je n'ai pas sillonné le monde comme lui, mais j'ai contemplé, dans ma vie, nombre de marchés, d'églises, de synagogues, de palais, de demeures somptueuses et de merveilles de la nature à couper le souffle. Et même dans ces cas-là – vous serez étonné –, en fin de compte, c'est du pareil au même : on en a vu un (ou deux, ou dix, ou vingt), on a tout vu.

Le guide n'arrêtait pas de jacasser et de vanter les merveilles monégasques, alors que ce dont j'avais envie à ce moment-là était d'essayer quelque chose d'inédit et de différent.

Il évoquait la princesse Grace, et moi, je songeais… au tricot. « J'ai envie d'apprendre à tricoter », me suis-je dit brusquement. Je ne sais pas d'où cette idée bizarre avait germé dans mon cerveau. À cet instant précis, j'ai compris que je voulais faire des choses auxquelles je n'avais jamais songé et visiter des lieux que je n'avais jamais vus auparavant.

Je me suis assis sur un banc face au paysage le plus léché du monde, j'ai pris mon cahier de listes (qui ne me quitte jamais) et j'ai inscrit mes objectifs futurs pour les vacances : l'Inde, l'Afrique du Sud et l'Antarctique. Je me suis souvenu de l'émotion qui m'avait empoigné, lors de ma première visite en Chine, et comment mon cerveau avait bouillonné devant des gens si différents, un mode de vie inconnu et une civilisation absolument étrangère au regard de tout ce que j'avais vécu jusque-là.

Au bout du compte, j'ai surmonté l'apathie que j'éprouvais durant ma visite guidée à Monaco, et j'ai compris, encore une fois, à quel point il était important de tenir à jour une liste des rêves dont les points ne sont pas obligatoirement hors de portée. Au contraire, une telle liste doit comporter des objectifs minuscules, faciles à réaliser et, surtout, émouvants et rafraîchissants : apprendre à coudre, lire la Bible du début à la fin, repeindre tout seul la maison, faire pousser des plantes aromatiques sur un rebord de fenêtre, apprendre à cuisiner des mets gastronomiques, visiter une ville israélienne où je n'ai jamais mis les pieds, et d'autres nombreux souhaits modestes qui peuvent aussi faire partie de votre liste.

Une telle liste (ainsi que j'ai répondu intuitivement à tous ceux qui m'ont interrogé après la parution de mon blog) nous comble de joie, en nous poussant à réaliser et à concrétiser toutes sortes de plaisirs qui embellissent notre existence et l'enrichissent de spectacles, de sons et de parfums nouveaux.

Je ne voulais pas devenir une créature anesthésiée, tels ces richards auxquels je me suis frotté, et c'est peut-être la raison pour laquelle j'ai trouvé les gens les plus heureux dans le dédale des favelas de Rio de Janeiro (qui, eux, aussi, ont secoué mes neurones). En effet, c'est dans ce bidonville du Brésil, où la majorité des habitants logent dans des appartements minuscules abritant des familles nombreuses, que j'ai rencontré des personnes qui savent trouver leur bonheur dans les choses les plus insignifiantes. Elles savent apprécier la samba ou la bossa-nova qui s'échappent des haut-parleurs gigantesques du café du coin ou, simplement, goûter la température printanière. J'ai vu des hommes courir derrière un ballon bricolé avec des bouts de chiffons, en riant aux éclats comme des enfants.

J'ai compris que, aujourd'hui plus que jamais, la culture de l'abondance abrutit nos sens. Que « *Less is more* ». Moins, c'est plus. Aujourd'hui, je sais que trop de tout provoque en nous une certaine indifférence.

SUR LA PLAGE DE MONACO, FACE À L'UN DES PAYSAGES LES PLUS ÉPOUSTOUFLANTS DU MONDE, J'AI DÉCOUVERT QUE JE NE VOULAIS PAS PERDRE MA CAPACITÉ À M'ÉMOUVOIR – ET J'AI COMPRIS QUE CELA NE M'ARRIVERAIT JAMAIS.

GRÂCE À MES LISTES.

---

27 UN JOUR, JE M'ACCOMPLIRAI... MAIS PAS AVANT LA RETRAITE

Comme nombre d'individus, je me suis parfois retrouvé à dire : « Oh, ça, je le ferai à la retraite ! »

Par exemple, mon ordinateur affiche un dossier contenant une longue liste de livres (*Le Vieil Homme et la mer*, *Guerre et Paix*, quelques pièces de théâtre de Shakespeare et de Hanoch Levin) et une énorme liste de films (*Forrest Gump*, *Qui veut la peau de Roger Rabbit ?*, *Gladiator*, et tant d'autres) que je me suis juré de dévorer un beau jour... quand je disposerai de temps libre.

Mais, « la vie est ce qui nous arrive pendant que nous préparons d'autres projets », comme le chante John Lennon, et donc je ne suis déjà plus si sûr que j'aurais un jour du temps pour mes loisirs. Je suis un entrepreneur acharné, j'aime me jeter dans l'action et me trouver en mouvement perpétuel.

Lorsque je dispose de temps libre, je le consacre à mes hobbies, à mes siestes réparatrices, à sortir avec mes amis et, bien sûr, à ma famille et à mes filles. Autant dire que mon temps libre est très... chargé.

Dans le passé, j'étais persuadé, moi aussi, qu'il n'y avait pas le feu. Moi aussi, je suis tombé dans le piège du « Un jour, je le ferai, quand j'aurai du temps » et j'ai choisi de croire que je pouvais attendre le troisième âge. Mais, au fait, qui nous garantit que nous atteindrons cet âge bienheureux ? Dernièrement, la copine de deux de mes amies proches est décédée pendant son sommeil, à l'âge de 43 ans.

Alors que toutes ses connaissances étaient encore sous le choc de sa disparition, je me demandais, en mon for intérieur, si sa famille se consolait du fait qu'elle avait été une mère accomplie, avait réussi sa carrière, était entourée d'amis et avait sillonné le monde...

Au cours des deux dernières décennies, les jeunes âgés de 20 et 30 ans ont été affublés de toutes sortes de qualificatifs énigmatiques : « génération X » ou « génération Y », et d'autres moins flatteurs : « génération gâtée », « génération du Moi », « génération du selfie », voire « génération perdue ».

La multiplicité des trajectoires de vie, des options d'avenir infinies, et la transformation du monde en village global ont conduit une grande partie de la jeunesse occidentale à se disperser. Ces jeunes veulent tout, tout de suite, et d'un seul coup. Ils décident d'essayer ceci, puis cela, puis encore ceci. Comme je me tiens, moi aussi, pour quelqu'un à l'appétit de vivre insatiable, je n'y vois aucun inconvénient. L'action nourrit l'action et nous fait progresser dans tous les domaines. Le problème commence quand de nombreux jeunes, âgés de 20 ans, contemplent l'horizon de leur existence et se disent : « J'ai encore le temps de prendre des décisions pour la vraie vie. »

EH BIEN, C'EST FAUX. LA VRAIE VIE, C'EST ICI ET MAINTENANT, ET ELLE N'EST QUE CE QUE NOUS DÉCIDONS D'EN FAIRE.

La décision de ne pas décider de notre avenir, au début de nos 20 ans (voire de nos 10 ans), nous entraînera dans une quête interminable et désordonnée. Je connais nombre de jeunes qui ont entamé leur vie professionnelle très tardivement, après leur quête d'eux-mêmes en Extrême-Orient, des études universitaires prolongées (parfois trop généralistes et sans débouchés) et des changements incessants d'emploi.

En fin de compte, ils entament leur vie professionnelle à 30 ans avec le salaire d'un débutant de 20 ans, après avoir perdu toute une décennie à la recherche de réponses personnelles et professionnelles. Quand ils atteignent 40 ans, au mitan de la vie, alors qu'ils devraient déjà jouir d'une sécurité financière relative, ils se retrouvent à vivre aux crochets de leurs parents, faute de pouvoir joindre les deux bouts.

J'ai la conviction qu'il faut entamer la méthode des listes et se concentrer sur la finalité de la vie dès le jeune âge.

INCULQUEZ CE MESSAGE À VOS ENFANTS !

28 | EXCUSEZ-MOI, LES ENFANTS,

MAIS SUR QUOI VOUS CONCENTREZ-VOUS ?

Ne laissez pas vos enfants faire partie de la génération perdue. Éduquez-les à se concentrer et à rédiger des listes. Faites confiance à vos jeunes enfants et aux adolescents : vos explications correctes et votre orientation suivie les aideront à comprendre à quel point il est important de se focaliser sur un but.

Plus d'une fois, juste avant de m'exprimer devant des jeunes, je crains que ces derniers ne soient rebutés par mes propos ou qu'ils ne les comprennent pas – mais je suis toujours surpris par la vigueur de leur ouverture d'esprit. Les jeunes, qui n'ont pas encore eu le temps d'être gâchés par des conceptions erronées de ce qui leur est possible, croient, avec une candeur délicieuse, que tout leur est ouvert et que tous les rêves sont réalisables.

À l'instar de Peter Pan, l'« enfant éternel », ils restent convaincus qu'ils pourront s'envoler dans les airs. Je suis étonné, à chaque fois, par la maturité des adolescents, leur incroyable disponibilité et leur conviction réelle que le monde est ouvert devant eux. La plupart n'ont pas encore essuyé les coups durs de l'existence, et ils ne se soumettent pas encore aux diktats que les adultes, eux, ont acceptés.

Lorsque je regarde un jeune homme et une jeune fille main dans la main, je ne peux pas m'empêcher de songer à toutes les amours adolescentes que j'ai ratées par crainte d'être repoussé. Quel idiot de ne pas avoir pris les devants !

Jusqu'à ce jour, le plus jeune de mes auditeurs, un gentil gamin âgé de 10 ans, avait le rêve suprême de rencontrer Bryan May, le guitariste légendaire du groupe rock Queen. Il a confié son souhait à sa liste de rêves et a décidé que, lors de la fête de Pourim, il se déguiserait en Freddie Mercury, le soliste du groupe. Sa mère a posté une série de photos de son fils déguisé sur quelques pages Facebook de fans du groupe – et, en quelques minutes, elles ont obtenu 1 500 « j'aime » et 50 « partages ». Le nombre de vues n'a fait que croître en même temps que des tuyaux à l'adresse de la mère et de l'enfant pour obtenir un accès direct à Bryan May. Après un tel déploiement d'originalité, d'audace et d'envie, parallèlement aux démarches publiques, j'ai le sentiment qu'il faudra peu de temps avant que la mère et son fils ne postent une photo immortalisant la rencontre rêvée.

☑

EXERCICE

Si l'on vous annonçait que, dans un an exactement, le globe terrestre serait anéanti, quelles sont les dix choses que vous voulez avoir le temps d'effectuer d'ici là ?

Rédigez cette liste très vite, sans hésiter, sans trop réfléchir.

Y A-T-IL AU MOINS UNE CHOSE DANS VOTRE LISTE POUR LAQUELLE VOUS POUVEZ AGIR POUR LA RÉALISER, MÊME SANS LA MENACE D'ANÉANTISSEMENT QUI PLANE AU-DESSUS DE VOS TÊTES ?

SI C'EST LE CAS, QU'EST-CE QUI VOUS EMPÊCHE DE LE FAIRE ?

ESSAYEZ DE RÉFLÉCHIR À CE QUE VOUS POUVEZ FAIRE, EN L'OCCURRENCE. MAINTENANT. OUI, IMMÉDIATEMENT ! LAISSEZ TOMBER LE LIVRE, ALLEZ SUR GOOGLE (NOTRE ASSISTANT PERSONNEL, DÉVOUÉ ET TOUJOURS DISPONIBLE) ET ESSAYEZ DE FAIRE LE PREMIER PAS QUI VOUS AIDERA À VOUS RAPPROCHER DE VOTRE RÊVE.

« CE QU'ON APPREND DANS LA JEUNESSE,ON LE RÉUSSIT DANS LA VIEILLESSE. »
PROVERBE NÉERLANDAIS

29 | OR NOIR

Plus d'une fois, on m'a seriné : « Où cours-tu comme un dératé ? C'est quoi, toute cette agitation et cette hystérie ? T'auras tout le temps à la retraite ! »

Sauf que l'âge de la retraite pose un problème : bien souvent, le troisième âge est loin d'être un long fleuve tranquille et un océan de temps libre, comme nous nous sommes habitués à le croire.

Pour avoir subi, indirectement, les effets de cet âge et pour avoir marché, tel un vieillard, à l'aide d'un déambulateur aux pieds munis de balles de tennis pour m'éviter de glisser, je peux témoigner, dès maintenant, que vous n'avez aucune bonne raison d'attendre la vieillesse. Certes, elle peut être belle, mais, tout autant, horrible. Vraiment horrible.

Au cours de mon existence, j'ai eu le privilège de voir de nombreuses personnes parvenir à l'hiver de leur vie. Certaines ont vieilli de manière honorable et propre à inspirer la jalousie, mais nombre d'autres n'ont fait que dépérir tristement et de manière déchirante, tout en se débattant avec de faibles revenus et la baisse de leur niveau de vie, avec une santé chancelante et des soins qui les empêchaient de goûter aux joies de l'existence. Vieillir : les jambes se font lourdes, la vue baisse, l'ouïe faiblit – tous ces déboires les éloignent, chaque jour un peu plus, de leurs rêves de jeunesse, alors qu'ils croyaient avoir le temps et l'énergie de les réaliser pendant la retraite.

POURQUOI, EN FAIT, REPOUSSONS-NOUS NOS RÊVES À L'ÂGE DE LA RETRAITE ? POURQUOI NOUS FAUT-IL UN ÉVÉNEMENT DRAMATIQUE QUI BOULEVERSE NOTRE EXISTENCE POUR COMMENCER À AGIR SUR-LE-CHAMP ? POURQUOI CRAIGNONS-NOUS DE JOUER EN BOURSE, ALORS QUE NOUS SOMMES PRÊTS À PARIER QUE, DANS NOTRE VIEILLESSE, NOUS AURONS SUFFISAMMENT DE TEMPS, D'ARGENT ET DE SANTÉ POUR ACCOMPLIR TOUT CE À QUOI NOUS AVONS JADIS RENONCÉ ?

Ce panurgisme collectif nous condamne-t-il à imiter les personnages de *Sans plus attendre* (incarnés par les merveilleux Jack Nicholson et Morgan Freeman) ? Dans ce film, deux malades septuagénaires se rencontrent dans un service d'oncologie, et, ensemble, ils décident, juste avant leur dernier soupir, de réaliser leurs rêves les plus fous qu'ils ont repoussés jusque-là : sauter en parachute libre, visiter l'Égypte, l'Afrique et l'Inde, participer à une course automobile, escalader l'Himalaya, rire aux larmes, se faire tatouer – bref, vivre leur vie jusqu'au bout, à fond de train.

Devons-nous attendre le moment où l'Ange de la mort toquera à notre fenêtre, comme ce fut le cas de Randy Pausch, professeur d'informatique américain, décédé du cancer du pancréas à 48 ans ? Lorsque Randy a compris que le temps lui était compté, il a décidé de rédiger une dernière conférence, intitulée « Réaliser pleinement ses rêves d'enfant* ».

---

* *Le Dernier Discours*, traduit de l'anglais par Jean Blajan, Paris, Michel Lafon, 2008.

La « dernière conférence » fait partie des coutumes universitaires américaines : à l'heure du départ à la retraite, de nombreux professeurs exposent leur pensée, leur conception de la vie et leurs convictions devant leurs étudiants et leurs collègues.

Pausch décida de partager avec ses étudiants, ses amis et ses proches bien-aimés les aperçus et les révélations recueillis au cours de son existence, dans le but de laisser un héritage éthique et pédagogique en même temps qu'un vade-mecum pour ses enfants, après sa disparition.

Sa conférence est visible sur YouTube (à ce jour – printemps 2016 –, elle a été regardée près de dix-huit millions de fois). La lecture de son ouvrage, reprenant sa dernière conférence, n'est pas moins émouvante.

Inspirez-vous de Randy Pausch : n'attendez pas l'heure fatale pour rédiger votre « dernière conférence ». Mieux : pour obéir à ses injonctions. Car la faculté de vivre selon nos principes – au lieu de se contenter d'en parler – représente le véritable enjeu du sens que nous accordons à notre vie.

L'acteur de télévision Michael Landon, gravé dans la mémoire de plusieurs générations dans le rôle du père de famille dans la célèbre série *La Petite Maison dans la prairie*, est lui aussi décédé du cancer du pancréas, alors qu'il n'avait que 54 ans. Dans l'une de ses dernières interviews, à la veille de sa mort, il déclarait, entre autres :

« QUELQU'UN DOIT NOUS AVERTIR, DÈS LES PREMIERS JOURS DE NOTRE EXISTENCE, QU'EN FAIT NOUS SOMMES DÉJÀ À L'AGONIE, AFIN QUE NOUS AYONS L'INTELLIGENCE DE PROFITER DE CHAQUE MOMENT DE L'EXISTENCE. JE VOUS LE DIS : FAITES-LE ! TOUT CE QUE VOUS VOULEZ FAIRE, FAITES-LE ! CAR L'AVENIR EST LIMITÉ. »
MICHAEL LANDON

L'écrivain Robert Jackson a écrit, un jour, qu'une tombe surplombe chaque berceau, pour nous rappeler que les grains s'écoulent dans le sablier du temps, dès l'instant où le cordon ombilical est coupé.

Au soir de leur vie, nombre d'individus engrangent une moisson de révélations et de réflexions grâce à la sagesse accumulée en cours de route et parce qu'ils se trouvent au bord du précipice au fond duquel tout est étalé sous leurs yeux. Désormais, ils n'ont plus peur de rien parce qu'ils n'ont plus rien à perdre et tout à gagner. Ils s'accrochent aux miettes de leur vie et tentent d'avoir le temps d'accomplir encore la chose, petite ou grande, qu'ils n'ont cessé de repousser pendant des années.

Il y a quelques mois, j'ai lu l'interview d'une infirmière en chef d'un service de cancérologie, dans laquelle elle racontait les ultimes moments de ses patients sur leur lit de souffrances : leurs conversations avec elle, les forces inouïes qu'ils réussissaient à mobiliser aux dernières heures de leur vie, dans l'espoir d'avoir le temps de dire adieu à leurs proches, de leur murmurer encore quelques mots d'amour et de leur laisser quelques leçons sur la vie.

Pourquoi attendre cette fatale extrémité, pourquoi espérer quelques minutes de grâce sur notre lit de souffrances ? Plus important : comment faire pour changer cela et agir davantage, tant que nous en avons encore la force ?

Il y a quelques semaines, une amie proche a découvert que sa mère (âgée de 65 ans) était atteinte d'une maladie létale ; son délabrement physique était de plus en plus spectaculaire et effrayant. Au cours de l'une de leurs conversations intimes, la fille a demandé à sa mère :

« Qu'est-ce que tu regrettes le plus ? De quoi te désoles-tu, parce que tu ne l'as pas fait ?

– Je regrette de n'avoir pas eu un peu plus d'histoires d'amour avant d'épouser ton père », a répondu la mère en riant aux éclats.

Soyez davantage à l'écoute de vos aspirations et de vos désirs, et essayez de les réaliser dès aujourd'hui, au lieu d'attendre la retraite. Je ne veux pas vous effrayer ou gâcher votre joie de vivre. J'espère juste vous inciter à réfléchir à ceci : votre présent est assuré, mais votre avenir demeure incertain.

VIVEZ VOTRE VIE MAINTENANT !

« NON, LES ÊTRES HUMAINS N'ARRÊTENT PAS DE RÊVER PARCE QU'ILS VIEILLISSENT. MAIS ILS VIEILLISSENT PARCE QU'ILS CESSENT DE POURSUIVRE DES RÊVES. »

GABRIEL GARCÍA MÁRQUEZ

30 MON MENTOR PERSONNEL

Tout au long de mon existence, j'ai eu de nombreux professeurs. J'en ai croisé certains à l'école ou au collège, mais, la plupart, je les ai rencontrés en chemin. Certains sont des écrivains que j'estime, parce qu'ils savent injecter dans leurs livres des aperçus passionnants sur la vie. D'autres sont des auteurs d'ouvrages de développement personnel (l'un de ceux qui m'ont particulièrement influencé, c'est *Profiter d'une vie simple*, de Georgina Lockwood). J'ai été très impressionné par des interviews de gens ayant réussi dans la vie, que j'ai connus en Israël et dans le monde, et aussi par des personnes plus âgées que moi de dix ou vingt ans dont j'ai appris à apprécier l'action et dont j'étais heureux de devenir l'ami, malgré la différence d'âge. Et, bien sûr, par ceux qui m'ont servi de guides au sein de ma chère famille dont, en premier lieu, ma mère Tamar qui m'a toujours soutenu, quelles que soient mes lubies ou fantaisies.

L'appui constant de ma mère (même quand je faisais des bêtises à l'école, et j'en ai commis un bon nombre) m'a poussé à croire que chacun de mes rêves était réalisable. Elle m'a encouragé à tenter de les accomplir et à ne jamais renoncer.

Au cours des dernières années, j'ai trouvé un nouveau mentor. Vous la connaissez déjà : elle s'appelle Shira et, à l'heure où j'écris ces lignes, elle n'a pas plus de 5 ans et demi, une dent branlante sur le devant de la bouche, un goût irrépressible pour les gourmandises et les princesses, et une énorme joie de vivre.

Shira m'a appris à oublier mon téléphone portable quand je passe du temps avec elle. Elle exige que je dessine avec elle pendant des heures (je peux certifier qu'elle m'a permis de réaliser, indirectement, l'objectif « m'inscrire à un cours de dessin ») et, surtout, elle m'offre une infinité de leçons qui me donnent à penser, quand je l'observe, du coin de l'œil.

L'une de ces leçons m'a été donnée, alors qu'elle avait presque 3 ans. À l'occasion des festivités de Lag Baomer, les élèves de son école devaient se rendre à la plage, avec leurs parents, pour célébrer la fête autour d'un feu de joie.

C'était une journée à la délicieuse température printanière. L'énorme disque du soleil commençait à plonger dans les flots, une brise agréable caressait et chatouillait le corps, des vaguelettes ridaient l'horizon. Excités par la vue de la mer, les tout-petits se sont hâtés de se déshabiller et de se précipiter dans l'eau, nus ou avec leur couche-culotte. N'ayant pas eu l'intention de me baigner, je n'avais pas pris de maillot pour Shira. Ce qui ne l'a pas empêchée de se déshabiller, en un clin d'œil, et de courir rejoindre ses camarades dans l'eau.

Les enfants hurlaient de joie, sautaient dans l'eau, faisaient les fous et s'éclaboussaient. Leurs rires étaient contagieux. Mon regard s'est reporté sur les parents, dont certains semblaient stressés, voire paniqués. On entendait crier de tous côtés : « Fais attention ! », « Ne va pas où tu n'as pas pied ! », « Je t'avais dit de ne pas t'éloigner ! ». Une femme, en particulier, ne se contenait plus et hurlait à l'adresse de sa fille qui jouait dans l'eau avec Shira : « Fais attention ! Tu vas te noyer ! Tu veux mourir, c'est ça ? »

J'ai regardé les enfants excités, absolument pas effrayés, puis la femme qui s'égosillait. Je ne comprenais pas pourquoi elle empoisonnait la cervelle de sa fille avec cette idée horrible de la mort et de la noyade, à un âge si tendre. Certes, la mer peut être dangereuse. Et, certes, les enfants et les adultes se noient parfois dans une mer agitée. Mais, ce jour-là, alors que les enfants s'ébattaient dans une eau qui leur arrivait à peine aux genoux ? Alors que des dizaines d'adultes les surveillaient (y compris à travers l'objectif photo de leur téléphone) ? Je n'ai pas pu m'empêcher de penser à la phobie de la mer que cette femme était en train d'inspirer à sa fille.

À la naissance de Shira, comme tout jeune père, je me suis étonné du fait qu'elle arrivait dans notre monde telle une page vierge. Sa mère et moi avions déjà identifié en elle, encore nourrisson, certains traits de caractère qui lui étaient propres ; mais nous rendions compte, aussi, qu'elle imitait certains comportements de son entourage – de nous, ses parents, des grands-parents et de ses camarades du jardin d'enfants, de ses jardinières et de son jardinier (eh oui, elle avait comme éducateur un jeune homme dont le rêve était de travailler avec des enfants !).

Au cours des trois premières années de son existence, Shira ne connaissait pas la peur. Aujourd'hui encore, je la trouve plutôt intrépide. Nourrisson, elle avait l'habitude de tirer les oreilles et la queue de Tsipi, notre chatte, mettait ses petites mains dans la gueule de chiens inconnus, au square (ce qui me réjouissait par-dessus tout, c'est que ma petite Néandertalienne immortalisait ses créations sur les murs de la maison). Jeune enfant, elle était à l'écoute de ses besoins et de ses désirs, aussi pressants que changeants, qu'elle s'acharnait à satisfaire.

Il y a quelque chose d'enchanteur (quoique, parfois, d'épuisant) dans ce naturel avec lequel les enfants exigent quelque chose, maintenant et tout de suite. Lorsque Shira invite ses amies à jouer à la poupée, toutes, sans exception, lâchent la bride à leurs émotions. Hyperactives, elles trépignent de joie quand elles sont contentes et pleurent à chaudes larmes quand quelque chose se détraque dans le jeu. Lorsque je leur offre des bonbons, elles les engloutissent à une vitesse record ; quand je leur présente des biscuits sains et équilibrés en guise de sucreries, elles font la grimace et repoussent leur assiette. Les enfants ne mentent pas sur leurs sentiments. Ils ne craignent pas de dire ce qui leur passe par la tête. Et ils ignorent les règles de la bienséance. Fidèles à 100 % à eux-mêmes et à leurs sensations, ils croient aux légendes et à la magie et ont des rêves roses et gigantesques pour leur avenir. Dernièrement, Shira m'a informé qu'elle prévoyait sérieusement d'habiter, à l'avenir, dans une maison avec quelques-unes de ses meilleures amies. Je lui ai conseillé gentiment de repousser son grandiose projet immobilier, en lui expliquant deux ou trois petites choses en matière de rêves réalistes ou non.

Certes, la maturité psychologique comporte de nombreux avantages. Les limites que nous nous imposons, dans le cours de notre existence, sont capitales pour ne pas perdre nos valeurs et le respect humain. La maturité nous permet de gagner notre pain et de réaliser nos rêves matérialistes. Elle comporte aussi son fardeau d'entraves, de lois sociales inflexibles que nous adoptons, les yeux fermés.

Père de deux petites filles, je prends soin de ne pas les effrayer avec des mises en garde superflues sur ce qu'elles découvriront plus tard. Hormis la fois où j'ai grondé Shira, parce qu'elle avait montré un intérêt excessif pour les prises électriques, je ne me souviens pas de l'avoir avertie des dangers de l'existence.

En manière de digression, je vous confie que, dans le disque dur de mes souvenirs d'enfance, est gravée cette expression que ma grand-mère adorée avait l'habitude de ressasser : « La vie est un enfer ! » (fût-ce au retour d'une tournée épuisante dans des boutiques de luxe du centre-ville). Pour ma part, je n'ai jamais accepté sa « philosophie » et, plus d'une fois, je me suis permis de lui objecter : « La vie n'est pas dure, elle est juste compliquée ! » Ma grand-mère est décédée il y a quelques mois, à 85 ans, après une décennie de souffrances des suites de la maladie d'Alzheimer et de son impotence (n'ai-je pas dit déjà qu'à 85 ans le troisième âge n'était pas si reluisant ?).

Dans ces conditions, j'essaie d'élever sereinement Shira et Noga. J'aime bien évoquer avec Shira le globe terrestre, la nature, l'art et d'autres belles choses, mais je m'abstiens, à ce stade, de lui révéler les scènes tragiques de la pièce de théâtre dont nous sommes tous les protagonistes. Elle a tout le temps d'affronter les aléas de la vie. Pourquoi éteindre la flamme qui fait étinceler ses yeux à cause des spectacles effrayants ou repoussants projetés sur l'écran de ma propre vie ?

Après tout, les enfants naissent au monde vierges, dénués de hontes et de frayeurs (les uns davantage que les autres) et sont surtout influencés par le comportement des adultes qu'ils ont tendance à intérioriser et à reproduire comme une seconde nature. Les enfants de parents peureux deviennent-ils des adultes peureux ? Dans la plupart des cas, hélas, la réponse est : « Oui. »

Les enfants se nourrissent de nos propres craintes et de nos traumatismes d'enfance. Ils s'imprègnent, grâce à leurs capteurs sensitifs, des dégâts causés par les cris que nous avons subis dans notre enfance, quand nous découpions les rideaux du salon ou que nous dessinions sur les murs de la chambre des parents, et ils apprennent du même coup à se réfréner.

À notre corps défendant, nous leur transmettons le regard fulminant et déçu que nos parents nous ont décoché, au point que nous les poussons à étouffer leur énergie vitale et naturelle.

CESSEZ D'EFFRAYER VOS ENFANTS, VOTRE ENTOURAGE ET VOUS-MÊME.

31 QUE PERDONS-NOUS,

LORS DU PASSAGE DE L'ENFANCE À L'ÂGE ADULTE ?

Pourquoi, plus nous devenons adultes, plus certains d'entre nous permettent à notre entourage de projeter ses craintes sur nous et d'étouffer nos rêves les plus grands ?

Pourquoi ajoutons-nous foi à tous ces pessimistes qui nous déclarent « C'est impossible ! » (Ah bon, et l'homme n'a pas débarqué sur la Lune ?), « L'art ne nourrit pas son homme » (Alors, comment se fait-il que je connaisse tant d'artistes riches à millions, en Israël et dans le monde ?), « C'est trop dangereux » (Certes, certains sont morts pendant l'ascension vers les sommets, mais la majorité absolue des alpinistes de l'Everest en sont redescendus pour raconter leur aventure) et « Vous le regretterez plus tard » (Vous le regretterez davantage de ne pas l'avoir fait) ?

Pourquoi, au fil des années, la plupart d'entre nous se transforment d'enfants audacieux ou, du moins, dénués de peurs et de soucis, en individus pusillanimes et trop timorés qui supportent, soumis, le fardeau des peurs héritées de leurs parents et de leurs grands-parents, de leurs amis proches et lointains, et d'eux-mêmes ? Pourquoi, plus nous vieillissons et que nos dents de lait laissent la place aux dents de sagesse, plus la majorité d'entre nous enfilent des oripeaux imaginaires et inutiles qui étouffent leur créativité et leur témérité et les accablent de toutes sortes de faux-semblants ?

« Maintenant, j'ai une famille. Je n'ai plus le temps de rêver », « Je n'ai plus l'âge de me conduire comme une gamine », « J'occupe un poste de responsabilité, ce ne serait pas convenable à mon âge », « J'ai une hypothèque sur ma maison, je serais irresponsable de démissionner et de renoncer à mon salaire pour créer la boîte dont j'ai rêvé toute ma vie », « J'ai passé l'âge des bêtises » – ce n'est qu'un échantillon de ce qui traverse l'esprit des adultes, à l'heure où ils méditent sur leurs rêves enfouis. Les gens s'éprennent de leur situation et s'y résignent, préférant s'asservir à la réalité plutôt qu'à leurs aspirations.

Plus d'une fois ai-je entendu de la bouche des agents ou des managers qui s'occupent de ma carrière (de comédien, de journaliste et d'écrivain) que je devais réfléchir à deux fois avant de me lancer dans une nouvelle initiative. Plus d'une fois me suis-je retrouvé à mener d'âpres discussions professionnelles avec eux, après qu'ils m'avaient dissuadé, voire interdit, de répondre positivement à telle ou telle proposition, au prétexte que « cela ne correspond pas à ton image de marque ! ».

« Et qu'en est-il de ma propre voie ? De l'expérience que je dois accumuler ? Des erreurs professionnelles dont je dois tirer les leçons ? », leur ai-je répliqué plus d'une fois.

L'un de mes agents m'a expliqué naguère que je devais me considérer comme une « image de marque » et ne pas céder à mes lubies émotionnelles. Je lui ai expliqué que je m'appelais Yuval Abramovitz, et non Coca-Cola, et, sur ce, nous nous sommes séparés, bons amis.

Justement, en tant que créateur qui a souvent confié la gestion de sa carrière à des professionnels, je peux affirmer en toute certitude que personne au monde ne peut me représenter avec une fidélité supérieure à la mienne.

Avec le temps, j'ai rencontré beaucoup de gens qui ont cru en moi, mais je n'ai jamais trouvé personne qui croie en moi ou en mes idées avec une conviction plus forte que la mienne.

N'ABANDONNEZ PAS VOS RÊVES AUX AUTRES.

VOUS AVEZ UN RÊVE ? SEULS VOUS-MÊME POURREZ LE METTRE EN MOUVEMENT, SI VOUS LE VOULEZ VRAIMENT. POURQUOI NOUS DEMANDE-T-ON DANS NOTRE ENFANCE : « QU'EST-CE QUE TU VEUX FAIRE QUAND TU SERAS GRAND ? » ET S'ABSTIENT-ON DE NOUS INTERROGER QUAND NOUS SOMMES AU MILIEU DE LA VIE ?

N'AVONS-NOUS PLUS RIEN À ESPÉRER, À L'ÂGE ADULTE ?

Certains de mes amis me considèrent comme un homme courageux. Certes, non comme un héros qui escalade les montagnes, saute en parachute d'un avion ou fait de la plongée au milieu des requins (je ne suis pas un grand adepte des activités se déroulant loin de la terre ferme), mais, selon eux, j'ai reçu le don de l'audace qui me permet d'effectuer ce que mon cœur rêve.

Cela n'est vrai qu'en partie.

Au fil du temps, j'ai compris que je n'étais pas le champion de la précipitation, du comportement brouillon, faute de réflexion, ni, non plus, celui du dessèchement et de la paralysie provoquée par une prudence exagérée. Et j'ai appris dans ma chair que l'audace était un muscle qu'on pouvait entraîner et développer.

Assurément, j'ai accompli un certain nombre de choses qui exigeaient un courage relatif : en commençant à jouer au théâtre et à la télé, j'ai soumis mes capacités de comédien au jugement de centaines de milliers de spectateurs. J'ai écrit et publié des livres et osé déclarer au monde : « Voici quelque chose digne d'être lu. Payez-en le prix et consacrez-lui du temps. » J'ai créé quelques entreprises, dont une partie a bien réussi… et l'autre, moins. Maintenant, me voici : Yuval, né dans une famille ordinaire de Bat-Yam, qui rédige un ouvrage avec l'espoir d'inspirer des centaines de milliers de lecteurs à travers le monde, bien que la majorité des livres de conseils soient dus à la plume de nababs, de publicitaires, d'économistes et d'experts de tout acabit.

D'où me vient cette audace ? Qu'est-ce qui m'aide à faire taire les voix stressantes qui bourdonnent de temps à autre dans ma tête et menacent de figer ma main ? Ne serais-je pas un peu « mégalo » ?

J'avoue, les jambes se dérobent sous moi : je crains d'être un grand fanfaron. Même dans mon cerveau habitué à oser, la crainte de l'échec fait son nid, celle de l'affront et de vouloir « péter plus haut que mon cul ». Moi aussi, je me suis « gâché », les années passant, et je suis devenu un individu plus pondéré et plus sensé.

« L'homme pondéré est le cousin éloigné du peureux » – c'est ainsi que les échos lointains de ma rébellion juvénile me défient et me rappellent que, aujourd'hui, j'y regarde à deux fois avant toute démarche personnelle ou professionnelle, parce que : « J'ai deux petites filles dont je dois m'occuper », « J'ai un public qui attend de moi quelque chose de familier et de sûr », « Ce n'est pas digne de mon âge », « Je risque de me fermer des portes », etc.

Dans ma jeunesse, je me montrais moins raisonnable et plus enclin à suivre les délires de mon cœur. Dans les moments où la peur me domine, je me remémore le jeune homme relativement téméraire que j'étais.

Ainsi, au début de ma carrière de journaliste, je travaillais pour un site (disparu, depuis). Le propriétaire prenait soin de ne jamais payer mon maigre salaire en temps et en heure. Je n'y prêtais guère attention car, à cette époque, j'essayais d'assurer mon statut de journaliste sérieux et j'écrivais, sous des pseudonymes, pour neuf journaux et quelques sites concurrents. Un jour, en mettant de l'ordre dans mes comptes, je me suis aperçu que ce fameux site Internet ne m'avait pas payé depuis neuf mois. J'ai appelé le bureau du patron ; sa secrétaire m'a expliqué qu'il était malade, en voyage à l'étranger, et que, de toute façon, ce triste sire était trop occupé pour signer le chèque auquel j'avais droit. Ensuite, je me suis adressé à son comptable, qui m'a baladé de prétexte en prétexte, pour finalement m'expliquer pourquoi mon salaire n'avait pas encore été versé. En fin de compte, j'ai obtenu l'adresse mail du patron et je lui ai envoyé un courrier réclamant mon dû. Il m'a renvoyé une réponse laconique dans laquelle il prétendait qu'il n'avait jamais reçu mes nombreuses requêtes, parce que ses mails étaient « filtrés » par son fournisseur Internet, et il m'a promis de m'envoyer sur-le-champ un chèque augmenté de dommages et intérêts.

Le chèque promis n'est arrivé qu'au bout de deux mois, non sans trois nouveaux rappels de ma part. L'encaissement était antidaté à deux mois plus tard. Bref, j'ai reçu le paiement de mon travail avec un retard de plus d'une année. Furieux, j'ai décidé de régler mes comptes avec ce patron indélicat.

Le jour où j'ai déposé le chèque à la banque, je lui ai adressé un mail dans lequel je lui administrais une volée de bois vert : je lui expliquais que son attitude à l'égard de son salarié n'était pas correcte, et sûrement pas à l'égard d'un novice de 25 ans qui débutait dans l'existence et avait besoin de chaque sou. J'ai conclu mon message par un bref post-scriptum : « Cette fois, pour être sûr que mon mail vous parviendra, je le mets en copie à 100 de vos employés. » C'était sans nul doute un acte présomptueux, insolent et, pour tout dire, puéril.

Plus tard, ce patron de site est devenu une personnalité réputée des médias, à l'influence énorme. J'avais conscience, et je supposais que lui aussi, que nous ne collaborerions plus jamais ensemble.

Mais la réalité dispose de ses propres plans.

Un jour, une rédactrice en chef, avec qui j'avais déjà travaillé, m'a appelé pour m'annoncer que cette star des médias, à laquelle j'avais infligé un affront public, se lançait dans une nouvelle aventure sur le Net, et qu'elle-même voulait m'embaucher. « Je suppose que tu n'es pas au courant de mes embrouilles avec ton patron », lui ai-je répondu avec un rire gêné. J'ai déroulé l'incident, et elle a convenu qu'il y avait là, en effet, un problème et que, malgré son souhait, elle devrait se passer de mes services. Sauf que, deux jours plus tard, elle m'a rappelé : « En fait, il n'y a aucun problème.

Nous n'avons pas évoqué vos histoires passées, et il pense que tu conviens pour ce poste. »

En me rendant au bureau pour signer mon contrat de travail, j'ai rencontré cet homme face à face pour la première fois. Il m'a serré la main, m'a souhaité bonne chance, en ajoutant : « J'apprécie beaucoup les gens qui défendent leurs droits. » Tous deux, nous connaissions le fond de l'affaire. Bien sûr, j'ai saisi l'occasion pour lui demander de m'excuser pour mon mail un peu « exalté ». Mais j'ai reçu, au passage, la preuve que la loyauté à l'égard de soi-même, malgré les conséquences possibles, apparaît comme un trait de caractère positif, avec le recul des années.

Est-ce que, aujourd'hui, j'enverrais un mail aussi « déjanté » à mon employeur, avec copie à une centaine de personnes ? Sans doute pas. Aujourd'hui, je me montre plus avisé et plus pondéré. J'ai mûri. Mais l'âge adulte, on l'a vu, dissimule aussi des aspects moins reluisants, surtout lorsqu'ils font taire et paralysent nos désirs.

32 RETROUVER L'ENFANT EN NOUS

Au cours de certaines de mes conférences sur « La Liste », je demandais à l'assistance de gonfler des ballons (placés d'avance sous leur siège), les yeux bandés, de souffler des bulles de savon, de se lancer dans la danse des oiseaux et de jouer à la marelle, avec une main ou un pied attachés. Ensuite, je les interrogeais : savaient-ils pourquoi je leur avais demandé de se livrer à ces gamineries ? La plupart des réponses étaient souvent intelligentes, voire astucieuses, parfois même dignes d'un niveau universitaire, comme :

✔ **Pour nous prouver que nous sommes capables de réaliser des choses, même avec un handicap.**

✔ **Pour ébranler nos certitudes.**

✔ **Pour aiguiser notre cerveau.**

✔ **Pour faire fonctionner des zones cervicales que nous n'avons pas l'habitude d'utiliser (comme lorsqu'un droitier écrit de la main gauche, et vice versa).**

✔ **Pour nous prouver que l'entraînement nous permet d'effectuer des choses inconnues jusque-là.**

J'entendais bien d'autres réponses sagaces, profondes ou psychologiques. Mais rares étaient ceux qui avaient saisi ma véritable intention : je désirais, tout au plus, les ramener à leur enfance pendant quelques instants. Les encourager à se lancer dans une activité gratuite, sans finalité, objectif ou résultat. Jouir pour simplement jouir. Je voulais leur rappeler que, parfois, on pouvait faire des choses sans trop réfléchir à leurs conséquences et sans en connaître le résultat.

En somme, je voulais les pousser à rigoler, à tomber à quatre pattes, à recevoir un coup et à vivre toutes sortes d'autres expériences, qui se sont effectivement produites à la suite des jeux stupides auxquels nous nous sommes amusés pendant quelques minutes.

J'aime connaître ceux qui ont gardé l'enfant en eux.

Ces dernières années, l'un des jeunes hommes qui m'ont beaucoup inspiré, à leur insu, se nomme Omri Hayoun.

Hayoun, 23 ans aujourd'hui, est un bloggeur de potins. Il a créé son site à 17 ans, et le premier scoop qui l'a rendu célèbre en 2009 révélait les failles du système de sélection des candidats à l'émission télé israélienne « Une étoile est née ». Hayoun révélait qu'un candidat, Omer Adam, n'avait pas atteint l'âge légal pour concourir à cette émission de téléréalité.

Le lendemain de la publication, Omer Adam a été expulsé de l'émission, et Hayoun est devenu, en une nuit, la vedette de l'Internet israélien. Du coup, cette gloire soudaine lui a permis de profiter de nombreux scoops sur les coulisses de la télé.

Après avoir dévoilé les noms des cinq finalistes d'un programme télé populaire, les pontes de la Chaîne 2 l'ont menacé d'un procès. Je l'ai interviewé à cette époque : « Vous ne craignez pas de vous retrouver devant un tribunal ? » Hayoun a souri : « Et sur la foi de quels chefs d'accusation précis vont-ils m'envoyer en prison ? Les articles "A publié une bande-annonce" ? "A révélé les secrets d'une émission de téléréalité" ? »

Certes, je ne suis pas toujours d'accord avec les contenus de son blog ni n'adhère à toutes ses méthodes professionnelles, mais son blog continue de fonctionner et lui fournit un revenu très juteux, chaque fois qu'il publie des histoires à scandale.

En l'interviewant, j'ai eu l'impression d'avoir déjà entendu ses propos dans la bouche de quelqu'un d'autre. J'avais le sentiment que je connaissais très bien ce quidam. Le soir, chez moi, j'ai compris de qui il s'agissait : le courage d'Hayoun m'a rappelé celui que j'avais été jadis, avant de devenir un individu « responsable », « honorable », « avec une situation », et qui se soucie désormais du « qu'en-dira-t-on ».

Quelques semaines après l'interview d'Hayoun et après avoir cherché un sujet qui puisse fédérer de nombreuses personnes, j'ai conçu l'idée de « La Liste » et je l'ai mise à exécution.

J'ai dévoilé au public ma liste de rêves, sans m'inquiéter de ce qu'on penserait de mon désir d'un corps svelte ou d'une rencontre avec Oprah Winfrey. Je n'avais qu'une seule chose en tête : mon objectif, et lui seul. Pour être plus précis, dans ma tête et devant des milliers de paires d'yeux qui pouvaient me venir en aide.

À cette même occasion, je me suis juré de laisser l'enfant en moi continuer à faire tout ce que son cœur désire.

OSEZ !

DÉCHAÎNEZ-VOUS, SURPRENEZ-VOUS, VOUS-MÊME ET VOTRE ENTOURAGE.

ET N'HÉSITEZ PAS À DEMANDER DE L'AIDE !

PENSEZ EN GRAND.

EN GIGANTESQUE.

CELUI QUI NE S'OCCUPE QUE DE BROUTILLE EST CONDAMNÉ À RESTER UN ÊTRE INSIGNIFIANT.

33 QUAND L'AUDACE ÉPOUSE UN MESSAGE PERTINENT

Pendant la rédaction de cet ouvrage, j'ai eu l'occasion de prendre un café avec un jeune producteur, lors d'un séjour à Berlin dans le cadre du Festival du cinéma. Il m'a raconté, non sans émotion et fierté, comment il avait réussi à recruter la lauréate de deux oscars Emma Thompson, pour un film modeste et indépendant qu'il s'apprêtait à produire. « Cela a dû être sûrement difficile de la convaincre, ai-je remarqué.

– Beaucoup moins que je ne le croyais. J'ai envoyé le scénario à son agent, qui m'a informé qu'il lui faudrait six semaines pour me répondre. Mais, trois jours plus tard, cet agent me donnait l'accord de l'actrice. J'ai compris que, même si elle est inondée de scénarios, elle aspire à un rôle inhabituel et à un défi. Avec elle, d'autres comédiens réputés d'Angleterre participeront au film.

– Savez-vous que votre histoire me donne une bonne leçon ? Que des personnalités célèbres et débordées recherchent des défis et de nouvelles émotions, et que, souvent, nous nous trompons à l'égard d'elles et de nous-mêmes, parce que nous supposons à tort qu'elles sont trop occupées et qu'il n'y a aucun sens à nous adresser à elles.

– En fin de compte, m'a-t-il répliqué avec un sourire, chacun recherche son propre intérêt. Le mien, c'est de trouver les meilleurs comédiens, et, eux, de se lancer dans une nouvelle aventure professionnelle. »

J'ai eu connaissance d'une autre histoire audacieuse de la bouche d'un célèbre homme d'affaires. Elle s'est déroulée dans un fast-food :

« Un beau jour, alors que je déjeunais au restaurant avec ma famille, une jeune fille, qui m'avait sans doute reconnu, m'a abordé en me demandant la permission de me déranger. Nous étions là à mâchonner notre hamburger, et elle s'est présentée comme agente de relations publiques débutante. À l'en croire, mes activités l'impressionnaient beaucoup, et elle voulait savoir si je n'avais pas besoin de relations publiques pour l'un de mes projets.

Son courage – me déranger en plein déjeuner avec ma femme et mes enfants et proposer ses services, malgré son inexpérience – m'a épaté. Mais, à cette époque, je travaillais déjà avec une agente de relations publiques réputée et... onéreuse. Je lui ai répondu que, pour l'heure, et à mon grand regret, je n'avais aucun besoin de recruter quelqu'un d'autre, mais que je serais ravi de l'embaucher le jour où la nécessité se ferait sentir.

– Finalement, vous l'avez embauchée ?

– Absolument ! Au bout de quelques mois, mon agente a demandé une augmentation substantielle, juste au moment où je sentais que je devais renouveler mon équipe. Je me suis souvenu de la jeune fille qui m'avait "dérangé" au restaurant et je me suis dit qu'avec une telle motivation elle "dérangerait" sans hésitation les patrons de la télé et des médias. Je l'ai donc contactée et je ne me suis pas trompé : elle se dévoue corps et âme à sa tâche, son travail est prodigieux, et mes affaires bénéficient d'une publicité inestimable. »

Je souhaite que ce genre d'histoires vous inspire de la témérité, qui passe aux yeux de certains pour du culot, alors que c'est un trait de caractère rare et recherché chez les rêveurs et ceux qui concrétisent leurs idées.

À maintes reprises, lors de réunions de conseil auprès de hauts managers, je les ai entendus dire que l'un de leurs critères d'embauche donnait la priorité à l'audace, à l'enthousiasme et à la créativité plutôt qu'à l'expérience et aux lettres de recommandation. « Beaucoup possèdent de l'expérience, très peu de l'audace », m'a déclaré un patron d'une des sociétés immobilières les plus importantes d'Israël.

EN EFFET, L'AUDACE FÉDÈRE LES RÊVEURS ENTRE EUX, DÈS LORS QU'ILS SE SOUVIENNENT DE L'ENFANT TÉMÉRAIRE QU'ILS FURENT JADIS, ET QU'ILS ONT PEUT-ÊTRE PERDU EN ROUTE.

Il y a très peu de temps, une vieille amie, Michal Schreiber, à la tête d'une société de marketing réputée sur Internet, m'a confié un rêve très ancien : travailler avec l'écrivain américain Richard Bach, l'auteur du best-seller mondial *Jonathan Livingstone le goéland*.

Pendant des années, elle avait rêvé de le rencontrer, mais elle supposait, à tort, qu'il était décédé. Il y a quelques semaines, elle a lu sa notice sur Wikipédia et a été surprise de découvrir qu'il était bien vivant.

Dès cet instant, elle s'est résolue : « Je vais bientôt travailler avec lui ! » Après une recherche rapide sur Google, elle a repéré l'adresse mail de son agente littéraire, lui a envoyé un mail concis dans lequel elle lui exposait son souhait. Au bout d'une journée, mon amie a reçu une réponse émanant de l'épouse de Bach. Deux semaines plus tard, Michal était à bord d'un avion à destination de Las Vegas où elle a rencontré son écrivain admiré. Ces jours-ci, tous deux étudient la possibilité d'une large collaboration sur Internet, alors qu'elle-même travaillera depuis Israël, et Bach, des États-Unis…

Encore une histoire surprenante atterrie dans la messagerie du blog « La Liste » : celle d'une femme racontant son rêve comblé, bien avant l'ère Internet, et que nous puissions parvenir à l'objet de nos rêves grâce à un simple clic sur une touche.

Voici l'histoire de Tsipi Navé, telle qu'elle l'a rédigée pour le blog :

« Dans les années quatre-vingt, j'avais 20 ans et j'admirais éperdument Woody Allen, alors au sommet de sa gloire. J'avais décidé de le rencontrer, consciente que je devais le faire non comme une simple groupie excitée, mais en éveillant son intérêt et en lui proposant un entretien de fond, qui l'intéresse autant que moi. Je venais d'obtenir ma licence en psychologie et en communication à l'Université hébraïque de Jérusalem. Mon maître de conférences en cinématographie enseignait un semestre à Jérusalem et, l'autre, il travaillait à New York comme réalisateur de documentaires. Il m'a suggéré de collaborer avec lui. Mon mémoire de licence, rédigé en anglais, portait sur ce sujet : "Comment affronter la peur de la mort. Étude de cas à partir de la filmographie de Woody Allen". Mon travail fut apprécié par le jury. Je me suis rendu à New York, avec mon enseignant, et j'ai décidé d'envoyer mon mémoire à l'imprésario de Woody Allen, accompagné d'une lettre dans laquelle je l'informais que je venais d'Israël et que je désirais beaucoup m'entretenir avec le metteur en scène. J'ai résumé ma thèse, affirmant qu'elle pourrait intéresser Allen et qu'il serait peut-être heureux d'en discuter avec moi...

Une semaine et demie à peine après l'envoi de ma thèse, j'ai reçu une lettre de la main de Woody Allen, dans laquelle il me proposait de me voir au Michael's Club où il joue de la clarinette le lundi, puis de m'inviter à dîner après le spectacle. C'est ce que j'ai fait : nous sommes allés au pub, nous avons écouté Woody Allen à la clarinette, nous l'avons rejoint pour le dîner et nous avons bavardé longuement. Cela se passait vingt-cinq ans avant l'ère d'Internet, et, dès ce moment-là, j'ai compris deux ou trois choses sur la réalisation des rêves. »

Cette histoire m'a fait sourire. D'abord, parce que j'aime beaucoup les films de Woody Allen (plus tard, je l'ai rencontré deux fois au Festival de Cannes, et j'ai eu le privilège de discuter avec lui de ce qui le poussait à créer et à rêver. Sa réponse, au fait, était celle-ci : « Sans un nouveau film à réaliser, je me mettrais à penser à mon âge, et donc à la mort. ») et, surtout, parce que j'ai compris qu'une partie de mes requêtes, comme celles adressées aux autorités australiennes ou à Oprah Winfrey, n'étaient pas suffisamment argumentées, intéressantes ou stimulantes aux yeux du destinataire. Il leur manquait la réciprocité, essentielle, dont l'autre partie pourrait bénéficier : celui de la satisfaction, de la publicité ou de l'information que je pourrais lui apporter.

Tout le monde ne rêve pas de rencontrer des stars du cinéma ou des chanteurs célèbres. La plupart de nos rêves sont plus terre à terre : progresser dans notre travail, gagner davantage d'argent et améliorer notre niveau de vie.

Avez-vous fait connaître, un jour, à votre patron votre rêve d'accéder au poste de sous-directeur ? Est-il au courant de vos aspirations secrètes concernant votre lieu de travail ? L'avez-vous informé de vos suggestions afin de perfectionner les méthodes de travail ? Avez-vous détaillé devant lui vos futurs objectifs d'emploi ? Lui avez-vous parlé du congé de deux mois que vous rêvez de prendre au beau milieu de votre existence ? Ou, alors, êtes-vous ce genre d'homme qui rase les murs, de ceux qui tremblent de s'adresser à leur patron de crainte qu'il ne pense que vous voulez lui prendre sa place ? Qu'est-ce qui vous empêche, en fait, d'exprimer vos souhaits professionnels devant un supérieur ? Le jour où il pensera à chercher quelqu'un convenant à un haut poste, pourquoi songerait-il précisément à vous, si vous ne lui avez jamais révélé vos ambitions professionnelles ?

Imaginez que vous travaillez dans une énorme entreprise, comptant des milliers de salariés, et que le PDG soit une figure mythique siégeant à l'étage isolé de la direction – un PDG lointain et solitaire, dont le nom apparaît parfois dans les rubriques économiques des médias. Maintenant, imaginez-vous tomber sur lui dans l'ascenseur de votre société. Vous avez vingt étages et trente secondes à passer ensemble. Que faites-vous ? Qu'allez-vous lui dire, hormis : « Bonjour, monsieur le président » ? Êtes-vous déterminé et disposé à lui révéler votre rêve de la façon la plus articulée possible ?

ET SI VOUS TOMBIEZ, À L'ÉTRANGER, DANS UN ASCENSEUR SUR **BILL GATES**, L'UN DES HOMMES LES PLUS **RICHES** ET LES PLUS **PUISSANTS** DE LA PLANÈTE ? SAURIEZ-VOUS **VOUS EXPRIMER** RAPIDEMENT ET LUI **RACONTER VOTRE RÊVE** POUR QUE PEUT-ÊTRE **IL VOUS AIDE ?**

34 BRUCE WILLIS ET MOI

Ces dernières années, j'ai eu mon lot de centaines d'histoires audacieuses d'inconnus, tout comme au cours de ma carrière jalonnée d'événements singuliers et émouvants, qui se sont produits grâce à une folie téméraire ou à un pari risqué.

C'est de cette façon que je me suis retrouvé un soir de 2010, à Paris, où j'avais été envoyé par mon journal *Israël Hayom*, à dîner avec Bruce Willis dans un restaurant des Champs-Élysées. C'était à l'occasion d'une conférence de presse avec Willis, qui assurait la promotion d'une marque de vodka polonaise dont il détenait des parts. J'étais arrivé de bonne heure, en compagnie d'une vingtaine de journalistes français, en attendant les déclarations de Mister « Die Hard ».

À peine débarqué d'un jet privé en provenance d'une conférence de presse ailleurs en Europe, Willis était trop épuisé pour discourir longuement. Au bout de vingt minutes face aux micros et aux questions insignifiantes de mes confrères, je me suis aperçu que je n'avais pas de quoi nourrir mon papier. Au journal, quatre pages et un encadré pour une photo en « une » m'étaient réservés. J'étais désemparé.

L'agente des relations publiques de l'importateur israélien, qui avait reçu des invitations au dîner avec Bruce Willis, m'a proposé de l'accompagner : ainsi pourrais-je ajouter un peu de « couleur » à mon papier, comme on dit dans le jargon de notre profession.

Faute d'une meilleure solution, j'ai accepté sa proposition.

En soirée, nous voici rendus dans un restaurant gastronomique des Champs-Élysées, bondé d'hommes d'affaires et de VIP parisiens. Entouré de gardes du corps, Willis était installé à l'écart avec son escorte, à l'abri de la foule.

« S'il se lève, j'ai mon interview ! ai-je déclaré à l'agente de relations publiques attablée à côté de moi.

– Comment vas-tu faire ?

– Je ne sais pas encore, ai-je ricané. Je crois que je vais lui demander, tout simplement. »

J'ai guetté le moment opportun et, le voyant se lever et rejoindre un groupe d'importateurs, je l'ai abordé : « Bonsoir, Bruce, je m'appelle Yuval, je suis un journaliste israélien et j'ai besoin de votre aide. »

Il m'a jeté un regard, avec un sourire : « En quoi puis-je vous aider ?

– Je collabore au quotidien le plus diffusé d'Israël, et je suis censé rentrer chez moi avec un papier en "une" sur vous. Le problème, c'est que, malgré votre conférence de presse, je n'ai pas assez de matière... Alors, je me suis dit que nous pourrions dîner ensemble et, comme ça, je pourrais vous interviewer... »

Willis m'a dévisagé longuement, puis, avec un clin d'œil, m'a répondu : « Je vais essayer de vous aider mais, pour commencer, je serais heureux si vous pouviez me rendre la pareille en faisant baisser la musique ! »

En quelques secondes, j'ai repéré le patron du restaurant et je lui ai demandé de couper le son. Je suis retourné à ma place et, avec l'agente de RP, je me suis rongé les ongles, sans lâcher des yeux la table de Willis.

Au bout d'un quart d'heure, son secrétaire personnel est venu nous voir : « Monsieur Willis vous prie de le rejoindre à sa table. » Assis en face de lui, émus, nous avons découvert un être généreux, charmant et ouvert, qui m'a détaillé longuement ses secondes noces, m'a parlé de sa fille qui étudie l'archéologie (par un pur hasard, elle séjournait à ce moment-là en Israël pour y faire un stage), et d'autres anecdotes sur la vie d'acteur à Hollywood.

Cette rencontre avec Willis m'a offert l'une des plus grandes leçons de mon existence au sujet de l'audace et du pouvoir du mot « aide » qui ouvre les cœurs et force les portes blindées.

QUAND NOUS DISONS À AUTRUI « AIDE-MOI », « J'AI BESOIN DE TON AIDE », « J'APPRÉCIERAIS UN COUP DE MAIN », NOUS LUI OFFRONS L'OCCASION DE PROUVER SON POUVOIR À NOS YEUX ET AUX SIENS.

Or, qui n'aime pas se montrer fort et tout-puissant ? Inutile d'être le John McClane de *Die Hard* pour voler au secours des gens. On peut soutenir les autres grâce à un tuyau, un truc, en leur consacrant du temps ou avec un simple clic rapide sur la touche « Partager » des réseaux sociaux. C'est pourquoi : rédigez la liste de vos rêves et demandez du soutien – mais veillez à proposer une aide en retour et à répondre vous-même à des demandes du même genre.

35 | AIDER, C'EST SUPER !

À mon grand regret, et en totale opposition au titre de ce chapitre, une partie importante de l'éducation reçue au cours de notre existence nous incite à nous débrouiller tout seuls.

En fidèles disciples de nos parents, de notre famille et de nos éducateurs, nous adoptons (parfois exagérément) les messages qu'ils nous ont transmis, dont la finalité est de ne pas s'adresser à autrui pour demander de l'aide, ne pas s'imposer aux autres et se débrouiller par nos propres moyens.

Je connais nombre de personnes qui se sont débattues pendant des années dans la nasse de leurs problèmes et ont préféré, pourtant, ne pas solliciter de l'aide. Il y a quelques années, une de mes connaissances était criblée de dettes se montant à quelques centaines de milliers de shekels. « Parles-en autour de toi, lui ai-je conseillé à plusieurs reprises. Demande de l'aide, informe tes fournisseurs et tes employés de ta situation délicate… » Mais son orgueil l'en empêchait. Si bien qu'en deux ans il était si accablé par les dettes qu'il a perdu son entreprise (qu'il dirigeait depuis dix ans) et sa maison.

Pourquoi refusons-nous de demander de l'aide ? Qu'avons-nous à perdre ? De quoi avons-nous peur ? D'une humiliation passagère ? Que quelqu'un jugera que nos rêves sont stupides ? Quand on me demande pourquoi le monde a réagi favorablement à ma liste, ma réponse est très simple et limpide : j'ai sollicité l'aide des internautes. Je me suis obstiné à clamer mes rêves, au lieu de les laisser mariner au fond de mes entrailles et, surtout, j'ai surmonté le réflexe conditionné qui nous intime de « nous débrouiller tout seuls au lieu d'importuner autrui, déjà accablé par ses propres soucis ». J'ai osé me dresser et déclarer : « Mes chers amis, tout seul, je ne réussirai pas à arriver là où je le souhaite. J'ai besoin de vous pour atteindre le sommet de mes rêves. »

L'EXISTENCE NOUS OFFRE DE MULTIPLES CHEMINS À EMPRUNTER. ON PEUT CHOISIR LA VOIE MÉDIANE, CELLE DE LA MAJORITÉ. ELLE EST ÉCLAIRÉE, MODERNE, SÛRE ET SUSCEPTIBLE DE NOUS MENER JUSQU'AU BUT ESPÉRÉ – SAUF QU'ELLE EST ENCOMBRÉE ET TRÈS EMBOUTEILLÉE.

OR IL EXISTE NOMBRE DE SENTIERS DE TRAVERSE. ILS SONT ÉTROITS, PLONGÉS DANS L'OBSCURITÉ OU TRUFFÉS D'ORNIÈRES. LÀ, DES DANGERS NOUS GUETTENT, MAIS SI VOUS SURMONTEZ TOUS LES OBSTACLES, LA PEUR DU NOIR ET DES PIÈGES TAPIS LE LONG DU PARCOURS, VOUS POURREZ PARVENIR À VOTRE BUT, BIEN AVANT TOUT LE MONDE, CAR TRÈS PEU ADOPTENT CE GENRE D'ITINÉRAIRE.

Pour ma part, j'adore emprunter les chemins buissonniers, moins orthodoxes, et agir en dehors des normes. Je préfère m'adresser directement au metteur en scène, au responsable de casting, au PDG, à l'éditeur, à l'homme d'affaires ou à quelque autre responsable de poids, alors que la plupart des individus les contactent par le relais d'une multitude d'intermédiaires, lesquels, jamais au grand jamais, ne transmettront le message avec la minutie, la fièvre et l'enthousiasme que seuls vous-mêmes pourriez apporter.

Concernant les demandes d'aide, je vais vous faire part d'une découverte qui m'a surpris moi-même : plus vos destinataires sont haut placés et éminents, plus ils se sentent touchés par la requête naturelle et humaine de quelqu'un qui les considère enfin comme des êtres humains, et non comme des « icônes » inaccessibles.

Au cours d'une rencontre, une femme d'une trentaine d'années m'a exposé son désir d'écrire un feuilleton politique pour la télé. Elle y avait consacré beaucoup de réflexion et d'énergie : elle avait suivi quelques cours d'écriture de scénario, pris des leçons particulières auprès de scénaristes réputés, s'était liée à des politiciens, avait lu des dizaines de biographies politiques et conduit des entretiens approfondis avec des parlementaires. Elle possédait deux épisodes complets de la série, des synopsis des suivants et la trame de l'intrigue. La seule chose qui lui manquait pour réaliser son rêve, c'était l'adresse mail de quelques dirigeants de la télé auxquels elle pourrait envoyer son scénario.

« Voici mon mail, évoquez notre rencontre, et je vous renverrai les coordonnées de quelques producteurs de plusieurs chaînes, lui ai-je proposé.

– Vraiment ? »

Elle n'en revenait pas.

« Vous parlez sérieusement ?

– Oui. Qu'est-ce qui vous étonne ? »

Je ne comprenais pas ses doutes, car ces producteurs sont accessibles à tout un chacun sur les réseaux sociaux.

« Parce que votre aide est stupéfiante ! Je n'en crois pas mes oreilles et je suis tout émue », m'a-t-elle dit en m'étreignant.

Pendant la nuit, j'ai reçu son mail dans lequel elle me remerciait, à nouveau, pour ma générosité. Puis, elle m'a remercié encore une fois, après avoir reçu une réponse et une invitation à un rendez-vous d'une chaîne télé. La reconnaissance est une belle et bonne chose, et l'attitude de cette femme était charmante, mais la disposition à recevoir de l'aide est non moins bienvenue. Apprenez à demander de l'aide et, de la même façon, à accepter avec amour l'aide de parfaits inconnus. La plupart des êtres humains, comme je l'ai découvert, sont trop heureux de fournir leur aide sans contrepartie.

Une directrice de l'une de mes sociétés rêve depuis deux ans d'écrire sa deuxième pièce de théâtre (la première a été représentée au cours d'un festival de pièces courtes et a reçu des prix et des critiques élogieuses), mais, à l'en croire, elle séchait « devant la page blanche » depuis un long moment.

Un jour, je l'ai présentée par hasard à un ami proche qui, par ailleurs, dirige un atelier d'écriture. Je lui ai fait part de la détresse de mon amie. À mon insu, il lui a suggéré de se rencontrer au café pour tenter de désarmer sa panique devant la page blanche.

Elle m'a envoyé un SMS :

« Vous lui avez demandé de m'aider, n'est-ce pas ?

– J'ignorais qu'il vous avait donné rendez-vous. Je suis heureux qu'il vous consacre un peu de son temps et de son talent.

– Vous l'avez dédommagé pour ça, non ? Il s'attend à être payé ? »

Elle refusait de croire qu'un étranger, un professionnel de surcroît, soit disposé à libérer une heure de son temps au profit d'autrui, et elle continuait à chercher l'attrape-nigaud…

Notre difficulté à demander de l'aide, comme celle de l'accepter, l'emporte souvent sur la logique. La peur irrationnelle anesthésie notre conscience et nous pousse à nous pétrifier pendant des périodes interminables. Parfois, cela s'accompagne de la crainte de dévier de la voie connue, familière et apparemment sûre.

☑

Il y a quelques années, j'ai filmé le pilote d'un concept original d'émission dans le but de le proposer à des médias. (« Présenter un programme d'interviews » est l'un des points de ma nouvelle liste que vous trouverez en fin d'ouvrage.)

Mon agente d'alors avait établi un contact avec un important producteur de télévision. Il a été séduit par mon idée, s'est montré prêt à courir un risque financier et à filmer le pilote en investissant ses propres deniers.

Très vite, nous avons trouvé une chaîne intéressée par ce pilote. Mais, malgré cette réponse positive, après plusieurs mois d'attente de la programmation, nous avons été informés que la diffusion devrait être retardée de plusieurs mois à cause des difficultés budgétaires de la chaîne.

Au bout d'une année, j'ai demandé à mon agente d'envoyer le pilote à d'autres chaînes télé, avant qu'il ne devienne totalement obsolète.

« La période n'est pas idéale, m'a-t-elle répondu. Toutes les chaînes sont plongées jusqu'au cou dans des problèmes budgétaires. Il n'y a pas de demande pour des émissions d'interviews pour les mois à venir. Il vaut mieux attendre le bon moment. » Et patati et patata...

Je sais bien que mon agente ne voulait que mon bien, mais elle avait agi en suivant les voies habituelles et conformistes. (Vous vous souvenez ? Plus nous vieillissons, plus nous faisons le plein d'« expérience » et de « sagesse », et plus nous avons tendance à agir de manière prévisible et coutumière.)

Je souhaitais lui rappeler qu'un peu d'audace et de non-conformisme n'avait jamais fait de mal à personne. Que des réponses remâchées du genre « Je sais comment leur parler », « Je l'enverrai au bon moment » ou « On ne va pas gâcher notre unique occasion » me laissent froid. J'ai donc décidé d'envoyer simultanément le pilote filmé à toutes les chaînes. Au pire, je m'attendais à recevoir des réponses négatives de toutes et à comprendre que je devais enterrer ce format et inventer, à la place, un nouveau, plutôt que de continuer à vivre dans l'espoir qu'il m'arriverait, un jour, un miracle professionnel.

En fin de compte, j'ai adressé ce pilote à quelques médias et à des sites Internet (de toute façon, le Net commence à talonner la télévision) et, en moins d'un mois, j'ai reçu deux propositions concrètes de négociation. J'ai toujours confiance : mon idée va prendre corps et devenir réalité.

DÉBARRASSEZ-VOUS DE VOS FRAYEURS.
IL VAUT MIEUX OSER,
AGIR EN ANTICONFORMISTE,
ÊTRE AU-DESSUS DU LOT, PARTAGER ET RÊVER.
IL N'Y A PRESQUE RIEN À PERDRE
ET TOUT À GAGNER.

? EXERCICE

Presque chaque individu, se considérerait-il comme un peureux impénitent, a manifesté de l'audace au cours de son existence.

- Discutez avec des proches dont vous appréciez l'activité, et tâchez de comprendre comment ils sont parvenus au succès : Quelles démarches originales ont-ils effectué en chemin? À quel moment ont-ils montré du « culot » pour avancer ?
- Et, maintenant, donnez la liste des cinq choses que vous avez réussi à obtenir dans la vie par une réflexion anticonformiste, en empruntant des chemins de traverse et en recourant à l'audace. Je suis sûr que vous allez découvrir que vous êtes bien plus courageux que vous ne le pensiez.

36 PRÊT POUR VOTRE LISTE ?

EN ROUTE !

Après l'échauffement neuronal que nous venons d'effectuer ensemble, et pour que vous parveniez à vos propres conclusions quant à une liste efficace, permettez-moi de vous guider au cours de votre parcours personnel.

MON MESSAGE PRINCIPAL :

LA LISTE N'EST PAS UN GRIBOUILLIS ARBITRAIRE SUR UNE FEUILLE DE PAPIER.
ELLE EXIGE D'ÊTRE PROFONDÉMENT RÉFLÉCHIE, DÉCANTÉE ET, SURTOUT, PRÉCISE.

Maintenant, je me tais et je vous invite à dresser votre propre liste de rêves.

Dans la suite de l'ouvrage (et à la fin), vous trouverez quelques pages blanches où vous pourrez actualiser vos listes et parvenir à une liste finalisée et affinée pour les prochains mois.

Prenez un crayon et une gomme, un verre de vin ou toute autre boisson que vous aimez, aménagez autour de vous une atmosphère confortable, à l'aide d'un éclairage agréable ou d'une musique à votre goût. Installez-vous dans la cour, sur le toit, le balcon, la plage ou sous une couette douillette. Coupez le téléphone, l'ordinateur et autres gazouillis ou sifflements qui détournent votre attention. Concentrez-vous. Et le plus important : forcez toutes les barrières, les limites et les inhibitions. Autorisez-vous à rêver.

VOUS VOUS RAPPELEZ ?
LA LISTE EST UN CONTRAT PASSÉ ENTRE VOUS ET VOUS-MÊME.

Pour vous exprimer et rédiger avec précision, prenez le temps nécessaire, tout comme vous le feriez si vous vous adressiez à un avocat retors et onéreux : chaque minute de son temps coûte une fortune !

37 | PRÊT ?

ON Y VA !

Tout d'abord, « dégorgez » tous vos rêves sur la page.

Tentez de parvenir à 100 rêves, y compris des tâches, des désirs et des objectifs.

Rêves minuscules et négligeables, frisant la corvée, comme « réparer le trou dans le mur de la cuisine qui me nargue depuis deux ans », « échanger enfin le coupon cadeau qui dort dans mon portefeuille depuis six mois » ou quelque réfection cosmétique, comme une chirurgie esthétique ou se raser les poils superflus.

Plus l'idée de « La Liste » se diffusait auprès de nombreux nouveaux publics à un rythme accéléré, plus je rencontrais des réactions positives, voire enthousiastes. Mais je me heurtais tout autant à des réticences.

Plus d'une fois, je me suis retrouvé plongé dans des arguties sémantiques sur la définition du mot « rêve ».

« Une liste de rêves est une idée magnifique, et le fait que vous la détaillez par étapes et guidez les gens est positif, m'a signalé une psychologue assistant à une de mes conférences. Mais vous induisez les gens en erreur quand vous leur enjoignez de crier leurs rêves. Par définition, un rêve est hors d'atteinte.

– Mais dans la réalité du XXIe siècle, à l'ère des réseaux sociaux, presque tous les rêves sont à portée de main, lui ai-je répondu. Ainsi, de plus en plus de gens sont déjà disposés à acheter un billet aller-retour à destination de la Lune, non ? »

« Mais le rêve n'est qu'un fantasme, m'a expliqué une autre psychologue, en une occasion différente.

– Et moi, je persiste à penser que nous pouvons concrétiser presque toutes nos fantasmagories, à condition qu'elles soient plus ou moins réalistes en fonction de notre existence et de nos moyens. Je crois vraiment que, sauf si une puissance suprême nous interdisait toute activité ou à moins d'un manque de capacité dans certains domaines, tout est entre nos mains ! Simone de Beauvoir n'a-t-elle pas dit que le moyen le plus rapide de se débarrasser d'un fantasme, c'est de l'assouvir ? »

La troisième fois qu'un psychologue m'a affirmé qu'un rêve n'était pas « réalisable », j'ai consulté la définition lexicale du rêve dans un dictionnaire : les mots « espoir », « aspiration » m'ont sauté aux yeux. Dans d'autres dictionnaires, j'ai trouvé : « vision nocturne », « représentation imaginaire que l'individu conçoit dans son sommeil », « imagination », voire « hallucination »

Pour autant, je n'ai déniché nulle part que le rêve est inaccessible ou irréalisable, et, bien sûr, pas plus de confirmation qu'un individu qui ose rêver et parler de ses rêves hallucine et se montre irréaliste ! Dans l'histoire du genre humain, des milliers d'hommes ont osé rêver et « vendre » leurs rêves, et ils ont même eu le privilège de les voir se réaliser de leur vivant.

Je suppose que plus cette idée de « La Liste » prendra de l'ampleur, plus les opposants se multiplieront – justement, parce qu'elle est si simple. Souvent, les gens croient qu'ils ont besoin de solutions compliquées ; aussi s'accrochent-ils au prétexte qu'ils n'ont pas les moyens de trancher leur propre nœud gordien, alors que je leur conseille de prendre simplement une feuille de papier et un crayon, puis d'écrire. Ensuite, crier, bramer, s'égosiller !

Certes, nous sommes les champions des faux-fuyants destinés à expliquer pourquoi nos rêves sont hors de portée. Au lieu de quoi, il vaudrait mieux investir notre temps et notre énergie, gaspillés en vains prétextes, à réfléchir à la manière d'atteindre nos objectifs et, ainsi, d'ajouter de nombreux « ✔ » sur nos listes.

Si vous le mot « rêve » n'a pas l'heur de vous plaire (ou si vous êtes psychologues), je vais ajouter d'autres mots : « Clamez vos volontés/ désirs/ objectifs/ visées/ expériences/ pensées ! Il y aura toujours quelqu'un pour vous entendre à la fin ! »

Vous avez déjà compris qu'il m'importe peu de savoir comment vous les nommerez ; l'essentiel, c'est de s'y mettre.

Cherchez toutes sortes de rêves et d'objectifs : personnels et minuscules, grandioses ou familiaux, universels, professionnels et sociaux.

NE SAUTEZ PAS CETTE ÉTAPE. ET N'EMPRUNTEZ PAS DE RACCOURCI !

N'allez pas plus loin dans la lecture de ce livre avant d'avoir bouclé la liste de vos 100 rêves, même si cela exige de vous des heures de travail. Même si vous devez reposer ce livre au profit de vos pensées et réflexions et ne le reprendre qu'au bout de quelques jours. La tâche n'est pas facile, je le dis d'expérience.

IL S'AGIT D'UN EXERCICE PRATIQUE. METTEZ-LE À PROFIT.

En relisant mes anciennes listes et celles d'autres individus, j'ai découvert que veiller à garder un esprit ouvert, à écrire librement et sans complexes, fait surgir en nous des souhaits dont nous étions totalement inconscients et dont nous ignorions que nous voulions les réaliser.

« Comme c'est bizarre ! J'ai écrit dans ma liste : "apprendre la boxe thaïe", m'a confié, à la fin d'une conférence, une belle femme d'allure distinguée, loin de ressembler à une "loubarde". Je ne sais même pas pourquoi j'ai indiqué cela… »

Une brève conversation avec elle à propos de ses autres rêves m'a révélé que, dirigeant un atelier de développement personnel pour les femmes, elle avait eu brusquement le déclic : l'activité physique est un moyen magnifique d'exprimer la force que nous ressentons en nous – et la vigueur corporelle en est la meilleure preuve.

Le lendemain de la conférence où elle avait rédigé sa liste, elle suait sang et eau sur un ring, avec l'un des meilleurs coaches de boxe thaïe.

Un jeune comédien a couché sur sa liste son désir de « faire le vide dans sa garde-robe et apprendre à s'habiller correctement. Peut-être m'adresser à des maisons de mode et leur proposer mes services de blogueur sur le site que je vais créer et, en échange, recevoir des vêtements et un stylisme personnel ».

Quand je l'ai félicité pour sa formulation précise, il m'a répondu : « Je n'y avais jamais pensé avant que vous m'encouragiez à lever toutes les barrières et à rédiger mes rêves. D'une certaine manière, ça a fait tilt dans ma tête ! »

Il n'y a là aucun truc ou formule magique. Juste du temps consacré à notre « moi ».

Prêt ? On y va ! Abattez toutes vos barrières et quittez les tranchées où vous vous terrez depuis des années, et lâchez votre liste dans la nature.

Sans faux-fuyants comme : « Impossible ! », « Je n'ai pas le temps », « Je n'ai pas d'argent », « Cela ne m'arrivera pas », et sans « Son mari ne me le permettra pas », « Ma femme a besoin d'argent pour rafraîchir la maison », « Notre enfant traverse une période pas facile » ou toute autre justification de ce genre.

C'est simple : laissez votre cœur et votre cerveau remplir les pages.

TOUS MES VŒUX DE SUCCÈS !

**« UNE VISION SANS ACTE
EST UN RÊVE ÉVEILLÉ.
UN ACTE SANS VISION
EST UN CAUCHEMAR. »**

PROVERBE CHINOIS

1.

2.

3.

4.

5.

6.

7.

8.

9.

10.

« UNE MARCHE DE MILLE KILOMÈTRES COMMENCE PAR UN PREMIER PETIT PAS. »

LAO-TSEU

11.

12.

13.

14.

15.

16.

17.

18.

19.

20.

« CEUX QUI N'ONT PAS DE RÊVES FANTAISISTES NE RÉALISENT PAS DE CHOSES FANTASTIQUES. »

SHIMON PERES
(EX-PRÉSIDENT DE L'ÉTAT D'ISRAËL)

21.

22.

23.

24.

25.

26.

27.

28.

29.

30.

« L'EXISTENCE DE CHAQUE ÊTRE HUMAIN EST UN PÉRIPLE VERS LUI-MÊME, LA TENTATIVE DE TROUVER UNE VOIE, L'INDICATION D'UNE DIRECTION. »

HERMANN HESSE

31.

32.

33.

34.

35.

36.

37.

38.

39.

40.

« CERTAINES PERSONNES VEULENT QUE CELA ARRIVE, CERTAINES PERSONNES PRIENT POUR QUE CELA ARRIVE, ET D'AUTRES FONT TOUT POUR QUE CELA ARRIVE. »

MICHAEL JORDAN

41.

42.

43.

44.

45.

46.

47.

48.

49.

50.

« LA PEUR DÉTRUIT DAVANTAGE DE RÊVES QUE L'ÉCHEC NE LE FERA JAMAIS. »

SOURCE ANONYME

51.

52.

53.

54.

55.

56.

57.

58.

59.

60.

« SE SOUVENIR QU'ON MOURRA UN JOUR EST, À MA CONNAISSANCE, LE MEILLEUR REMÈDE POUR ÉVITER LE PIÈGE DE LA PEUR D'AVOIR QUELQUE CHOSE À PERDRE. »

STEVE JOBS

61.

62.

63.

64.

65.

66.

67.

68.

69.

70.

« IL N'EXISTE PAS DE SECRETS À LA RÉUSSITE. LA RÉUSSITE EST LE PRODUIT DE LA PRÉPARATION, DU TRAVAIL ACHARNÉ ET DE LA LEÇON TIRÉE DES ERREURS. »

COLIN POWELL

71.

72.

73.

74.

75.

76.

77.

78.

79.

80.

« POUR MOI, LE SENS DE LA VIE, C'EST D'ÊTRE TOUJOURS AFFAMÉ. PAS SEULEMENT EXISTER, SURVIVRE, MAIS ALLER DE L'AVANT, SAUTER PLUS HAUT, GAGNER, CONQUÉRIR. »

ARNOLD SCHWARZENEGGER

81.

82.

83.

84.

85.

86.

87.

88.

89.

90.

**« SI VOUS N'ŒUVREZ PAS
À VOTRE RÊVE,
QUELQU'UN D'AUTRE
VOUS UTILISERA
POUR ACCOMPLIR LE SIEN. »**

TONY GASKINS

91.

92.

93.

94.

95.

96.

97.

98.

99.

100.

BRAVO !

VOUS POSSÉDEZ DÉSORMAIS UNE LISTE DE RÊVES COMPLÈTE ET DIVERSIFIÉE.

Relisez soigneusement votre liste. Et essayez de répondre honnêtement aux questions suivantes :

- ✔ **Savez-vous clairement pourquoi vous avez inscrit chacun des points de votre liste ?**
- ✔ **Y a-t-il des points qui vous surprennent *a posteriori* ?**
- ✔ **Pouvez-vous trouver un dénominateur commun à tous vos rêves ?**
- ✔ **Y a-t-il des tâches que vous avez envie de commencer dès maintenant ?**
- ✔ **Quels sont les points de votre liste que vous voulez plus que tout concrétiser (même à long terme) et que vous essayez de faire avancer en cet instant même ?**

SI VOUS AVEZ DES RÉPONSES AUX DEUX DERNIÈRES QUESTIONS, ESSAYEZ DE FAIRE AVANCER CES OBJECTIFS

TOUT DE SUITE !

ET SI VOUS N'AVEZ PAS DE RÉPONSES SATISFAISANTES, ESSAYONS DE TROUVER ENSEMBLE LES MOYENS DE VOUS AIDER À RÉALISER UNE PARTIE AU MOINS DE VOTRE LISTE.

---

38 DEUX OU TROIS CHOSES QUE J'AI APPRISES SUR LA RÉALISATION DES RÊVES

Vous vous trouvez à quelques pas – et pages – de votre liste finalisée et affinée.

Au cours de mon périple de « La Liste », j'ai appris de nombreuses choses mais, surtout, ceci : pour concrétiser notre liste de rêves, nous devons être bourrés d'énergie, de force et inspirés par un élan positif. Nous devons croire, malgré les vicissitudes et les ajournements rencontrés en chemin, que nous sommes capables de réaliser nos rêves.

Dans les pages suivantes, j'ai collecté tous les tuyaux recueillis en chemin qui pourraient vous aider à affûter votre liste et, surtout, à conserver le bon rythme pour agir et la concrétiser.

L'un des problèmes des ouvrages de développement personnel (j'en ai lu beaucoup) et des ateliers de mieux-être (j'en ai fréquenté un certain nombre) est que le lecteur ou l'auditeur s'y consacrent jusqu'au bout, tant qu'ils sont enthousiastes, fervents et motivés à effectuer un quelconque changement dans leur existence – mais, au terme d'une semaine ou plus, l'enthousiasme faiblit, et ils retombent dans leur train-train quotidien.

CETTE FOIS, AUCUNE INDULGENCE À L'ÉGARD DE VOUS-MÊME.

? EXERCICE

Choisissez l'un des points de votre liste des 100 rêves. Puis, cherchez sur Google le moyen de réaliser votre rêve. Prenez votre téléphone portable et envoyez à dix amis un message dans lequel vous leur demandez du soutien pour réaliser ce rêve. L'engagement devant autrui aide à concrétiser vos rêves. Ne laissez pas faiblir votre enthousiasme. Faites votre premier pas tout de suite ! Sans délai ! Ne laissez pas les pensées négatives – « Ça n'arrivera pas » ou « Je n'aime pas déranger les autres » – vous submerger.

UN TUYAU : AFIN DE CONSERVER UNE FORTE ÉNERGIE, NOURRISSEZ-VOUS DU PLUS GRAND NOMBRE POSSIBLE DE RÉCITS D'ACCOMPLISSEMENT PERSONNEL. POUR MA PART, JE DÉVORE CHAQUE ANNÉE DES DIZAINES D'OUVRAGES DIGNES D'INSPIRATION, PUBLIÉS DANS LE MONDE ENTIER SOUS LA PLUME DE POLITICIENS, D'HOMMES D'AFFAIRES, DE PHILOSOPHES, DE CHERCHEURS ET DE PSYCHOLOGUES.

ADOPTEZ CETTE PRATIQUE ET HABITUEZ-VOUS À LIRE CE GENRE DE LIVRES. MÊME SI LA MAJORITÉ DES MESSAGES SE RÉPÈTENT SOUS DES EMBALLAGES DIFFÉRENTS, IL SUFFIT QUE VOUS TROUVIEZ DANS L'UN D'EUX UNE PHRASE QUI VOUS ÉBRANLE OU UN ÉCHO

QUI VOUS ENCOURAGE : LE BÉNÉFICE SERA ENTIÈREMENT LE VÔTRE.

SUR LE BLOG « LA LISTE », VOUS POURREZ TROUVER UNE LONGUE LISTE DE MES OUVRAGES PRÉFÉRÉS QUI NE M'ONT PAS PEU AIDÉ À CONCRÉTISER MES LISTES.

39 LAISSE TOMBER, TOUT ÇA A DÉJÀ ÉTÉ FAIT ! (EH BIEN, JUSTEMENT, PAS DU TOUT !)

Dans mes conférences sur l'écriture créative, je raconte comment un scénario que j'avais écrit (tiré de mon premier livre), tombé dans les mains d'une réalisatrice israélienne qui collaborait avec HBO (la chaîne américaine à laquelle on doit des séries célèbres comme *Les Soprano* ou *Sex and The City*), l'avait convaincue de le tourner pour cette chaîne.

L'une des raisons pour laquelle le projet n'a pas vu le jour, en fin de compte, est qu'à cette époque ma fille aînée est née, et que je n'étais pas libre, émotionnellement et physiquement, pour me lancer dans une nouvelle aventure dévorante qui exigeait que je me consacre corps et âme à améliorer mon scénario et à l'adapter au public américain. Aussi ai-je étouffé dans l'œuf ma première négociation professionnelle, sachant qu'une deuxième occasion me serait offerte lorsque je le voudrais vraiment et, surtout, quand je serais mûr à tous égards.

Au retour d'une conférence pendant laquelle j'avais raconté cette anecdote devant un public de jeunes, j'ai trouvé dans ma boîte mail ce message d'une jeune fille qui y était présente : « Moi aussi, j'ai conçu une série en anglais. Et, mon rêve, c'est de la présenter à HBO. Que me conseillez-vous de faire ?

– Cherchez leur site Internet sur Google, ai-je répondu, et envoyez votre scénario au plus grand nombre de cadres de la société. Tâchez aussi de trouver la page personnelle de chacun d'eux sur Facebook.

– Mais quelle chance j'ai qu'ils le lisent ? Ils doivent sûrement recevoir des millions de scénarios !

– Grossière erreur : des millions de gens sont persuadés que des millions de gens envoient des scénarios, et donc ils ne prennent pas le risque. Dans la réalité, seuls des milliers, sinon des centaines, sautent vraiment le pas. Vous n'avez donc rien à perdre. »

CERTAINS SONT PERSUADÉS QUE LES AUTRES LES ONT PRÉCÉDÉS POUR SE LANCER DANS UNE DÉMARCHE AUDACIEUSE, ALORS QU'EN FAIT TRÈS PEU LE FONT – OR, CE SONT CES DERNIERS QUI ATTEIGNENT LEUR BUT.

Des centaines de mails d'inconnus parvenus sur mon blog concernaient la démarche audacieuse qu'ils étaient censés adopter – et, plus longuement, les craintes et les obstacles qui les en empêchaient.

Une fois, un chanteur débutant m'a écrit qu'il se produisait depuis quelque temps devant un public, son spectacle rencontrait de bons échos et des éloges, son groupe Facebook comptait des milliers de « followers », et il rêvait qu'une grande maison de disques lui signe un contrat.

« Eh bien, foncez ! lui ai-je conseillé. Filmez votre concert et envoyez un DVD ou un lien Internet à tous les décideurs des maisons de disques et aux producteurs de musique en contact avec ces sociétés. Si vous adressez votre spectacle à 100 personnes, j'ai tendance à croire qu'au moins l'une d'elles prendra quelques minutes pour vous écouter, même si elle croule sous les envois. Après tout, c'est son boulot : découvrir un futur talent. En outre, n'oubliez pas que, dans la réalité d'aujourd'hui, les artistes peuvent recourir à l'aide financière de leur public pour autoproduire leur disque, sans intermédiaires. »

Tout en rédigeant ma réponse au chanteur novice, j'avais en mémoire la célèbre anecdote de Mariah Carey croisant, au cours d'une réception, Tommy Mottola, le PDG de la compagnie Columbia, et lui présentant une cassette de quelques-unes de ses chansons.

Mottola, après avoir écouté la cassette pendant la soirée, fut stupéfié par les capacités vocales de Carey et se hâta de la retrouver parmi les invités pour lui faire signer un contrat inouï de sept disques. Ce faisant, il a bouleversé à jamais l'existence de la chanteuse.

Je peux citer des dizaines de cas où j'ai tiré profit d'un peu d'audace. La fois où j'ai envoyé une lettre personnelle au rédacteur en chef d'un nouveau journal – et où j'ai été embauché dès le lendemain. Ou ce directeur de théâtre qui avait oublié que j'avais sollicité longtemps à l'avance une soirée libre pour assister au mariage de ma meilleure amie. Pour me dédommager, j'ai osé lui demander, en contrepartie, une audition privée pour un nouveau rôle.

Et il y a eu la série télévisée que je vais évoquer maintenant.

Un beau jour, j'ai lu dans un journal qu'une nouvelle série télévisée inspirée de *Fame*, avec la célèbre chanteuse israélienne Ninet Tayeb en vedette, était en préparation. Le réalisateur télé Yoav Tzafir devait assurer la mise en scène. Par mille voies détournées, j'ai obtenu son mail personnel (Facebook n'existait pas encore), je me suis présenté (un comédien relativement chevronné mais non moins anonyme) et je lui ai demandé de participer à une audition.

Tzafir m'a répondu au bout d'une heure – eh oui, l'un des réalisateurs les plus sollicités d'Israël a trouvé le temps de me répondre. Une semaine plus tard, je me présentais à l'audition et, après cinq séances de test étalées sur deux mois, j'ai obtenu un rôle significatif dans la série *Notre chanson*. Vous dites : « audace » ou « charmant toupet ». Moi, je réponds : « exploiter au mieux une fenêtre de tir » !

☑

J'ai mobilisé à nouveau cette audace, au plus fort de l'aventure de ma liste personnelle.

Séjournant à New York pour raisons professionnelles, je me suis brusquement souvenu qu'Oprah Winfrey (l'un des points de ma liste, vous n'avez pas oublié ?) occupait des bureaux en ville.

Je me suis rendu dans une librairie où j'ai acheté son magazine ; au bas de la première page, j'ai trouvé l'adresse de la rédaction. Plus loin, l'« ours » de la rédaction, depuis la secrétaire jusqu'à Gayle King, la rédactrice en chef et meilleure amie de Winfrey.

J'ai écrit une lettre à Winfrey dans laquelle je lui exposais mon histoire personnelle, l'aventure de mon blog « La Liste » et mon souhait de la rencontrer pour la remercier, parce que ses émissions optimistes m'avaient rendu l'espoir, dans mes moments de déprime, à l'âge de 16 ans.

J'ai photocopié la lettre à tous les membres de la rédaction, avec cette mention : « Prière de remettre à Oprah Winfrey ». J'ai introduit chaque lettre dans une enveloppe portant le nom de l'employé et je me suis rendu au siège de la rédaction, 57th Street.

À l'entrée, un vigile m'a barré le passage.

« Où comptez-vous aller ? m'a-t-il apostrophé d'une voix traînante.

– Au bureau d'Oprah Winfrey. Je dois déposer des invitations à la fête d'été de Fox News. »

Oh oui, j'ai menti mais, avouez, de manière charmante et originale, non ?

Le vigile m'a orienté vers le bureau du courrier, situé quelques étages au-dessus du hall d'entrée. Une employée a pris mon tas d'enveloppes.

« Ces plis sont très importants. Je souhaite vérifier qu'ils parviennent en mains propres.

– Ne vous faites pas de souci », m'a rassuré la préposée en désignant derrière elle les boîtes aux lettres des destinataires. Cela m'a suffi, et j'ai quitté les lieux aussitôt.

À ce jour, je n'ai eu aucune réaction des employés de Winfrey, mais je n'ai aucun doute que, parmi cent individus, il s'est trouvé au moins un juste pour lui transmettre mon message. Pourquoi n'ai-je eu aucun écho d'elle jusqu'à maintenant ? Je l'ignore, mais ce sera sans nul doute la première question que je lui poserai lors de notre rencontre.

Je sais que ce n'est qu'une question de temps. Qu'est-ce qui me rend si sûr de moi ? Parce que je ne perds jamais de vue mon objectif ; parce que je n'attends pas la bienveillance de l'univers et ne m'appuie pas sur une aide tombée du ciel, mais que je puise en moi-même la force d'accomplir toutes les démarches concrètes en mon pouvoir, même si certaines peuvent se révéler erronées, exagérées ou trop acharnées.

J'ai appris à aiguiser mes messages et à les diffuser convenablement et honorablement pour parvenir à mes fins.

J'AI APPRIS À PORTER MES RÊVES AVEC UN GRAND ENTHOUSIASME ET UNE INTENSITÉ TOTALE. L'ENTHOUSIASME, JE M'EN SUIS APERÇU, EST CONTAGIEUX, ET UN ENGAGEMENT ABSOLU PROVOQUE L'EMPATHIE ET L'ÉTONNEMENT D'AUTRUI. CAR, EN FIN DE COMPTE, PERSONNE NE PEUT RESTER INDIFFÉRENT DEVANT VOTRE FERVEUR.

---

40 | OÙ ME SUIS-JE TROMPÉ DANS LA MANIÈRE DE RÉALISER MES RÊVES ?

Certains, ayant lu mon blog ou assisté à mes conférences, m'ont questionné plus d'une fois : « Dites-moi, vous avez réussi tout ce que vous avez entrepris dans votre vie ? Vous n'avez donc jamais essuyé de refus ? »

Bien sûr que tout n'a pas marché comme sur des roulettes. N'ai-je pas dit, d'emblée, que je n'étais pas doué de pouvoirs surnaturels ?

Pour chaque réponse positive – professionnelle ou personnelle – et chaque aide reçue, j'ai obtenu des dizaines de réponses négatives et subi un bon nombre d'échecs.

Presque toutes les fois où j'entends autour de moi une discussion sur l'accomplissement personnel, je suis surpris par la légèreté avec laquelle certains justifient leur aboulie et débitent des sornettes à propos de la chance qui visite les autres et les oublie toujours au passage.

Il nous est infiniment plus commode de nous rassurer pour le fait que nous n'avons pas obtenu ceci ou cela, parce que la chance a préféré batifoler dans le jardin du voisin…

Nous nous persuadons facilement que les autres bénéficient d'un réseau planétaire de relations, ou qu'ils ont créé un groupe sur WhatsApp en association avec Dieu, lequel, du coup, se transforme en agent exclusif de leurs intérêts. Ceux-là feignent d'ignorer que notre rigidité et notre impuissance sont dues au fait que nous avons évité d'effectuer les actions de base indispensables pour nous tirer de notre marasme et pour nous faire progresser.

Comme les opposants à l'idée de « La Liste » prennent la peine de m'expliquer *ad nauseam* à quel point je suis chanceux et comment une première porte ouverte devant moi en ouvre une deuxième qui m'ouvre, à son tour, toutes les autres, j'ai pris soin de rédiger une liste (sinon, quoi d'autre ?) – et de leur prouver que le succès de mes listes n'est que le résultat de la constance, de l'obstination et de la détermination. Car, d'un point de vue statistique, plus l'on déploie d'efforts (ou plus l'on échoue, ici ou là), plus les chances augmentent de réussir à conquérir ses objectifs.

Aussi, à l'intention de ceux que ma chance empêchent de dormir, voici une liste d'épisodes malencontreux de mon existence :

✔ **Mes parents ont divorcé alors que j'avais 8 ans.**

✔ **À 16 ans, j'ai eu un accident qui m'a cloué dans un fauteuil roulant pendant deux ans.**

✔ **Je n'ai pas le bac.**

✔ **Mon cerveau refuse d'apprendre la table de multiplication.**

✔ **Mon cerveau refuse d'assimiler l'alphabet dans l'ordre.**

✔ **J'ai été trompé deux fois.**

✔ **J'ai été volé deux fois. Une fois, par ma compagne.**

✔ **J'ai contracté, dans le passé, des prêts stupides et superflus.**

✔ **On m'a menti.**

✔ **J'ai tendance à l'embonpoint.**

- **Après avoir obtenu une émission d'interviews à la télé, elle a été annulée avant même le premier enregistrement.**
- **Douze personnes au moins auxquelles j'ai fait confiance m'ont gravement déçu.**
- **Un programme télé auquel je participais a été interrompu au bout de trois mois.**
- **Dans 278 de mes rendez-vous amoureux, j'ai eu droit à cette réponse : « Non, merci ! »**
- **Dans 648 auditions, j'ai eu droit à cette réponse : « Non, merci ! »**
- **En six occasions, la banque m'a répondu : « Non, merci ! »**
- **Un spectacle sur lequel j'ai travaillé pendant deux mois n'a pas été monté, parce que le producteur a fait faillite.**
- **On m'a menti (je sais, je l'ai déjà dit. Mais c'est arrivé trop souvent).**
- **J'ai été victime de deux cambriolages, et on m'a tout volé. Y compris les couches-culottes de ma fille, des boulettes de viande surgelées et une vieille brosse à dents.**
- **Pendant nos tentatives d'avoir un autre enfant, mon épouse a fait plusieurs fausses couches.**

Alors, vous avez toujours l'impression que j'ai plus de chance que les autres ? Que Dieu se tient en permanence à mon côté ?

Ne répondez pas. Je vais le faire à votre place : c'est simple, je travaille vraiment – mais vraiment – très dur pour obtenir ce que je veux et accomplir mes rêves.

Voulez-vous autre chose ? La vérité, c'est que chacun de nous peut s'échiner pour façonner la réalité de son existence et, le plus souvent, la métamorphoser.

D'aucuns croient que la réussite tombe du ciel, emballée dans un papier cadeau. Ils ne prennent pas la peine de réfléchir à tout ce qu'on doit sacrifier, ce à quoi on doit renoncer, à quel point il faut oser, se mettre en danger et lutter pour réaliser nos rêves. Et qui n'ose pas et ne fait pas le premier pas ignore combien de déceptions nous guettent au détour du chemin.

Nous tous, nous sommes accablés de traumatismes qui nous minent, tout le temps. En notre for intérieur, nous restons des oisillons effarouchés qui, malgré les plumes de cygne dont nous nous parons à l'âge adulte, portent sur leurs ailes le fardeau du passé. Si beaucoup choisissent de laisser ce fardeau engluer leurs ailes – d'autres, tout simplement, s'en débarrassent quelque part au-dessus de la mer et planent bien haut en direction de leur rêve. Eh oui, tout est affaire de choix personnel.

Alors, à quelle catégorie appartenez-vous ?

La réussite n'est un don du ciel qu'en apparence, mais, en pratique, il faut labourer profondément son sillon pour la trouver. C'est pourquoi, chaque fois que vous êtes témoin d'une réussite, sachez qu'elle n'est pas le fruit du hasard. N'oubliez pas que quelqu'un s'est tué à la tâche et a sué sang et eau – fût-ce avec l'air conditionné – pour la faire pousser et lui permettre de fleurir, le moment venu.

Dans ces conditions où se trouve mon secret ? C'est simple : je ne m'attarde pas sur le négatif et je préfère me réjouir du positif.

☑

Mes rapports à tout ce qui est du domaine du calcul et des mathématiques sont certes éminemment mauvais (voir la liste de mes échecs), mais je reste un adepte invétéré des statistiques.

À chaque tournant de ma carrière où je désirais aller de l'avant, j'ai eu l'habitude d'expédier des dizaines, voire des centaines de mails aux quatre points cardinaux et de proposer mes services professionnels. Deux ou trois organismes m'ont toujours répondu et invité à une rencontre. Car, à un moment donné, quelque part dans le monde du travail, quelqu'un quitte son poste ou une employée doit prendre un congé maternité. Mais vous ne trouverez pas une telle information dans les annonces d'embauche.

J'agis de la même façon dans ma vie privée : quand je cherchais l'amour de ma vie, j'ai entrepris de « travailler » à mes rendez-vous amoureux. À l'apogée de mon « programme d'amour », j'avais un rendez-vous par jour. C'était assez épuisant (et, en même temps, distrayant) ; en fin de compte, mon obstination a payé. J'ai appris à distinguer entre ce que je recherchais et ce que je voulais éviter, à dire ce qu'il fallait dire ou taire pendant ces rendez-vous, et, à nouveau, les statistiques m'ont donné raison.

EH BIEN, OUI, J'AI COMMIS AUSSI DES ERREURS. JE N'AI PAS RÉUSSI TOUT CE QUE J'AI ENTREPRIS, ET CHAQUE ACTE OU RÊVE QUE J'AI ESSAYÉ DE FAIRE AVANCER N'A PAS GALOPÉ VERS UN AVENIR RADIEUX. J'AI CONNU CE QU'IL EST CONVENU D'APPELER DES « FIASCOS » – SINON QUE JE PRÉFÈRE LES CONSIDÉRER COMME DES LEÇONS QUI M'ONT FAIT PROGRESSER ET NON COMME UNE DÉBÂCLE.

Pendant les six premiers mois d'existence de mon blog, je me suis éreinté à accomplir mes rêves. J'ai répondu à tous les mails reçus ; j'ai envoyé des mails et des lettres à des gens dont je pensais qu'ils pouvaient m'aider ; j'ai travaillé à populariser mon blog sur les réseaux sociaux (et j'ai même investi de l'argent pour favoriser certains de mes statuts afin de parvenir à un écho surmultiplié. D'expérience, je sais que chaque shekel dépensé en marketing, relations publiques ou publicité sur Internet m'a rapporté le quadruple) ; j'ai rencontré des gens qui m'ont présenté d'autres gens ; j'ai été interviewé par les médias et j'ai posté sur le Net des centaines de listes. J'ai donné des dizaines de conférences gratuitement, à seule fin de créer le buzz autour de « La Liste ».

Étonnamment, c'est justement l'objectif « Australie » – qui me paraissait le plus compliqué de tous – qui a pris corps rapidement. J'ai même inscrit une date de vol sur mon agenda, mais, après les deux fausses couches de mon épouse avant la naissance de notre deuxième fille, mon voyage est tombé à l'eau.

Parfois, les choses commençaient à bouger et, parfois, elles restaient bloquées. Je me retrouvais sans énergie et épuisé. Je consacrais de longs moments de ma journée à ma correspondance par mails avec des individus à travers le monde et à la poursuite de mes rêves. En chemin, j'ai commis un grand nombre d'erreurs. L'une d'elles – voire plusieurs d'entre elles, à vrai dire – était liée à Oprah Winfrey.

Outre les lettres que je lui avais laissées à New York, j'ai filmé une série de clips, drôles à mes yeux, que j'ai postés sur YouTube et dans lesquels je m'adressais directement à Oprah Winfrey, avec cette annonce en fin de clip : « Yuval Abramovitz-Oprah Winfrey :

l'histoire d'amour. Bientôt sur votre écran télé ! » Après avoir repéré les noms des producteurs de l'équipe de Winfrey, j'ai envoyé ces clips sur leurs boîtes mails. Deux fois. Et encore une autre, sur leurs pages Facebook.

Je me suis connecté à la page Twitter de Winfrey et à celles d'autres célébrités américaines et je leur ai tweeté les clips. Je sais, j'ai agi inconsidérément : en effet, j'avais perdu le sens des proportions.

Un rédacteur de potins israélien m'a épinglé dans sa rubrique : « Yuval Abramovitz harcèle Hollywood. » J'étais furieux. Mais il avait raison.

Aujourd'hui, avec le recul du temps, je comprends que mon attitude, pour un observateur étranger, ressemblait à celle d'un groupie obsessionnel, à la limite de l'hystérie. Je suppose que, face à la pression que j'exerçais sur eux, il est absolument plausible que ma photo avec cet avertissement : « Attention ! Fan fêlé ! » ait été accrochée dans les couloirs des bureaux de Winfrey…

J'ai vite compris que mes messages n'étaient ni focalisés ni précis, et que c'était la raison pour laquelle j'avais du mal à les concrétiser.

Contrairement à l'admiratrice de Woody Allen qui avait réussi à le rencontrer après qu'il eut pris connaissance du mémoire universitaire qui le concernait, je n'ai pas expliqué à Winfrey comment ma « Liste » coïncidait avec les principes d'accomplissement personnel qu'elle prônait, chaque jour, devant des millions de fidèles spectateurs. J'étais obnubilé par mon histoire d'ex-handicapé et par mon désir de boucler la boucle et de la rencontrer. Peut-être ai-je laissé percer l'image d'un être faible, d'un tempérament misérabiliste ou « capricieux » au lieu d'exprimer ma force de caractère. Je ne lui ai pas fait part de mon idée télévisuelle tirée de « La Liste » (l'un des points de ma liste originelle), qui pouvait retenir son attention, non seulement par l'aspect intime mais aussi entrepreneurial. Car si, moi, j'avais un intérêt personnel à rencontrer Winfrey, elle, sans doute, aurait un intérêt professionnel à connaître un contenu susceptible de convenir à sa chaîne de télé débutante.

Et donc, plus d'une fois, je m'interroge sur ce que l'équipe de Winfrey a pu penser du déluge de mes messages nébuleux dans leurs boîtes mails, sur leur page Facebook, dans leurs boîtes aux lettres et sur Twitter.

J'AI COMMIS UN NOMBRE CONSIDÉRABLE D'ERREURS EN VUE DE MON ACCOMPLISSEMENT PERSONNEL. JE N'AI PAS PLANIFIÉ MON CALENDRIER DE MANIÈRE RATIONNELLE, J'AI NOYÉ DES GENS SOUS DES MAILS JUSQU'À LA LIMITE DU HARCÈLEMENT ET, TROP SOUVENT, JE N'AI PAS PRIS LA PEINE D'ARGUMENTER. JE ME SUIS BEAUCOUP TROMPÉ.

Dans les chapitres suivants, je vous exposerai des méthodes qui vous épargneront des déconvenues et des blocages dans la mise en œuvre de vos listes.

41 SOYEZ AUDACIEUX ET CULOTTÉ (NI TROP, NI TROP PEU)

Si votre liste comprend des points impliquant des citoyens de pays étrangers, n'oubliez jamais que leur mentalité et les codes en usage chez eux ne sont pas forcément les mêmes que chez vous. Ainsi, ce qui passe à vos yeux pour de l'humour est susceptible d'être ressenti par d'autres comme une insulte ou un affront.

Vous pouvez aussi exercer votre témérité sur les réseaux sociaux, tant que vous veillez à ne pas franchir les limites du bon sens (et du bon goût), comme cela m'est arrivé avec Oprah Winfrey.

Souvent, des étrangers s'adressent à moi sur ma page Facebook pour demander un conseil concernant « La Liste » ou recevoir un avis professionnel sur d'autres sujets.

Je prends soin de répondre à tous ceux qui m'envoient un message articulé et ignore ceux qui m'écrivent laconiquement : « Dès que t'es là, fais-moi signe », « C'est vraiment toi ? », « T'es là ? », « Yuval ? Hello ? »

Que suis-je censé répondre à ce genre d'interpellations ? « Oui, c'est bien moi » ?

VOUS N'AUREZ JAMAIS UNE DEUXIÈME OCCASION DE DONNER UNE PREMIÈRE IMPRESSION ! C'EST POURQUOI VEILLEZ À VOUS ADRESSER À VOTRE CORRESPONDANT DE MANIÈRE ARGUMENTÉE ET PRÉCISE.

La limite entre audace et insolence, ou harcèlement, est très ténue, et une attitude arrogante risque de vous fermer plus d'une porte. Veillez à affiner vos requêtes à l'adresse de ceux dont vous recherchez le soutien. Signalez en quoi la réalisation de votre objectif est importante pour vous, quel est votre intérêt personnel – et quel bénéfice ils peuvent en retirer, le cas échéant, dès lors qu'ils accepteront de vous aider.

Intérêt n'est pas un « gros mot ». La rétribution (même psychologique) de celui qui aide est susceptible de favoriser son engagement. Veillez à ce que vos messages soient prêts à tout moment, au cas où vous rencontreriez les bonnes personnes susceptibles de vous aider.

De temps à autre, j'entends de la bouche d'amis proches ou éloignés des remarques de ce genre : « Ça n'arrive qu'à toi ! » ou : « Comment ça se fait que c'est toujours à toi que ça arrive ? »

Cela m'arrive pour une seule et unique raison : je garde tout le temps les yeux grands ouverts et laisse traîner mes oreilles. Je m'efforce de ne rater aucune occasion et je donne un coup de pouce aux choses pour qu'elles se produisent. Je prends soin d'entraîner derrière moi des gens capables de m'aider. Souvent, je me heurte à des portes closes mais, au lieu de renoncer ou de me sentir offensé, je me fabrique une porte d'entrée alternative, ou je m'engouffre par la fenêtre, ou j'envoie un mail, un gazouillis sur Twitter, ou je poste une annonce sur ma page Facebook.

Ainsi, pendant les 400 jours consacrés à « La Liste » sur mon blog, je me suis baladé, muni d'une carte de visite portant cette inscription délibérément énigmatique : « Il ne me reste plus que 400 jours. Aidez-moi, s'il vous plaît ! » Avec, en dessous, l'adresse de mon blog et un code permettant l'entrée immédiate sur le site. Cette carte de visite au message bizarre a attiré l'attention de beaucoup, qui ont consulté, en effet, mon blog et y ont posté leurs listes. Il va de soi que j'ai prié aussi mes amis de diffuser mon message.

Jusqu'à ce qu'un beau matin je me réveille avec ce constat : « La Liste » avait accaparé toute mon existence.

42 DE L'IMPORTANCE DE GÉRER SON TEMPS ET DE S'EXPRIMER AVEC PRÉCISION

Le déroulement de ma journée, mes activités multiples, mon mode de vie, ma famille et mes passe-temps – j'ai décrit largement tout cela dans les chapitres précédents. Dans ces conditions, on n'aura pas de mal à comprendre que, pour gérer tout ce programme qui s'appelle « moi », il fallait un « compte temps » important (si on compare le temps à un compte bancaire). Sauf qu'un fondé de pouvoir imprudent s'est mis en tête de distribuer des chèques en bois tirés sur ce compte…

Ce dépensier inconsidéré s'appelle « La Liste », qui – comment le dire délicatement, sans la vexer ? – s'est emparé de la totalité de mon temps libre, a menacé d'ébranler toutes les relations correctes que j'entretenais avec les différents acteurs de mon existence – depuis mes proches et membres de ma famille jusqu'à des connaissances éloignées et à des collègues – et, évidemment, au détriment d'autres projets professionnels.

J'ai compris que je devais élaborer un programme régulant la gestion de mon temps.

J'ai donc décidé de me montrer inflexible : je me suis forcé à ne consacrer que deux heures par jour à ma « Liste ».

J'ai divisé cette tâche en deux volets : gestion du blog, puis réponses aux nombreux mails qui s'accumulaient dans la boîte. J'ai évalué la durée que j'investissais en moyenne pour chaque sujet, et je me suis accordé un quart d'heure au maximum pour chaque tâche.

Pendant les premiers jours, je me suis montré un peu plus généreux à mon égard mais, par la suite, j'ai durci ma position – et, pourtant, je dépassais encore le temps imparti. C'est pourquoi je me suis résolu à poser un compte à rebours près de mon ordinateur qui interromprait sans état d'âme toute tâche qui prendrait davantage que les quinze minutes requises.

Dès la fin de ce délai, à la seconde près, je passais au point suivant de ma liste. Ce n'est que de cette façon que j'ai réussi à faire avancer, chaque jour, tous les points requérant une exécution sans me noyer dans l'océan des tâches.

Devez-vous vous munir d'un chrono, comme moi, et vous endurcir pour insuffler la vie à votre liste ? Pas forcément, car je me suis rendu compte *a posteriori* qu'une partie de ma perte de temps découlait simplement de la formulation imprécise de mes objectifs.

C'est le moment de vous inviter à profiter de mon expérience sur la manière de *ne pas* rédiger votre liste. Parfois, savoir ce qu'il ne faut pas faire n'est pas moins important que comprendre ce qu'il faut faire.

QU'EST-CE QU'IL NE FAUT PAS FAIRE POUR RÉDIGER UNE LISTE EFFICACE

D'abord, ne pas arrondir les angles.

Il faut énoncer nos souhaits de manière précise et, surtout, avec une volonté réelle et inébranlable de les concrétiser.

Ce qui signifie ?

Dans ma liste inaugurale, j'avais écrit : « avoir des abdominaux en forme de tablette de chocolat ». Mais comment un individu qui adore grignoter des sucreries et déteste les clubs de fitness pouvait-il inscrire un point aussi vague ? Cela ne convenait qu'à un étourdi qui se berçait d'illusions ou qui disposait d'un temps illimité (à la portée de qui ?). D'où cette tablette était-elle censée m'arriver ? Du ciel ? Par une opération esthétique sous le scalpel d'un spécialiste ou grâce à des efforts épuisants dignes de Sisyphe ? Devais-je changer mes habitudes alimentaires ? Boire des boissons énergisantes ? Autant de questions, et si peu de réponses...

Aujourd'hui, je suis conscient que cette tablette ne m'intéressait pas vraiment...

J'ai inscrit ce point parce que je savais qu'il attirerait un tant soit peu l'attention des visiteurs du site et des médias qui liraient mon blog (ce qui s'est produit).

Non que je répugne à bénéficier d'une sveltesse flatteuse, mais il valait mieux me donner un objectif réaliste et pointu, qui m'encouragerait à une action immédiate, plutôt qu'une corvée accablante qui me forcerait à me consacrer de manière absolue au sport, et nécessiterait un changement de mes habitudes alimentaires, voire une métamorphose génétique.

Un autre exemple de formulation vague ? Tenez : si vous avez 37 ans, au beau milieu d'une carrière florissante, qu'est-ce qui peut vous pousser, en pleine nuit, à vouloir vous remémorer le théorème de Pythagore, le professeur de mathématiques Aharon Aspis ou le professeur de géographie Moshe Brawer, deux auteurs de manuels classiques en usage en Israël ? Pourquoi, diable, ai-je cru que j'aurais assez d'énergie pour passer mon bac, alors que je n'en avais pas réellement besoin pour nourrir ma famille ?

Et si j'ai échoué sur ces deux points, comment – Dieu tout-puissant ! – aurais-je pu vendre un pilote télévisuel intitulé « La Liste », alors que je n'avais pas encore adopté les mesures indispensables pour mettre un peu de logique et d'ordre dans mon projet ?

J'avais élaboré une jolie liste d'objectifs très intrépides… en oubliant de réfléchir à une méthode. J'avais décoché mes flèches dans tous les sens… sans viser une cible quelconque.

À la lumière de ce qui précède, vous pouvez deviner qu'au cours de ce long processus, dont vous tenez maintenant le résultat en mains, il y a eu un moment au moins où je me suis regardé dans un miroir, et tous deux – moi et moi-même – nous avons su que je n'avais aucune clé.

Je ne comprenais rien aux listes vraiment efficaces. Ni à la formulation des objectifs, ni aux moyens de les réaliser. Ni à la logique requise pour transformer la théorie en réalité – car tout ce que j'avais inscrit dans ma liste se révélait comme une sorte de flux intuitif, pour ne pas dire inconscient, d'espiègleries juvéniles, de rêves éveillés et de pures fantasmagories.

Malgré la douleur aiguë qui transperçait mon inconscient à cet instant-là, je n'ai aucun doute que ç'a été un moment fondateur : cette brèche réelle m'offrait une révélation significative sur la manière de rédiger efficacement des listes. J'ai découvert la tactique qui m'a permis de créer une méthode de travail méticuleuse, que je pouvais assumer puis transmettre à ceux qui auraient choisi de consacrer du temps et de l'argent à ce livre – et j'ai créé une infrastructure propice à la réalisation des rêves. En fin de compte, cette méthode m'a fait progresser ainsi que d'autres membres de mon entourage, et j'ai bon espoir de vous offrir, à vous aussi, une avancée.

RAPPEL : VOTRE LISTE DE RÊVES N'EST PAS CELLE DES COURSES À L'ÉPICERIE.

Plus je découvrais les listes multiples qui me parvenaient par mail (plus de 1 500 du monde entier !), ou qui m'avaient été adressées à la suite de mes conférences ou de mes ateliers d'écriture, plus je parvenais à identifier les ornières et les obstacles qui empêchaient mes correspondants de donner chair à leurs aspirations mais les poussaient à renoncer, sous le coup de la frustration et du dépit.

Maintenant, reprenez la liste de vos 100 rêves (p. 210) et relisez-la attentivement. Existe-t-il un dénominateur commun entre les différents points de votre liste ?

Il s'avère que la plupart d'entre nous affichent des objectifs prioritaires de ce genre :

- ☐ Perdre du poids.
- ☐ Une maison avec une piscine.
- ☐ Rencontrer Barack Obama.
- ☐ Publier un livre.
- ☐ Ouvrir un café.

Autant de rêves respectables, voire splendides, sans aucun doute, mais un obstacle de taille se dresse devant leur réalisation : leur formulation se focalise sur la conclusion, le résultat final. C'est ainsi que nous énonçons notre rêve sans posséder la moindre notion de la manière d'y parvenir. Même si nous l'accrochons sur le pilier trônant au milieu de notre salon, cela ne nous fera pas avancer vers notre but – fût-ce à petits pas.

Parmi les nombreuses listes que j'ai épluchées, je n'en ai presque jamais rencontré une qui soit conçue par étape, à l'instar d'un bébé faisant ses premiers pas. Moi aussi, j'ai péché par présomption en inscrivant dans ma liste originale :

« Avoir des abdominaux en forme de tablette de chocolat. »

Extra, Yuval ! Mais comment obtiendras-tu cela si tu n'aimes pas t'astreindre à la gym ? Comment deviendras-tu un Apollon, si tu adores engloutir des pizzas et des crèmes glacées ?

À la fin, j'ai eu cette révélation : j'ai compris que je devais affiner et cibler ma liste et, surtout, la séquencer en petits pas en vue d'objectifs non moins minuscules.

CONCLUSION : IL FAUT RÉDIGER SES LISTES, TEL UN NOURRISSON EFFECTUANT SES PREMIERS PAS.

Certes, au moment où je rédige chaque point de ma liste, je dois être conscient de mon objectif suprême, mais, pour pouvoir gravir l'échelle un barreau après l'autre, je dois poser un pied après l'autre et grimper avec une prudence infinie.

C'est pourquoi, au lieu d'écrire « avoir une tablette de chocolat », j'aurais dû indiquer ceci : « Trouver une activité sportive que je puisse pratiquer régulièrement et, ainsi, affiner ma silhouette et obtenir mes carrés. » Le résultat escompté – la tablette de chocolat – n'est que le dernier barreau de l'échelle. Il reste donc de nombreux pas de nourrisson, exténuants, à effectuer au cours de cette ascension.

Après avoir compris cela, j'ai commencé à chercher des cours d'éducation physique adaptés à mes goûts (et répugnances). J'ai essayé le yoga, la course à pied, la gym Pilates, le vélo en plein air et en salle. J'ai éprouvé du plaisir et de la souffrance à la fois, mais le résultat et les compliments de mon entourage n'ont pas tardé à pleuvoir. En fin de compte, j'ai compris que, avec mon rythme de vie dément, le fardeau qui pesait sur mes épaules et la crainte de me rendre en salle en short moulant au milieu d'athlètes au corps sculptural, il valait mieux que j'adopte une pratique moins publique. C'est ainsi que, malgré toutes mes préventions contre les tapis de course, qui se transforment à la longue en valet de nuit luxueux, j'en ai acquis un, tout mignon et perfectionné, et – ô merveille ! – cette solution a bel et bien fonctionné.

Depuis que ce tapis de course a été déposé, avec tout le respect qui lui est dû, dans ma chambre à coucher, je veille à trouver quelques minutes de libres en début ou en fin de journée. Je grimpe dessus d'un pas décidé, je cours vers un horizon virtuel – et, en chemin, j'ai le temps de regarder des films ou des séries télévisées. Mon comptable temps, lui aussi, est satisfait par ma double économie : je me suis organisé deux occupations en une seule. En outre, j'ai découvert le plaisir de la natation et je m'y adonne trois fois par semaine.

Jusqu'à quel point me suis-je rapproché de la réalisation de ce rêve de ma liste ? En tout cas, grâce au tapis de course et à la natation, j'ai déjà perdu 5 kilos, et je n'en ai toujours pas terminé. Certes, je suis encore loin des abdominaux rêvés mais, si je m'accroche, peut-être aurais-je une minuscule tablette et, dans le cas contraire, je vivrai ma vie avec une grande satisfaction, du fait que je veille à entretenir un minimum de forme physique.

Il y a peu, la webmestre d'un site Internet m'a demandé une interview au sujet de ma liste.

« En tant que "M. Liste", je souhaite vous demander ceci : j'ai 39 ans et un unique rêve – trouver un compagnon aimant et rassurant. Comment puis-je réaliser ce rêve ?

– Fréquentez-vous beaucoup de personnes ? Je veux dire, vous y travaillez vraiment ?

– Pas vraiment, a-t-elle répliqué en tordant le nez. Ces rendez-vous pour faire connaissance, c'est un pur cauchemar.

– Mais vous comprenez que c'est une manière acceptable de rencontrer des hommes ? Avez-vous un profil sur un site de rencontres ?

– Surtout pas ! Cette idée m'insupporte !

– Que dites-vous du *speed-dating* ? Certains de mes amis et amies m'ont dit que ce n'est pas mal.

– Quelle horreur ! Ce n'est pas mon genre.

– Et une agence matrimoniale ?

– Dieu m'en préserve !

– J'ai une idée ! Invitez à dîner chez vous des amis, hommes et femmes, et demandez à chacun, plutôt que d'apporter une tourte, d'amener un ami célibataire, disons… présentable. »

Mon interlocutrice a souri. Cette idée lui plaisait.

« Savez-vous quel devrait être le prochain objectif de votre liste ? Non pas "trouver un mari" mais "trouver le moyen le plus agréable de rencontrer des hommes célibataires". Dès que vous aurez la méthode adaptée pour augmenter le nombre de rendez-vous et dès que vous vous rendrez à un au moins par semaine, vous réussirez à réaliser votre objectif suprême. »

43 | LE DÉFI : PESER SES MOTS

Formuler précisément son rêve : c'est le conseil que j'ai donné à Néta, l'amie d'une amie, qui m'avait fait part de son désir de créer un jardin d'enfants. Pendant deux ans, elle avait diffusé son rêve à tous vents, mais sans réussir à le faire avancer d'un pouce.

Une courte conversation avec elle m'a révélé que son projet nécessitait un investissement de 100 000 shekels (environ 25 000 euros), alors qu'elle n'en avait pas le premier.

« Dans ces conditions, lui ai-je dit, tu dois reformuler ton rêve ainsi : "Trouver le moyen de collecter des fonds pour ouvrir mon jardin d'enfants". »

J'ai informé Néta de l'existence de nombreux fonds d'encouragement aux jeunes entrepreneurs, de diverses formules de crédit commodes que les banques proposaient à cette époque, de la possibilité de trouver un associé investisseur. Néta a commencé à agir en suivant ces pistes et, au bout de deux mois, un fonds d'encouragement lui a attribué une dotation de 100 000 shekels. Aujourd'hui, son jardin fête ses deux ans, avec un taux de remplissage à 100 % et à la satisfaction unanime des parents de son quartier.

Maintenant, je vous dois un aveu : je savais d'avance que votre liste des 100 rêves ne serait pas ciblée. Mes listes, non plus, bien sûr, n'ont pas été toujours très affûtées. Mais je jugeais important que vous subissiez ce « chemin de croix » épuisant, incluant une liste gigantesque de rêves, afin que vous puissiez comprendre, à la fin de cet ouvrage, quels obstacles vous devrez surmonter pour parvenir à votre liste finalisée.

Essayez donc d'être précis non seulement en formulant vos rêves, mais aussi en identifiant les pistes qui vous conduiront à leur réalisation aussi vite et avec le moins d'encombres que possible.

Quand vous rédigez une liste, n'utilisez pas de mots dénués de définition limpide dans les dictionnaires. Car que signifient les mots « accompli », « réussi » ou « heureux » ? Autant de notions plutôt floues !

Par exemple : si j'ai publié un ouvrage qui s'est vendu à 1 000 exemplaires, est-ce une réussite ou un échec ? La matérialisation de l'histoire que j'avais en tête dans un ouvrage – c'est déjà une réussite, outre la vente de 1 000 (!) exemplaires. Aux yeux de mon éditeur, qui mesure le succès à l'aune de son tiroir-caisse, cette vente de 1 000 livres passera évidemment pour un échec, parce que son investissement ne lui rapportera pas un bénéfice conséquent – si tant est qu'il en retire un...

Et qu'est-ce qu'être « riche » ? Un riche est-il le propriétaire d'une vaste demeure et d'une limousine de luxe ? Quelqu'un qui gagne plus d'un demi-million de shekels par an ? Ou quelqu'un qui profite d'une qualité de vie à son goût, sans rapport avec ses revenus, et jouit des joies de l'existence dans les limites du bon sens ? Être riche ou pauvre n'est pas uniquement une question d'argent : c'est d'abord un état d'esprit.

C'est pourquoi, quand vous rédigez votre liste, définissez précisément, à vos propres yeux, ce que vous désirez. Non « être riche », mais « gagner suffisamment d'argent pour épargner pour la retraite, voyager à l'étranger quand ça me chante et acheter ce qui me fait plaisir ».

CE N'EST QUE LORSQUE J'AI MOI-MÊME SAISI L'IMPORTANCE DE FORMULER MES OBJECTIFS DE MANIÈRE RÉALISTE QUE J'AI RÉUSSI À ME RAPPROCHER DE L'EXÉCUTION DE MES TÂCHES DE LA MANIÈRE LA PLUS RAPIDE ET LA PLUS EFFICACE. CE SONT JUSTEMENT « MES PAS DE NOURRISSON » QUI M'ONT PERMIS UNE AVANCÉE RAPIDE.

Afin de vous aider à affiner vos formulations, je vais vous présenter deux listes de tâches similaires – mais avec des formulations différentes. Essayez de comprendre laquelle des deux est la plus efficace.

LISTE 1

- ☐ Trouver l'amour.
- ☐ Perdre 10 kilos.
- ☐ Séjourner en Amérique du Sud pendant deux mois.
- ☐ Enregistrer les biographies de Grand-père et de Grand-mère.
- ☐ Devenir un célèbre styliste de mode.
- ☐ Rencontrer Martha Stewart.
- ☐ Rafraîchir la décoration de la chambre à coucher.
- ☐ Organiser une rencontre de ma promotion d'élèves au collège.
- ☐ Acheter un écran géant pour le salon.
- ☐ Apprendre à sculpter.

LISTE 2

- ☐ Avoir un rendez-vous deux fois par semaine afin d'augmenter mes chances de trouver l'amour.
- ☐ Jeter à la poubelle toutes les sucreries et tous les amuse-gueules (mon point faible !), rejoindre un groupe de soutien et courir au moins deux fois par semaine pour perdre 10 kilos en un semestre, à partir d'aujourd'hui.
- ☐ Parler à mon patron de l'éventualité d'un congé de deux mois (le premier payé par la boîte, le second à mes frais) et partir pour une longue randonnée en Amérique du Sud.

- ☐ Fixer un rendez-vous avec Grand-père et Grand-mère, dès cette semaine, puis trois autres rendez-vous pour les interviewer et enregistrer leurs biographies.
- ☐ Consacrer du temps à recueillir des informations fouillées sur les écoles de stylisme et m'inscrire aux examens d'admission.
- ☐ De retour d'Amérique du Sud, faire une escale à New York, m'installer dans le public pendant le tournage de l'émission de Martha Stewart (et essayer de trouver le moyen de la rencontrer personnellement).
- ☐ Retirer 5 000 shekels (environ 1 000 €) de mon compte épargne pour repeindre la chambre à coucher, installer des rayonnages, renouveler l'éclairage et changer les rideaux.
- ☐ Ouvrir une page Facebook au nom de « Promotion 23-École Alonim », contacter tous mes condisciples du collège (mais où j'ai pu bien ranger l'album photos de ma promotion ?) et leur proposer une rencontre.
- ☐ Commencer à épargner 250 shekels (60 €) par mois pour acheter l'écran géant de télé que je convoite.
- ☐ Me renseigner auprès d'amis sur un cours de sculpture proche de chez moi et me rendre immédiatement au cours d'essai.

Comme vous pouvez le constater, les deux listes se recoupent, mais une seule a une chance raisonnable d'aboutir. Dès l'instant où j'ai compris que la formulation de mes listes était inefficace, j'ai commencé à réécrire chacune d'elles. Certes, j'ai dû redoubler d'efforts en temps et en réflexion pour réécrire ces listes, mais l'investissement en valait la peine : ces listes sont devenues plus efficaces car, à cette heure, je peux contempler le chemin qui me mènera à leur réalisation.

44 RESSERRER VOTRE LISTE

Revenons à votre liste des 100 rêves.

Maintenant que vous avez compris à quel point vous concentrer et affiner votre formulation est capital, relisez la liste que vous avez rédigée ici, puis prenez votre cahier de listes personnelles. Vous allez avoir du boulot !

Libérez du temps. Installez-vous confortablement, resserrer et, surtout, affiner la formulation de chaque point. Épurez votre liste, consacrez-lui toute votre attention car, en fin de compte, c'est elle qui travaillera pour vous.

Par exemple, si nous gardons en mémoire le postulat que le fait d'aimer le chocolat ne peut pas vous aider à muscler des abdominaux en forme de tablette, cela signifie peut-être qu'il est temps d'introduire dans votre liste ce point : « Pas de friandises chez moi ! »

La première étape est d'effacer les points irréalistes. Il convient de comprendre que la notion de « réalisme » est relative : vous devez juger si l'objectif que vous vous êtes fixé est vraiment réaliste, en fonction de vos penchants et de vos capacités.

Si vous avez écrit, disons : « jouer dans un film à Hollywood » ou « gagner un oscar », vous devez vous interroger : ce souhait est-il réaliste en fonction de vos compétences : avez-vous jamais été acteur ? Êtes-vous comédien professionnel ? Avez-vous un accent américain ? Si c'est le cas, cet objectif est réaliste. Si vous avez atteint le sommet de votre carrière lors d'une représentation de Hanoucca, en classe de sixième, votre objectif est tout sauf réaliste.

Vous voulez, cependant, accéder à l'Olympe d'Hollywood ? Parfait ! Inscrivez-vous, dès demain, à un cours privé d'art dramatique et à la prochaine session d'une école de théâtre : voilà votre objectif immédiat, votre premier pas concret. Ensuite, vous pourrez vous imposer d'autres objectifs, comme jouer dans un spectacle pour enfants, passer une audition pour des clips de publicité, participer à un feuilleton télévisé, étoffer votre CV – et, à la fin, vous « présenter à des auditions à Los Angeles ».

Si Ayelet Zurer ou Gal Gadot, deux actrices israéliennes demeurant désormais aux États-Unis, inscrivaient sur leur liste « décrocher un oscar », ce souhait serait réaliste, compte tenu de leur récente expérience. Mais, dans un premier temps, elles devraient formuler leur vœu de manière plus précise, comme : « me présenter à des auditions pour des films de qualité susceptibles d'être nominés aux oscars. »

En 2014, l'actrice mexicano-kényane, Lupita Nyong'o – inconnue jusque-là – a reçu l'oscar du meilleur second rôle pour le film *Twelve Years a Slave*. Un observateur paresseux pourrait se dire : « Eh bien, chacun peut décrocher un oscar. Même une jeune actrice anonyme d'origine kényane… »

Bon, je ne prétends pas que les oscars sont réservés aux seuls acteurs d'Hollywood. D'un autre côté, si l'on fouille la biographie de Nyong'o, on découvre que, bien avant l'oscar, elle a connu un long apprentissage du métier d'acteur aux États-Unis et au Kenya, qui s'ajoutait à une expérience professionnelle acquise dans des séries, dans son pays d'origine. Certes, sa réussite semble météorique, compte tenu de sa courte biographie – mais son expérience professionnelle a changé son rêve d'oscar (commun à chaque acteur) en un rêve réaliste.

Vous rêvez d'acquérir un appartement ? Excellent ! Inscrivez toutes les démarches et tous les objectifs qui vous conduiront à votre souhait suprême en X années. Par exemple : ouvrir un compte épargne logement ; trouver un emploi supplémentaire à quart temps pour gonfler votre épargne ; réduire vos dépenses quotidiennes de X shekels ; habiter chez vos parents pendant une période prolongée pour économiser un loyer ; apprendre à investir en Bourse ; lors de votre prochain anniversaire, demander à vos proches des espèces (au profit de votre épargne), au lieu de cadeaux inutiles, etc.

Il y a tout lieu de penser que, si vous effectuez ces petits pas, vous pourrez arriver, en cinq ans, à une somme rondelette qui formera l'apport de votre crédit immobilier.

Après avoir affiné votre liste et l'avoir resserrée à des points « réalistes » et d'autres « irréalistes » (en fonction de vos capacités), il est temps d'opérer une nouvelle réduction – en fonction de votre propre volonté. En d'autres termes, répartir votre liste entre ce que vous avez vraiment envie de faire et ce que vous avez vraiment envie de faire… mais plus tard.

Par exemple, si vous avez inscrit « Faire du bénévolat » (pour telle ou telle œuvre philanthropique), mais que vous l'avez écrit parce que cela sonne bien et que vous n'avez pas vraiment le temps ni la volonté de vous engager prochainement, renoncez à ce point.

Votre liste doit être précise ; ses points doivent englober à la fois une envie réelle et l'engagement d'aller jusqu'au bout. Soyez honnête avec vous-même et veillez à ne retenir que les choses que vous avez réellement envie d'effectuer – et le plus vite sera le mieux.

VISEZ AU PLUS HAUT, MAIS VISEZ JUSTE !

45 | LA VIE DES AUTRES

AVEZ-VOUS TROUVÉ VOTRE PROPRE VOIE ? AVEZ-VOUS ÉTÉ TRÈS HONNÊTE, TRÈS PRÉCIS ? AVEZ-VOUS ÉPURÉ VOTRE LISTE ? ÊTES-VOUS CONCENTRÉ ?

Magnifique ! Maintenant, jetez un nouveau coup d'œil sur votre liste et épouillez-la des rêves et des objectifs sur lesquels vous n'avez aucune prise. Ce processus est très significatif.

À maintes reprises, dans mes conférences et mes ateliers d'écriture, je suis tombé sur des listes contenant des points liés à des tiers : « Que mon fils se marie », « Que mon mari bénéficie d'un avancement au travail », « Que mes parents cessent de se quereller » ou « Que ma fille soit admise à l'université ».

Tous ces souhaits ne dépendent pas réellement de nous et, même en déployant le maximum d'efforts, nous ne pourrons pas les réaliser, sauf si la personne en question effectue elle-même les démarches nécessaires pour atteindre cet objectif. Nous pouvons les accompagner, leur indiquer la voie ou les aider à avancer sur la voie que nous leur conseillons d'emprunter, mais nous sommes incapables de les y contraindre.

Il y a peu, j'ai reçu un mail d'une personne qui avait assisté à ma conférence sur « La Liste » :

« Yuval, pensez-vous qu'une liste de rêves peut résoudre des problèmes interpersonnels ou des conflits conjugaux, des querelles avec des frères, des parents, des enfants ? Si c'est le cas, comment auriez-vous procédé ? Comment l'auriez-vous formulé dans votre propre liste ?

– Excellente question, lui ai-je répondu. Et je puis vous affirmer que, par expérience, j'ai appris que nous n'avons aucun moyen de contrôler les rêves des autres, aussi proches soient-ils. Supposons que vous ayez une fille âgée de 30 ans, célibataire, et que, dans votre liste, vous écriviez : "Que ma fille se marie enfin" ? Mais, entre nous, votre fille n'épousera que le conjoint qui lui conviendra et au moment où elle envisagera de se marier ! Vous, en tant que père, vous ne pouvez pas contrôler ses désirs et ses actes. Tout ce que vous pouvez maîtriser, c'est la manière dont vous ressentez sa conduite. C'est pourquoi, votre liste doit aussi se concentrer sur la manière dont vous allez affronter la situation, du genre : "Ignorer les questions insidieuses des tantes au sujet du célibat de notre fille", "Demander aux membres de la famille de ne pas mettre des questions embarrassantes sur le tapis", etc.

– C'est exactement ce que je me suis dit – je pouvais lire sa déception dans son mail de réponse. Pourtant, comment affronter une situation impliquant un proche, qu'on ne peut accepter ou changer ? Comment supporter le trait de caractère d'un proche qui nous rend dingues ?

– En nous posant un nouvel objectif : "Ne pas m'énerver à cause de ce qui est indépendant de ma volonté." »

Des objectifs liés à des conjoints ou à des proches exigent l'harmonisation des attentes et des rêves. Ainsi j'ai rencontré des couples dans lesquels la femme estime que le compte bancaire commun est un puits sans fond, alors que le mari ne partage pas tout à fait cet avis (pour dire le moins !). Tous deux forment une unique cellule économique, mais, alors que l'épouse se permet de dépenser sans compter, l'époux, lui, se tue au travail pour augmenter les revenus familiaux. S'ils avaient œuvré ensemble à une liste d'objectifs conjugaux, ils auraient pu s'épargner beaucoup de temps et bon nombre de crises de nerfs et de rancœurs.

NOUS NE MAÎTRISONS PAS LES DÉMARCHES ET LES CHOIX DES AUTRES INDIVIDUS, AUSSI PROCHES SOIENT-ILS. SI NOUS INCLUONS DANS NOS LISTES DES SOUHAITS CONCERNANT L'EXISTENCE DES AUTRES, SEULES DÉCEPTIONS ET DÉCONVENUES NOUS RÉCOMPENSERONT.

J'ai tiré cette leçon de la pratique. Comme je l'ai déjà signalé dans ma liste originelle, je souhaitais sortir un SDF de la misère, après avoir essuyé une déception avec la même initiative, deux ans auparavant.

J'ai publié ma liste en plein été et, pendant de longues journées, j'ai vadrouillé dans la rue, sous une canicule écrasante, à la recherche d'un SDF avec lequel je puisse communiquer. En fin de compte, et avec l'aide d'une équipe de télévision locale qui filmait un reportage sur « La Liste », j'ai trouvé un SDF qui voulait s'en sortir. Je lui ai fixé rendez-vous à un endroit précis de la rue Allenby à Tel-Aviv, je l'ai invité à prendre un petit déjeuner et j'ai écouté son histoire, tandis qu'il dévorait une omelette et une salade. Il m'a raconté comment il avait été expulsé de chez lui, s'était lié à des types douteux, adonné à la boisson et aux drogues, puis retrouvé à la rue.

Son histoire m'a ému, et l'espoir de réhabiliter ce jeune homme me semblait plus proche que jamais. Euphorique, j'imaginais sans fin la manière dont je le ramènerais dans le droit chemin, lui trouverais un emploi fixe ; comment il pourrait enfin profiter d'un lit confortable, réapprendre à se doucher et à porter des vêtements propres. Nous sommes convenus de nous revoir au bout de quelques jours, mais il n'est plus jamais reparu. Je l'ai cherché partout, en vain, y compris là où il avait l'habitude de zoner. Pour la deuxième fois, mon désir d'aider un SDF échouait, et il avait disparu comme si la rue l'avait englouti.

Ce n'est qu'à ce moment-là que j'ai compris : mon désir d'aider autrui était impossible à concrétiser, si l'autre partie n'y voyait aucun intérêt réel. Après quelques nouveaux essais infructueux de repérer un autre SDF, j'ai décidé de renoncer à ce point de ma liste originelle et de me concentrer sur des actions que je pourrais maîtriser et que j'avais la capacité de réaliser.

MON DIEU,
ACCORDE-MOI LA FORCE D'ÂME
D'ACCEPTER LES CHOSES QUE JE N'AI PAS
LA CAPACITÉ DE CHANGER,
LE COURAGE DE CHANGER LES CHOSES
QUE JE PEUX CHANGER, ET L'INTELLIGENCE
DE COMPRENDRE LA DIFFÉRENCE.

Prière pour la sérénité

46 COMBIEN D'OBJECTIFS ?

Plus d'une fois, on me pose cette question : « Combien d'objectifs peut-on atteindre en une année ? »

Aucune réponse univoque ne peut convenir à tout le monde. Le nombre d'objectifs que vous réaliserez dépend de votre énergie, de votre volonté réelle, du temps libre dont vous disposez et, bien sûr, de l'ampleur de vos rêves et des petits pas requis pour les réaliser.

D'ACCORD, MAIS COMBIEN DE POINTS DOIS-JE INCLURE DANS MA LISTE ?

Soyons pragmatiques : il vaut mieux se contenter d'un maximum de 10 objectifs à l'horizon de deux ans.

Pourquoi deux ans ? Parce que, pendant ce laps de temps, on peut regarder l'horizon à loisir, tout en conservant l'énergie de l'action.

Des objectifs réalisables à dix ans sont trop lointains. La route semble si longue, hasardeuse et frustrante que, en fin de compte, nous négligeons le but ultime.

C'est pourquoi vous devez trouver les moyens de conserver votre force d'âme et de ne pas exiger l'impossible de vous-mêmes.

Plus d'une fois, je me suis heurté à l'attitude opposée qui prétend qu'il vaut mieux se donner un maximum d'objectifs et de rêves, tout en œuvrant parallèlement à leur réalisation.

Par ailleurs, j'ai souvent entendu dire que le stock de nos énergies est limité et s'épuise vite – tout comme notre temps.

Maintenant, essayez d'envisager les choses à partir d'un point de vue différent :

QUAND VOUS AGISSEZ, VOUS RÉALISEZ.

QUAND VOUS RÉALISEZ, VOUS ÊTES SATISFAIT ET HEUREUX.

QUAND VOUS ÊTES SATISFAIT ET HEUREUX, L'ÉNERGIE DE L'ACTION VOUS STIMULE.

QUAND L'ÉNERGIE DE L'ACTION VOUS STIMULE, VOUS AGISSEZ VITE ET PASSIONNÉMENT.

QUAND VOUS AGISSEZ VITE ET PASSIONNÉMENT, VOUS ACCOMPLISSEZ DAVANTAGE.

Ces dernières années, j'ai eu l'occasion d'avoir nombre de conversations intimes avec des personnes aux carrières réussies, et aux familles nombreuses, en Israël et dans le monde.

L'un des écrivains les plus féconds que j'aie rencontrés, mère de six enfants, publie un livre par an, outre ses articles de presse, ses conférences et ses activités bénévoles. Elle se nomme Smadar Shir, et nombre d'Israéliens en ont sûrement entendu parler ou ont lu l'un de ses ouvrages. Lorsque je lui ai demandé où elle trouvait le temps de tout faire, elle m'a fourni cette réponse simple, au risque de vous irriter, voire de vous frustrer : « Plus je suis débordée, plus je me concentre. »

De nombreuses autres personnes, tout aussi actives et fécondes qu'elle, m'ont fourni une réponse similaire. L'ampleur des tâches nous oblige à une exécution immédiate, à la mobilisation de toutes nos énergies et de notre zèle.

Nos réalisations et nos succès nous insufflent des énergies neuves, et chaque réussite renforce notre sentiment d'être capable de réaliser nos rêves.

DU COUP, CHAQUE SUCCÈS ENGENDRE UN NOUVEAU SUCCÈS. CE N'EST PAS UN CERCLE VICIEUX. MAIS UN CIRCUIT ÉLECTRIQUE D'ENTHOUSIASME QUI NE CONNAÎTRA JAMAIS DE PANNE. JE LE GARANTIS.

En médecine du sport, il est bien connu que celui qui arrive à l'entraînement frais et dispos, avec des énergies positives, achèvera une séance plus réussie qu'un autre venu, lui, fatigué et à bout de souffle. Il en va de même dans les compétitions : les concurrents les plus en forme et les plus énergiques ont toutes les chances d'accéder au podium.

Veillez à offrir au monde l'image de l'enthousiasme et de la foi en vos rêves. Si vous ne croyez pas en vous-même et en vos rêves, comment voulez-vous que les autres y croient ?

Beaucoup posent cette question : « La réalisation des rêves garantit-elle un bonheur plus intense ? »

Les mots comme « bonheur » et « réussite » sont des notions subjectives, impossibles à définir objectivement et, bien sûr, volatiles.

Mes listes ne m'ont pas protégé contre les peines de cœur, mais elles ont sans aucun doute amélioré mon sens du bonheur et ont rendu mon entourage plus heureux, du moins en ce qui concerne ses relations avec moi.

Après que vous aurez réduit la liste de vos 100 rêves à une liste finalisée (vous trouverez le cadre approprié en p. 335), il ne vous restera tout au plus qu'une dizaine d'objectifs réalistes. Inscrivez à côté de chacun de ces objectifs une date hypothétique de réalisation.

Il ne s'agit pas d'une date précise, mais d'une estimation de votre programme de travail : « Dans trois mois », « cet été », « à la fin de l'année prochaine », etc.

ET, MAINTENANT, LE TEMPS EST VENU D'AGIR !

47 COMMENT

COMMENCER À RÉALISER NOTRE LISTE ?

Relisez tous les points de la liste. Maintenant, nous allons entamer leur réalisation !

Choisissez l'objectif qui fait battre votre pouls. Celui qui éveille en vous le désir le plus brûlant. Celui que vous êtes obligé, absolument obligé, de réaliser tout de suite, avant tous les autres. Maintenant.

Oui. **Maintenant**, c'est le mot-clé.

En route, tout de suite ! Illico ! Sans retard. Sans dérobades.

Aussitôt après avoir fini de lire ces mots, commencez à réaliser. Actionnez les rouages de votre rêve. Risquez le premier pas.

Effectuez, au fur et à mesure, un pas après l'autre pour cocher un « ✔ », ajoutez un nouvel objectif, puis encore un autre.

Même si vous vous êtes assigné plusieurs objectifs, cela ne vous empêche pas d'y travailler parallèlement. On ne sait jamais quelle graine va pousser en premier et se développer plus rapidement que les autres, et quelle bouture va se métamorphoser en arbre aux branchages et aux fruits abondants. C'est pourquoi il vaut mieux planter et arroser tous les parterres en même temps et, au printemps prochain, ou celui d'après, vous jouirez d'un jardin fleuri.

À ce stade, il convient peut-être d'affiner le propos : le « rêve » n'est pas nécessairement lié à de hautes et sublimes aspirations, comme parvenir au sommet d'une montagne ou rencontrer une idole admirée, mais il comporte une multitude de tâches, de désirs et de minuscules objectifs qui encombrent notre esprit et nous empêchent de dégager de la place pour de nouveaux rêves.

Par exemple, l'un de mes rêves les plus modestes et très réaliste (et de beaucoup d'autres personnes de ma connaissance) est de faire de l'ordre dans les milliers de photos accumulées sur mon téléphone : les transférer sur l'ordinateur, les classer dans des dossiers, imprimer les meilleures et les placer dans des albums. Le progrès technologique nous a tous transformés en photographes quasi professionnels, mais la plupart d'entre nous ne conservent guère leurs « œuvres d'art ». Cette tâche très fastidieuse est totalement réalisable en trois jours, guère plus. Un jour pour le classement des photos dans des dossiers ; un autre pour l'impression, et le dernier pour les albums. Alors, où est le problème ?

Je suis prêt à parier que, vous aussi, vous avez un petit objectif sans cesse repoussé – au moins un. Et peut-être avez-vous sur votre téléphone portable de nombreux pense-bêtes comportant une infinité de tâches. Pourquoi ne pas décider d'en faire des objectifs à exécuter immédiatement ? J'ai connu beaucoup de rêves minuscules chez bien des personnes, comme faire du vélo, se réconcilier avec sa grand-mère, soigner sa dentition, traiter un ongle incarné, ranger sa garde-robe, vider le cagibi, et d'autres rêves qui peuvent tourner au cauchemar – mais le cauchemar le plus effrayant est de vivre avec la culpabilité et la frustration que provoque la procrastination.

VOTRE LISTE DOIT VOUS CERNER DE TOUS CÔTÉS.

Maintenant, il vous reste deux étapes à franchir.

Lorsque vous aurez établi votre liste définitive, photocopiez-en quelques exemplaires et répartissez-les dans le plus grand nombre d'endroits possibles autour de vous, afin qu'ils soient sous vos yeux comme un rappel permanent de vos rêves. Posez un exemplaire sous votre oreiller ou près de votre lit, collez une liste sur le frigo, glissez-en une dans votre agenda, dans votre sacoche, dans votre voiture.

Après une de mes conférences, une femme m'a déclaré qu'elle en poserait une sur l'écran de son ordinateur, afin qu'elle lui saute aux yeux chaque fois qu'elle l'ouvrirait pour surfer ou travailler.

Ensuite, elle a souhaité préciser : « À la réflexion, ça me pose un problème, parce que tout le monde va voir ce que j'ai écrit.

– Et alors, où est le problème ?

– Ma liste est très personnelle, je n'aimerais pas que des étrangers la lisent – encore le prétexte habituel, si erroné à mon sens.

– Le seul point qu'il convient de dissimuler est celui qui dirait : “Trouver l'amant qui remplacera mon époux…” »

Elle a éclaté de rire. Assis à côté d'elle, son mari a beaucoup moins apprécié mon conseil.

48 | RECHERCHER UN DIFFUSEUR

Nous arrivons à l'étape ultime, et cruciale, de la préparation de la liste : sa diffusion et son partage avec le monde.

LES RÊVES NE SONT PAS DESTINÉS À ÊTRE MURMURÉS EN CONFIDENCE, DANS L'OBSCURITÉ. LES RÊVES ONT POUR VOCATION D'EMBRASER À GRANDS CRIS.

Je sais bien que certains ont pris l'habitude de rédiger des listes d'objectifs, et j'espère que la nouveauté que je vous suggère est de comprendre à quel point la publicité est importante pour vos listes. À mes yeux, c'est le message principal de cet ouvrage : ne pas se contenter d'une liste écrite, mais l'exprimer à voix haute, sans pudeur ni tergiversations.

Diffusez vos rêves à cor et à cri : postez-les sur les réseaux sociaux, publiez-les sur votre blog (ou le mien), parlez-en à vos amis, soyez les ambassadeurs de vos différents objectifs. Rendez votre liste aussi publique que possible – et n'hésitez pas à demander de l'aide.

Plus votre liste aura de nombreux associés, plus vous augmenterez vos chances statistiques de réussite.

Imaginez-vous devant un public de 30 personnes. Vous leur faites face, sur la tribune, et vous leur déclarez que votre rêve est (disons) d'ouvrir une boutique de vêtements.

Il y a de fortes chances que, dans cette salle, il y ait au moins une personne qui a eu le même rêve que vous ou qui connaît quelqu'un intéressé à investir dans une affaire ou à s'engager comme associé.

Songez maintenant à l'effet si, dans cette salle, il y avait 100 personnes.

Et s'il y en avait 500 ? Ou 5 000 ?

Conclusion :

VOUS ÊTES VOTRE MEILLEUR AGENT DE RELATIONS PUBLIQUES DE VOS RÊVES !

Dans près de la moitié de mes conférences, j'invite les présents à utiliser le papier et le stylo posés devant eux et à rédiger leurs listes, comme vous l'avez fait pendant la lecture de ce livre.

Je leur accorde quelques minutes pour affiner et préciser les rêves qu'ils ont inscrits et, ensuite, chacun est requis de lire à voix haute deux points et à s'engager devant lui-même et l'assistance à agir pour réaliser l'un de ces deux points. Presque à chaque conférence, la « magie » opère (sans lapins tirés du chapeau ni tour de passe-passe) : les présents osent partager leurs rêves avec les autres et reçoivent, en retour, une première aide de leur part.

Plus l'assistance est nombreuse, plus les tuyaux et les solutions fusent pour aider les rêveurs dans leurs premiers pas. L'un des phénomènes les plus étonnants qui se produisent dans ce cas, c'est l'énergie humaine qui électrise l'atmosphère et s'empare de l'assistance. Après que les plus courageux ont ouvert leur cœur, il suffit de quelques minutes pour que les autres baissent la garde et commencent à essayer de les aider par toutes sortes d'informations utiles. Lorsque, dans mon coin, je contemple ce spectacle, je m'envole au septième ciel, sous le coup de l'émotion.

Au cours de la dernière décennie, nous nous sommes si habitués à communiquer avec autrui à l'aide des mails et des réseaux sociaux que nous avons oublié de parler à des inconnus.

POURTANT, PARLER DE VIVE VOIX ET FACE À FACE REPRÉSENTE UN POUVOIR ÉNORME.

Je me souviens en particulier d'une conférence au cours de laquelle chacun des présents a bénéficié d'une aide significative des autres. L'une a confessé qu'elle n'avait jamais fait de vélo et que, du haut de ses 40 ans, elle craignait qu'il ne soit trop tard. Quelqu'un dans l'assistance a proposé de lui apprendre. Une autre a avoué qu'elle rêvait de gagner de l'argent en Bourse, et, aussitôt, un conseiller financier, présent dans la salle, lui a offert ses services contre rétribution. Comme elle n'avait pas l'argent nécessaire, elle lui a proposé un troc : elle lui enseignerait comment perdre du poids (elle travaillait au sevrage d'addictions comme coach), et il l'initierait à la Bourse.

Dans un autre groupe, une femme a exprimé son rêve de construire un immeuble, comme partie d'un business plan. Aussitôt ont fondu sur elle un agent immobilier, un architecte, la compagne d'un homme d'affaires en quête d'investissements, et d'autres individus désireux d'acquérir ou de louer un appartement.

« J'ai l'impression que nous venons de fonder un GIE d'investisseurs », ai-je dit en riant. Aucun des membres de l'assistance ne connaissait l'autre ni sa profession – et, pourtant, encore une fois, la magie a opéré.

Quelqu'un d'autre a fait part – à de parfaits inconnus – que son père récemment décédé lui avait laissé en héritage ainsi qu'à ses frères un terrain en friche dans le nord d'Israël. « Mon rêve, c'est d'y construire un gîte rural... Mais je n'ai aucune chance d'y arriver : il faut compter au bas mot cinq millions de shekels (plus d'un million d'euros) », a-t-il lâché d'un air triste.

Quelqu'un l'a détrompé aussitôt :

« Pas du tout ! Ma famille possède un gîte depuis un bon nombre d'années. Nous avons investi là-dedans moins d'un demi-million de shekels (100 000 euros).

– Mon mari est conseiller financier, est intervenu à son tour une femme. Je suis certaine qu'il acceptera de vous rencontrer et d'établir gratuitement avec vous un business plan. »

Moi-même, j'ai orienté l'héritier vers un site Internet proposant des associations d'affaires, et je lui ai promis de le mettre en relation avec ma généreuse banquière (je veille à choyer ceux qui me gâtent !), afin qu'elle examine s'il pouvait bénéficier d'un crédit.

À la fin de la soirée, cet homme-là avait reçu sept propositions concrètes, une feuille de route pour agir et un nombre important de contacts. Le tout, grâce au fait que, en les exposant en public, il avait assuré un début de réalisation à ses rêves.

PENSEZ À L'AVANTAGE QUE LA TECHNOLOGIE DU XXIE SIÈCLE NOUS OFFRE. ALORS QUE, DANS LE PASSÉ, AVANT L'ÈRE D'INTERNET ET DES RÉSEAUX SOCIAUX, TOUT CE QUE NOUS POUVIONS FAIRE, C'ÉTAIT DE CLAMER NOS RÊVES PAR LA FENÊTRE EN ESPÉRANT QU'UN VOISIN NOUS ENTENDE PAR HASARD. AUJOURD'HUI, TOUTES LES FENÊTRES SONT OUVERTES DEVANT NOUS, COMME UN PONT VIRTUEL – MAIS STABLE ET SÛR – VERS DES MILLIONS D'INDIVIDUS DANS LE MONDE.

AUTANT DE PERSONNES SUSCEPTIBLES DE NOUS FAIRE PASSER DU RÊVE À LA RÉALITÉ.

BRAILLEZ VOS RÊVES !
QUELQU'UN VOUS ENTENDRA !

49 RÈGLES DE CONDUITE POUR LE JOUR D'APRÈS

On l'a vu : une liste cohérente, focalisée et formulée correctement, représente le pas le plus significatif en vue de l'accomplissement personnel. Maintenant, vous devez respirer un bon coup : Rome ne s'est pas faite en un jour, comme dit le cliché, et, comme c'est souvent le cas des lieux communs, celui-là est relativement vérifiable.

Le chemin du rêve à la réalisation est long et semé d'embûches, de refus, de déceptions et de davantage de chutes que d'apogées. C'est pourquoi vous devez économiser votre souffle, vous avez besoin de faire le plein d'énergie positive et de foi. Pas forcément de foi religieuse mais de foi en vous-même. Et aussi croire en votre capacité à déplacer des montagnes dans l'univers qui vous entoure – vos amis comme les inconnus – et en leur disposition à vous aider vraiment.

Dans le même esprit, vous devez vous cuirasser d'une peau d'éléphant et vous munir de bouchons d'oreilles (symboliques). Car, après avoir rendu votre liste publique, vous l'exposerez et la clamerez aux quatre points cardinaux. Pour chaque personne qui sera heureuse de vous aider, il s'en trouvera trois au moins qui tenteront de vous déprimer et de vous faire « péter un câble ».

Nous connaissons tous ce genre d'énergumènes : les bouffeurs d'énergie, les coupeurs d'ailes, les dépités-à-la-triste-figure, les rabat-joie ou, simplement, les jaloux.

Ceux-là auront toujours quelque chose à redire devant votre liste, vos rêves et, surtout, votre naïveté qui vous laisse croire que vous réussirez à parvenir à votre but.

Tout au long de votre chemin, vous vous heurterez aux incrédules qui prétendront que vous perdez votre temps en bêtises, qui vous pomperont votre énergie, vous priveront de l'oxygène qui coule dans votre sang et vous accableront de leurs propres frayeurs paralysantes et des expériences négatives qu'ils auront connues.

50 FUIR
LES GENS TOXIQUES

L'écrivain américain Lillian Glass est l'auteur d'un ouvrage merveilleux intitulé *Ces gens qui nous empoisonnent l'existence**. Comme thérapeute, elle a rencontré nombre de patients entourés de « gens toxiques ».

Les gens toxiques ne sont pas forcément animés de mauvaises intentions. Ce sont, surtout, des incrédules, des pessimistes, qui nous découragent parce que, tout simplement, c'est plus fort qu'eux.

Ces individus peuvent être nos patrons, nos amis, voire nos enfants, ou notre conjoint. Nous sommes encerclés par ce genre de gens ; parfois, nous habitons sous le même toit ou dormons dans le même lit.

Les gens toxiques vous diront, une seconde après leur avoir fait part de votre rêve le plus intime, que votre idée est stupide, superflue, dangereuse, irréalisable, une perte de temps absolue, et ils se poseront la question de savoir si ça tourne rond dans votre cerveau.

Mon grand-père adoré, par exemple, est une « personne toxique ». Il n'a pas une once de méchanceté, oh non ! Au contraire : c'est un homme étonnant et charmant, et il a exercé une énorme influence sur moi. À 91 ans, mon grand-père est un vieillard enthousiaste et en bonne santé, débordant de vie et il s'intéresse encore à l'actualité ; il suit toutes les émissions

* Paru en français, Poche Marabout, 2013.

populaires et se montre capable de converser avec moi de manière vivante sur les affaires du jour, les gros titres des médias ou la téléréalité.

Mon grand-père ne se soucie que de mon bien mais, chaque fois que nous mettons mes succès professionnels sur le tapis, je sens ses réticences.

« Combien d'étudiants as-tu dans ton école d'écriture ? m'a-t-il interrogé, quelques jours après l'ouverture de mon établissement.

– Presque 200, ai-je répondu, pas peu fier.

– C'est tout ? Pourquoi pas plus ? Pourquoi vous ne travaillez pas aussi le matin ou l'après-midi ? »

D'autres remarques typiques de mon grand-père : « C'est tout, l'avance qu'ils t'ont donnée pour ton nouveau livre ? » ; « C'est tout, le bénéfice annuel de ta boutique ? » ; « Pourquoi ton article n'était que sur cinq colonnes, cette semaine ? Et pourquoi ta signature n'apparaît pas en page une ? » ou encore : « Cette fois, ils ne t'ont pas laissé beaucoup de temps pour parler, à la télé… »

Je suis sûr de l'affection que mon grand-père me porte. Il pense juste que je mérite davantage, et ses remarques ne font que trahir son amour. Mais la manière dont il réagit à mon égard m'irrite, entame mon moral et épuise mon énergie. À un certain stade, j'ai décidé qu'il valait mieux que je le tienne en dehors de certains aspects de mon existence, faute de quoi je ne réussirais jamais à conserver la puissante énergie nécessaire à mon action et à ma joie.

Ces dernières années, je me suis abstenu de révéler des infos aux incrédules de mon entourage et j'ai envoyé valdinguer un grand nombre de gens « toxiques ». J'ai évacué tous les bouffeurs d'énergie, les pessimistes congénitaux, ou devenus tels sous les coups de l'existence (et qui de nous n'encaisse pas de coups, de temps à autre ?). À leur place, je me suis efforcé de fréquenter des gens dont les succès peuvent m'inspirer, des personnes dont les yeux brillent quand elles évoquent une initiative inédite, leur prochaine entreprise, leur nouveau rêve. Les gens du « encore, encore, et encore », ceux qui effectuent une quantité d'actions, sans se soucier du qu'en-dira-t-on. Ce sont ceux-là, les amis que je regarde avec admiration, qui m'inspirent, auprès desquels je prends conseil, sachant que leurs avis émanent d'un esprit sincère et bienveillant. Je suis sûr qu'ils souhaitent que je réussisse et que je m'accomplisse et qu'ils s'émeuvent de la réussite d'autrui, sans se sentir menacés ou frustrés.

? SOUMETTEZ-VOUS À CE TEST :

Êtes-vous « toxique » à l'égard des rêves de votre entourage ?

Plus grave : êtes-vous « toxique » à l'égard de vos propres idées et désirs – petits et grands ?

Si vous avez répondu positivement, il est temps de vous guérir de cette habitude lamentable.

FRÉQUENTEZ PLUTÔT DES RÊVEURS, DES SOUTIENS, DES GENS AUDACIEUX, DES SUPPORTERS ET DES MODÈLES D'INSPIRATION.

GRÂCE À EUX, VOUS VOUS ÉLÈVEREZ JUSQU'AUX CIEUX ET VOUS RECEVREZ MÊME UN PARACHUTE DE RECHANGE, EN CAS D'INCIDENT.

L'une de mes étudiantes en écriture, Ravid Shavit, qui avait entendu parler de « La Liste » et de la théorie des gens toxiques de Lillian Glass, m'a fait part d'une légende folklorique et de sa morale. Peut-être la connaissez-vous dans une version différente :

« Un beau matin, dans un petit village, un père réveilla son fils et lui dit : "Debout, fiston, debout ! Accompagne-moi à la ville, tu apprendras peut-être quelque chose aujourd'hui."

Le père sella son âne, jucha son fils sur le dos de la bête, et tous deux prirent la route, le père marchant à pied à côté de l'âne. Au crépuscule, alors qu'ils pénétraient dans la ville, les habitants les regardèrent et s'exclamèrent : "Voyez cet enfant effronté ! Au lieu de laisser son père âgé monter à dos de son âne, il le laisse suer sous la canicule !" Le père et son fils entendirent les remarques des habitants, bouclèrent leurs affaires au marché, puis s'en retournèrent à leur village.

Le lendemain matin, le père réveilla son fils et lui dit : "Debout, mon cher fiston, debout ! Nous allons à la grande ville, et tu apprendras peut-être quelque chose."

Cette fois, le père monta à dos d'âne, et son fils chemina à pied.

En arrivant à la ville, les anciens de la cité les regardèrent et s'écrièrent : "C'est quoi, ce père qui laisse son fils marcher à pied, alors que lui se pavane sur son âne ?" Le père et son fils entendirent leurs remarques, finirent leurs affaires en ville, puis s'en retournèrent chez eux.

Le lendemain matin, le père réveilla à nouveau son fils : "Viens, mon chéri, aujourd'hui encore, nous nous rendons à la ville, et tu vas peut-être apprendre quelque chose." Cette fois, tous deux se juchèrent sur l'âne. À leur entrée dans la ville, une bande de persifleurs les attendait déjà : "Non, mais regardez ces deux-là ! Ils n'ont pas de cœur ! Cet ânon misérable sue déjà sang et eau sous cette chaleur, et ces deux-là se prélassent sur son dos... Ils veulent le tuer ou quoi ? Ces gens n'ont aucune pitié !" Le père et son fils entendirent leurs récriminations, puis, leur visite chez le pharmacien achevée, s'en retournèrent chez eux.

Le lendemain aussi, le père réveilla son fils et l'invita à l'accompagner en chemin. Cette fois, ils allèrent à pied jusqu'à la grande ville, tandis que l'âne trottinait à leur côté. Les anciens de la ville firent les yeux ronds et rirent aux larmes : "Qui est l'âne et qui est l'être humain dans cet attelage ? Quels fous ! Ils ont un âne, et ils ne le montent même pas !" Le père et son fils entendirent leurs moqueries, et, à la fin de leur rendez-vous chez le tailleur, regagnèrent leur village.

Le lendemain, le père réveilla son fils et s'assit sur son lit.

"Aujourd'hui encore, nous allons en ville, Papa ? Aujourd'hui encore, je vais apprendre quelque chose ?

– Chaque jour, on apprend quelque chose. Il faut que tu comprennes, fiston : quoi que tu fasses, et peu importe la manière dont tu le fais, il y aura toujours des gens pour te critiquer ou pour se moquer de tes choix. C'est pourquoi il vaut mieux que tu vives ta vie comme tu l'entends, à ta guise, comme ça te convient, comme tu veux et comme tu aimes. Parfois, le résultat est bon, parfois, mauvais, mais il y aura toujours des gens pour te critiquer. Ton cœur, c'est ta boussole, et souviens-toi que je te soutiendrai toujours." »

51 POURQUOI UNE TELLE OBSESSION DES LISTES ?

Plus d'une fois, on m'a posé la question sur les raisons de ma ferveur pour les listes et de leur importance à mes yeux.

D'abord, je tiens à souligner que je n'impose rien à personne – je ne fais que suggérer. Dans mes conférences, je demande à l'assistance de se défaire de son cynisme et de montrer un esprit ouvert. Cependant, on m'interroge à chaque fois : « Mais pourquoi, au juste, chercher des rêves à réaliser ? Ne peut-on pas vivre peinards et profiter d'une soirée tranquille devant la télé ? »

Eh bien, je ne prône ni l'accomplissement personnel à tout prix ni la poursuite effrénée des rêves. Pour ma part, j'apprécie pleinement une oisiveté modérée, les petits plaisirs de la vie ; j'aime béer devant la télé ou me plonger dans mes ruminations. Je suis capable de « gaspiller » des heures de sommeil en un marathon de nouveaux DVD, à écouter de la musique ou à lire. Je ne considère pas ces activités comme une perte de temps : au contraire, elles rechargent mes batteries.

Parallèlement au temps que vous consacrerez à la réalisation de vos listes, dégagez-en aussi à votre propre enrichissement. Cela insufflera de l'oxygène au renouvellement de vos énergies.

Et je crois que notre accomplissement personnel renforce notre foi en nous-mêmes. Cela crée en nous le sens de notre valeur intrinsèque, une solide confiance en nous-mêmes et l'audace de nous imposer un seuil d'exigence plus élevé.

LORSQUE NOUS NOUS SENTONS ÉPANOUIS, CAPABLES ET EN POSSESSION DE NOS MOYENS, DES SUBSTANCES CHIMIQUES SE LIBÈRENT DANS NOTRE CERVEAU QUI NOUS POUSSENT À DÉPLOYER DES EFFORTS ET À RESTITUER LA SENSATION DE PLAISIR QUE LA RÉUSSITE PROCURE. LES SUCCÈS ACCUMULÉS SONT LES AIGUILLONS DE NOS PROGRÈS ET NOUS INCITENT À RELEVER UN NOUVEAU DÉFI. CE SONT LES PIERRES DE FONDATION DE NOS RÊVES FUTURS.

52 PETITE TYPOLOGIE DES RÉDACTEURS DE LISTES

Au cours des conférences sur « La Liste », j'ai noté des différences dans la manière dont les gens rédigeaient leurs listes.

Je les ai donc répartis en plusieurs catégories. Voici trois types d'individus qui saccagent leurs rêves de leurs propres mains :

- **CEUX QUI GRIBOUILLENT** : CEUX-LÀ INSCRIVENT, D'UN AIR DÉSABUSÉ, DES LISTES ANÉMIQUES COMPORTANT TOUT AU PLUS CINQ OU SEPT OBJECTIFS, PUIS TRANCHENT CATÉGORIQUEMENT : « JE N'AI PAS D'AUTRES RÊVES. »
- **CEUX QUI PÈCHENT CONTRE EUX-MÊMES** : CEUX-LÀ M'INFORMENT : « TOUT ÇA N'EN VAUT PAS LA PEINE POUR MOI. » ÇA NE LEUR RAPPORTE RIEN DE DÉPENSER AUTANT D'ÉNERGIE POUR ESSAYER DE RÉALISER LEURS RÊVES, CAR PERSONNE NE LEUR GARANTIT LA RÉUSSITE.
- **CEUX QUI S'AUTO-INTOXIQUENT** : CEUX-LÀ MUTILENT LEURS PROPRES AILES AVANT MÊME DE LES DÉPLOYER ET N'OSENT JAMAIS DÉCOLLER ET VOLER. ILS ONT L'HABITUDE DE BOUGONNER : « JE N'AI PAS DE RÊVES. » OU : « AUCUNE CHANCE QUE JE RÉUSSISSE. »

« Je vous envie d'avoir tant de rêves, m'a écrit une femme âgée de 65 ans, car, plus j'y pense, plus je me dis que je n'ai pas du tout de rêves : j'ai parcouru le monde et j'ai eu ma ration d'expériences, je me suis réalisée au plan professionnel et j'ai une famille, des enfants, des petits-enfants, et une épargne pour mes vieux jours. »

Mais qu'en est-il de rêves plus modestes, comme rencontrer une amie dans l'après-midi ou aller voir un film avec son petit-fils ? Renouer des relations avec une ancienne amie, se rapprocher de sa fille qui s'est un peu éloignée, ces derniers temps ?

Ne négligez pas les rêves modestes : ils vous offriront des moments inoubliables.

Les individus toxiques ne cessent jamais de me surprendre par la quantité de poison qu'ils s'injectent en permanence.

Pendant la rédaction de ce livre, je me suis attablé avec une vieille amie pour bavarder de tout et de rien. Naturellement, notre conversation a devié sur « La Liste », et elle aussi m'a dit : « Bon, il n'y a pas de quoi s'étonner ! Toi, les choses t'arrivent facilement. À part ça, seuls des gens doués d'une énergie inépuisable comme la tienne sont capables de se réaliser. »

Un observateur étranger pourrait croire que je réalise mes rêves avec une facilité déconcertante. Pure illusion ! En fait, je travaille d'arrache-pied pour atteindre mes objectifs. Certains jours, j'y consacre seize heures au moins – et, pendant mes vacances, je passe une partie de mon temps près du téléphone ou de l'ordinateur au cas où une occasion se présenterait pour me rapprocher de mon rêve. Parfois, j'obtiens un résultat, parfois non, mais, grâce à mon extrême concentration, le nombre de mes échecs est assez réduit au regard de l'ampleur de mes objectifs.

L'assertion que j'accomplis mes rêves facilement me semble tout aussi risible qu'alléguer qu'un chef d'orchestre se contente d'agiter sa baguette dans tous les sens…

Un chef d'orchestre, un équilibriste, un comédien, une maquilleuse, un pompier, un prestidigitateur, un auteur dramatique, un scénariste ou tout homme de métier expert et chevronné – bref, tout professionnel de premier plan apparaît, aux yeux d'un observateur étranger, comme un magicien. Comme s'il effectuait sa tâche sans effort particulier, et que tout lui était commode. Mais nul n'est témoin des longues heures de répétitions ni de l'expérience accumulée.

Et qu'est-ce que je réponds à ceux qui croient que la déesse Fortune m'escorte partout ? À dire vrai, je ne m'estime pas du tout chanceux. J'ai connu un bon lot d'« accidents de travail », comme on l'a vu, mais je n'ai jamais baissé les bras. J'ai adopté la maxime de ma grand-mère, la sagace Sophia : « Il n'y a que celui qui ne fait pas la vaisselle qui ne casse jamais rien ! »

De la même manière, je n'ignore pas que celui qui clame ses rêves afin d'obtenir l'aide d'autres personnes, risque, parfois, d'être blessé par certaines d'entre elles.

Pourtant, je continue à faire confiance à quiconque s'adresse à moi, fût-ce au prix d'une déconvenue possible. Je suis prêt à prendre des risques, avec l'espoir de continuer à réaliser mes rêves.

La meilleure méthode est d'agir, agir, et encore agir ! Ne vous fiez pas à la chance, fiez-vous à la puissance de votre volonté.

NOTRE CHANCE ET NOTRE SORT SONT ENTRE NOS MAINS, ET RIEN NE RÉSISTE À LA VOLONTÉ (SAUF LA VOLONTÉ CÉLESTE).

IL EST UNE AUTRE CATÉGORIE DE RÉDACTEURS DE LISTES RENCONTRÉS DANS LE CADRE DE MES CONFÉRENCES :

• CEUX QUI SE CORRIGENT À L'INFINI
CONTRAIREMENT AUX GRIBOUILLEURS SCEPTIQUES, QUI ÉCRIVENT LEURS LISTES AU PETIT BONHEUR ET BRIÈVEMENT, CEUX-LÀ DÉROULENT DES DIZAINES DE POINTS S'ÉTALANT SUR TROIS, QUATRE PAGES, VOIRE PLUS, RECOPIENT LEURS LISTES À N'EN PLUS FINIR, ET NE LES ABANDONNENT PAS AVANT DE PARVENIR À UNE PRÉCISION PARANOÏAQUE.

Le plus souvent, ce genre d'individus a déjà eu le temps de réaliser un bon nombre d'objectifs et de rêves. De manière naturelle, certains d'entre eux jouissent d'une bonne situation financière et d'un statut social enviable. Il est intéressant de découvrir que, justement, des individus ayant accompli des choses dans leur existence se permettent de continuer à s'envoler sur les ailes de l'imagination, sachant et croyant en leur for intérieur qu'ils pourront obtenir tout ce qu'ils désirent, que le stock des rêves est un organisme vivant, qui respire et se régénère, même après qu'ils auront escaladé les plus hauts sommets.

Notre univers fourmille d'une multitude de rêveurs que la réussite ne fait que stimuler à conquérir un objectif après l'autre, à élargir les limites de leurs connaissances et de leurs émotions.

☑

L'entrepreneur Richard Branson, milliardaire figurant en permanence sur la liste des 100 individus les plus riches de Grande-Bretagne, incarne le parangon de l'individu parvenu au sommet – et qui, cependant, continue à rêver. La marque qu'il a créée, Virgin, étend ses ramifications dans tous les domaines d'activité et se renouvelle sans cesse. Sous son large parapluie, on compte déjà une chaîne de magasins de disques, une compagnie aérienne, une compagnie ferroviaire, un groupe de médias, une société de cartes de crédit, une marque de boissons, une maison d'édition, etc.

Branson a battu des records personnels et professionnels, fait le tour du monde en ballon dirigeable, navigué sur les océans et foncé vers le couchant des deux hémisphères du globe, et, désormais, il rêve d'aller sur la Lune.

Bien qu'il considère ses rêves avec un grand sérieux, Branson prend soin d'épicer son existence de quelques grains de légèreté et d'humour. Ainsi, après avoir perdu dans une compétition quelconque, il n'a pas hésité à tenir sa promesse de perdant : il s'est rasé les jambes, a enfilé l'uniforme d'hôtesse de l'air d'une compagnie concurrente et a rejoint l'équipage dans l'avion, puis a distribué des boissons aux passagers éberlués. Il n'hésite pas à tenter de nouvelles aventures, tout en se montrant sociable et abordable. Il consacre sa fortune au financement de nouveaux rêves et n'oublie jamais de se montrer généreux à l'égard d'autrui. Surtout, il a l'air de ne pas craindre de changer de rêves, préférant le mouvement à l'immobilisme.

Pour ma part, j'ai le sentiment qu'il entretient d'excellentes relations avec l'enfant rêveur qu'il a été.

53 CONSERVEZ VOTRE SOUPLESSE

Nous sommes des êtres dynamiques. Tout comme nos opinions évoluent au cours de notre existence, nos rêves changent.

Il y a peu, j'ai relu ma liste originelle publiée sur mon blog. Il y avait là certains points que j'avais décidé de modifier avec le temps.

Comme je l'ai dit, j'ai renoncé à mon rêve de « passer mon bac à 37 ans », qui me semblait pourtant pertinent. Or, jusqu'ici, je me suis débrouillé sans le bac, et il me semble logique de continuer à m'en passer. J'ai troqué ce point contre celui-ci : « traduire mon livre en anglais et le publier à l'étranger ». Ce qui a été réalisé grâce à une traductrice rencontrée sur Facebook. (et même, le voici désormais en français/ajouter ?).

« Apprendre le français ? » C'est absolument charmant, s'agissant d'une langue romantique et fascinante sans aucun doute, mais, citoyen du Proche-Orient et militant dans une association en faveur de la coexistence judéo-arabe, j'ai décidé qu'il était plus important d'apprendre l'arabe dialectal. Aujourd'hui, je « baragouine » quelques phrases dans un arabe maladroit, sans prêter l'oreille aux railleries des sceptiques.

Ainsi donc, j'ai réussi à accomplir certains objectifs, et d'autres non. Pourtant, le ciel ne m'est pas tombé sur le crâne… Au fait, à la suite d'invitations à des conférences à travers le monde, j'ai décidé dernièrement de pratiquer aussi l'anglais pour améliorer ma maîtrise de cette langue. C'est ainsi que la réalité intervient et actualise nos listes de rêves.

Un jour, une connaissance, qui suit mon blog, m'a arrêté dans la rue et m'a apostrophé avec son cynisme habituel :

« Et alors ? Où en es-tu avec ta Oprah Winfrey ? Vous avez déjà pris un pot ensemble ?

– Pas encore. Mais ça arrivera quand ça doit arriver... »

Les gens craignent, à juste titre, de révéler leurs rêves en public à cause, justement, de ce genre de piques narquoises et irritantes, dont ils peuvent être abreuvés dans la rue ou dans une réunion familiale :

« Et alors, comment ça se passe avec votre fameuse liste ? »

À ceux-ci et à ceux-là, je réponds que la liste est affaire de souplesse, qu'elle s'actualise au fur et à mesure, en fonction de mes penchants et de la réalité changeante (nos rêves doivent être réalistes, vous vous souvenez ?).

En effet, après avoir compris que certaines choses s'accompliront plus facilement au moment opportun, j'ai appris à me montrer indulgent à mon propre égard. J'ai aussi appris à pardonner aux cyniques et aux incrédules, parce que c'est le prix à payer pour la publicité de mes rêves et leur réalisation.

Ainsi, j'ai délayé pendant deux ans la création de mon site professionnel sur Internet, jusqu'à ce que cela se produise un beau jour. Qu'est-ce qu'il s'est passé, ce jour-là ? J'ai tout simplement rencontré la personne appropriée pour cette tâche.

D'aucuns diront que l'« univers » me l'a mise dans les pattes... Je préfère croire que j'étais suffisamment réceptif à ce moment-là pour repérer que c'était lui, le professionnel que j'attendais. Je n'ai aucun doute que je me remettrai à rêver d'apprendre le français et, le jour venu, il me sera plus facile d'apprendre cette langue compliquée. Comme disent les Sages de la tradition juive : « Dès que l'élève est prêt, le maître toque à la porte. »

Certes, la liste a valeur de contrat signé avec moi-même mais, dans la même mesure, c'est une plate-forme d'action très élastique. J'appelle cela : « auto-indulgence » ; d'autres objecteront : « suivre le courant ».

Vous aussi, vous êtes invité à « suivre le courant » de votre liste.

Vous vous êtes aperçu, en cours de route, que l'un ou l'autre des points ne vous « excite » pas plus que ça ? Qu'il ne vous donne pas envie de « grimper aux rideaux » ? Pas de problème, il n'y a pas mort d'homme. Actualisez votre liste autant que nécessaire, de la même façon que nous mettons à jour les applications téléchargées sur notre téléphone portable.

54 COMMENT UN CONTRAT PEUT-IL ÊTRE SOUPLE ?

La liste engage certes son auteur, comme s'il avait signé un contrat. Mais, en l'occurrence, il s'agit d'un contrat très privé, par opposition à un contrat de travail ou à un accord standard entre parties.

Pour ma part, mon contrat comporte nombre de clauses souples m'autorisant à changer, de temps à autre, le contenu de ma liste.

LA LISTE EST LE JEU DE MA VIE : À LA FOIS MON MONOPOLY ET MON JEU DE DAMES, AVEC LES RÈGLES QUE JE ME SUIS INVENTÉES DANS LE BUT DE ME MENER À LA VICTOIRE.

Récemment, ma petite Shira a pris dans la caisse de jouets un jeu de cartes, « Coucou Taki », et m'a demandé de jouer avec elle. Je ne connaissais pas ce jeu, et, bien qu'il suive les règles du Taki (sorte de Uno) populaire en Israël, il comporte des règles supplémentaires qu'il faut respecter. Shira me les a expliquées en gros (« Chaque fois qu'on pose sa carte sur le dessin de l'animal, imiter son cri » ; « Interdit de pousser un cri si l'animal est dessiné en rouge » et si c'est un lion, il faut dire : « Bonjour, Votre Majesté ! ») mais, pendant la partie, je me suis aperçu que les règles de ma fille étaient plutôt élastiques et changeaient tout le temps pour lui permettre de gagner.

D'aucuns diront que Shira essayait de tricher, alors que, pour ma part, j'observais son attitude avec un sourire jusqu'aux oreilles. Ma fille voulait me battre ; pour obtenir la victoire espérée, elle faisait preuve d'une souplesse impressionnante et inventait ses propres lois. À mes yeux, il n'y avait là ni ruse ni mauvaise foi inquiétante, mais le comportement naturel des enfants avant que les adultes leur imposent les règles de conduite « normales ».

Je ne crois pas que Shira ou Noga, mes filles, soient différentes des autres enfants adorables de leur âge. Nos enfants sont nos véritables professeurs : leur conduite est authentique, honnête et sensible, sans les nombreuses interdictions et les codes superflus auxquels les adultes nous astreignent.

PRENEZ LE TEMPS D'OBSERVER LES ENFANTS DE VOTRE ENTOURAGE – LES VÔTRES, VOS NEVEUX OU DES PROCHES EN BAS ÂGE – ET ESSAYEZ DE DÉCOUVRIR CE QUE VOUS AVEZ PERDU EN CHEMIN EN PARVENANT À L'ÂGE ADULTE. SI VOUS NE TROUVEZ PAS DE RÉPONSE, INTERROGEZ L'ENFANT QUE VOUS AVEZ ÉTÉ SUR VOTRE SITUATION ACTUELLE ET CE QU'IL AURAIT FAIT À VOTRE PLACE. CHOYEZ L'ENFANT INTIME, DISSIMULÉ DANS VOTRE ÂME MÛRISSANTE. IL VOUS REMETTRA SUR LE DROIT CHEMIN DE VOS RÊVES SECRETS.

Je considère mes listes avec la même jubilation que devant les stands des fêtes foraines, où « À tous les coups, on gagne ! ». Chaque liste gagne. Même si, en chemin, j'ai modifié des points ou si j'ai effectué la moitié du trajet seulement, j'ai gagné. J'ai appris à distinguer ce qui ne m'intéresse pas vraiment, ce qui ne m'émeut pas jusqu'au bout et ce qui ne bande pas les muscles de ma motivation. Le fait de savoir ce que je ne veux pas, ce à quoi je n'aspire pas, n'est pas moins important qu'être conscient de ce que je veux vraiment faire.

Selon le chanteur israélien Dudu Tassa, « *Il vaut mieux un échec éclatant que des rêves oubliés dans un tiroir* » (paroles de ce dernier et de Tali Katz). Je partage cette conviction : la sensation de l'échec est préférable à celle du regret.

Il ne manque pas d'exemples d'inventions nées par erreur absolue, au cours d'incidents de travail ou d'échecs ponctuels, qui ont bouleversé la réalité et donné naissance à des progrès inouïs. Ainsi, la découverte fortuite de la pénicilline. Tout le monde connaît les expériences d'Alexander Fleming et l'invention inopinée des antibiotiques… après une erreur de manipulation de son assistant. Ce médicament a révolutionné la médecine.

Ou encore, l'invention des Post-it, la feuille autoadhésive et amovible. Dans les années 1970, le Dr Spencer Silver essayait en vain de développer une colle à usages multiples – mais, en chemin, il a découvert une utilisation qui permettait la fabrication de papillons adhésifs à usage unique. À la fin de ces années-là, les Post-it ont connu un essor prodigieux et sont devenus, depuis, l'un des accessoires de bureau les plus commercialisés au monde.

ESSAI ET PERPLEXITÉ, ESSAI ET ALÉAS, ESSAI ET ERREURS : COMME L'ONT PROUVÉ CES INVENTEURS, ET DE NOMBREUX AUTRES, MÊME UN ESSAI RATÉ PEUT ENGENDRER UNE INVENTION PLUS RÉUSSIE QU'ILS NE L'ESCOMPTAIENT.

Grâce à ma mère, je me suis imprégné de la valeur de l'essai pendant ma jeunesse. Lors du passage de l'école élémentaire au collège, je devais choisir mon orientation. Du fait de mes dons de comédien manifestés à un jeune âge, j'ai opté pour l'art dramatique.

À quelques minutes de chez moi, à Bat-Yam, l'école Shazar offrait une filière théâtre, ancienne et couronnée de succès, dont bon nombre de diplômés sont montés sur les planches. Mais, pour ma part, je visais l'école Thelma-Yellin de Giv'atayim, le collège d'art dramatique le plus prestigieux (et qui passe toujours pour le meilleur). Je me suis préparé pendant de longs mois aux difficiles examens d'admission, avec l'aide d'un professeur de théâtre renommé.

La veille des examens de Thelma-Yellin, je me suis rendu à une journée portes ouvertes organisée par l'école de mon quartier – et, sur-le-champ, j'ai décidé que c'était précisément là que je souhaitais étudier. En effet, je préférais rester avec mes amis de l'école élémentaire et renoncer aux trajets matinaux en bus ; je n'avais donc plus besoin de passer l'audition que j'avais préparée avec tant d'efforts.

Mais ma mère m'a convaincu de faire différemment : « Ne renonce pas à ton audition à Thelma-Yellin. Au contraire : va aux examens et, si tu réussis, tu auras toute latitude de choisir ton école. De cette façon, tu t'épargneras les regrets qui risquent de te poursuivre pendant toute ta vie. »

J'ai obéi à la sagesse de ma mère ; je me suis présenté aux examens de Thelma-Yellin que j'ai réussis, puis j'ai décidé de renoncer à ma place au profit de mon collège local.

Depuis, c'est devenu ma règle de vie.

NE DITES PAS : « J'AI RÉUSSI » OU « J'AI ÉCHOUÉ », MAIS : « J'AI JOUÉ ! »

Cette leçon m'a conduit à adopter une autre règle de vie qui m'aide à réaliser mes listes.

55 NE DITES PAS « NON », DITES « OUI »

Durant mon périple, j'ai reçu des milliers de mails de lecteurs qui souhaitaient « partager » avec moi, me faire des remarques, m'éclairer, me conseiller, me proposer leur collaboration, une aide ou juste boire un café avec moi. Certains avaient des idées brillantes pour faire avancer les points de ma liste, des questions, des remarques ou des objections ; d'autres désiraient des associés pour leur entreprise future, demandaient une aide pour la formulation de leur liste ou, tout bonnement, me lançaient des invites indécentes. Je les ai tous rencontrés. Je dis toujours « oui » *a priori* pour aller boire un café. Au mieux, cela peut provoquer des résultats étonnants ; au pire, j'aurais gaspillé une heure de mon existence.

Vous aussi, vous découvrirez que, sur le chemin de la réalisation de votre liste, vous correspondrez avec de nombreux individus, vous frapperez à différentes portes et vous essayerez de susciter des rencontres qui vous permettront d'avancer. Il est possible que, parallèlement, des personnes s'adressent à vous. Je vous suggère de répondre toujours positivement à des rendez-vous de ce genre. Au cours de ma vie privée et professionnelle, j'ai eu le privilège de quelques amitiés et collaborations précieuses, grâce aux discussions entamées sur les réseaux sociaux.

DIRE « NON » À LA PROFUSION D'OCCASIONS QUI SE PRÉSENTENT N'EST RIEN D'AUTRE QUE DE PÉCHER CONTRE SOI-MÊME. OUI, NOUS PÉCHONS QUOTIDIENNEMENT, À NOTRE INSU, À CAUSE DE NOS APPROCHES NÉGATIVES.

Lorsque je regarde avec ma vieille amie célibataire son annonce publiée sur un site de rencontres, je remarque nombre d'attitudes négatives, typiques de ce genre de messages. Des centaines d'individus en quête de l'âme sœur ou de compagnie rédigent des demandes saturées de « non » : « Fumeur, femme corpulente, divorcé, baratineur s'abstenir » ou encore : « Je n'en peux plus de publier des annonces » ; « Je me donne une dernière chance »

Pourquoi se montrer si négatif ? Le mot « non » n'a rien de séduisant ni de sexy, ni, non plus, ceux qui l'utilisent trop souvent.

56 PERMETTEZ-VOUS D'ÊTRE ÉGOÏSTE (MAIS NI TROP, NI TROP PEU)

L'une des conférences les plus émouvantes qu'il m'ait été donné de dispenser sur « La Liste » s'est déroulée à Beït-Haguéfen (« la Maison de la Vigne »), à Haïfa, institution où des activités culturelles rassemblent régulièrement Juifs et Arabes.

J'y ai été invité dans le cadre d'une Journée de la femme ; la salle était bondée de participantes, en majorité des femmes arabes d'un certain âge. Une partie d'entre elles n'avaient jamais utilisé d'ordinateur ni certainement surfé sur Facebook ou des blogs. Beaucoup avaient du mal à s'exprimer en hébreu, et, pour comprendre mes propos, elles avaient recours à leurs amies qui leur traduisaient.

Bien que l'histoire de la liste ait commencé dans l'univers du Net, elles ont très vite adhéré à mes propos et à l'idée de diffuser leurs rêves à voix haute. Nombre d'elles ont souhaité partager leurs rêves charmants et modestes, sur-le-champ, avec les autres femmes.

L'un des motifs qui revenait sans cesse dans la discussion était le fait qu'elles avaient sacrifié tout espoir d'épanouissement personnel au profit de leurs enfants, de leur foyer et de leur époux, en se conformant aux traditions d'une société arabe plutôt conservatrice.

Lorsqu'une femme a raconté devant l'assistance son rêve de visiter les États-Unis avec une amie intime, je l'ai incitée à ouvrir un compte épargne et à se donner cet objectif : voyager, dans les deux ans, à New York. Elle a baissé les yeux et soupiré que ce n'était pas réaliste parce qu'elle devait s'occuper d'abord de ses enfants. Lorsque je lui ai demandé quel âge ils avaient, elle m'a répondu : « 23 et 25 ans. » Son amour maternel m'a impressionné et, en même temps, irrité.

UN PARENT ÉPANOUI EST UN PARENT BEAUCOUP PLUS GAI, ET UN PARENT GAI EST UN PARENT QUI REMPLIT MIEUX SON RÔLE.

À l'âge de 20 ans et des poussières, une de mes amies proches était déjà sur le point de se marier et de devenir mère. Avec un dévouement sincère de future mère et un engagement total, elle a décidé d'abandonner ses études en maîtrise et de quitter l'emploi prestigieux et lucratif qu'elle avait trouvé après sa licence.

« Je vais rester à la maison pendant au moins deux ans. Je veux donner à ma fille tout l'amour et la chaleur dont elle a besoin », m'avait-elle déclaré. Toutes les deux semaines, nous prenions ensemble le café du matin pour bavarder à propos d'allaitement, de couche-culotte et de ses journées de jeune mère au foyer. Peu à peu, j'ai senti que sa joyeuse énergie laissait place à la fatigue, la tristesse et, à la fin, la frustration et la colère. Lors d'une conversation, un an et demi plus tard, elle m'a révélé qu'elle traversait une grave crise conjugale et qu'elle songeait au divorce. Complètement déboussolée, elle ne comprenait pas comment son rêve de famille heureuse s'était disloqué de cette manière.

Quelques heures après cette triste conversation, je lui ai téléphoné : « Je sais pourquoi tout s'écroule autour de toi ! Tu t'es complètement annihilée ! Tu t'es perdue au milieu de tes marmites, tes changements de couche-culotte et ton survêtement. Demain, tu te lèves, tu t'habilles, tu te maquilles et tu sors à la recherche d'un travail. N'importe lequel. Tu dois recommencer à rencontrer des gens de ton âge, vivre des expériences, avoir des rêves et les rapporter chez toi ! »

Ce qu'elle a fait, dès le lendemain. La situation chez elle s'est nettement améliorée, et son couple a retrouvé la sérénité.

L'expérience vécue avec mon amie m'a offert une leçon significative car, grâce à elle, j'ai compris à quel point il est important que nous soyons des parents épanouis et entreprenants. Seul un parent bien dans sa peau est capable d'élever des enfants heureux.

Ces dernières années, j'en ai trouvé une confirmation dans les consignes de sécurité projetées dans les avions, avant le décollage :

« En cas de dépressurisation de la cabine, un masque d'oxygène tombera automatiquement au-dessus de votre siège. Tirez sur le masque pour libérer l'oxygène. Placez-le sur votre visage. Si un enfant installé à côté de vous a besoin d'aide, mettez d'abord votre masque. Une fois votre masque ajusté, vous pourrez aider d'autres passagers », annonce l'hôtesse de l'air de sa voix suave et apaisante.

Avant de devenir parent, je jugeais absurde cette consigne. La sécurité d'un enfant ne prime-t-elle pas la nôtre ? N'est-elle pas digne de notre souci prioritaire ? Mais, brusquement, j'ai eu le déclic : c'est l'inverse, mon pote, l'inverse ! Ce n'est qu'en me montrant calme et serein que je suis capable de me consacrer au soin de mes enfants...

Depuis, j'ai adopté ces consignes de sécurité dans mon existence quotidienne.

Dans le cadre de mon travail d'intervieweur, j'ai eu l'occasion de me rendre à l'étranger plusieurs fois par an. Depuis la naissance de Shira et de Noga, naturellement, ces voyages sont contrariés par ma mauvaise conscience paternelle, au point que j'ai parfois envisagé de renoncer à des propositions de travail et de rester à la maison pour ne pas les quitter. Jusqu'à ce que je comprenne que mes voyages – ma bouffée d'oxygène outre-mer, les cadeaux rapportés à mon retour et, surtout, les anecdotes puisées dans des univers exotiques – ne valaient pas moins qu'un père lisant une histoire à ses filles, chaque soir avant le coucher. Je suis un père épanoui (et, à l'occasion, absent), et c'est pourquoi j'espère être un meilleur père.

☑

Certains mots, tels « manipulation », « limites », « intérêt » ou « égoïsme », jouissent d'une mauvaise réputation. Mais chacun d'eux possède son avers et son revers.

Un jour, une amie se plaignait devant moi que son mari ne levait pas le petit doigt à la maison et qu'elle en avait assez de nettoyer, cuisiner, récurer, faire la lessive et s'occuper des enfants, des minous et des toutous.

« Dans ce cas, pose-lui des limites ! », lui ai-je suggéré.

Elle m'a lancé un regard épouvanté. « Ce n'est quand même pas mon enfant ! C'est mon mari ! Pourquoi je lui poserais des limites ?

– Parce qu'il y a des choses que tu ne peux plus digérer. "Limites" n'est pas réservé aux enfants. Ça vaut aussi pour les adultes ! »

On ne sait pourquoi, dès qu'il s'agit d'adultes, « limites » sonne comme un « gros mot ». Il est vrai qu'un ego boursouflé et autocentré caractérise souvent des gens infréquentables, mais je ne vois rien d'illégitime à penser d'abord à soi-même – du moins, de temps à autre. Parfois, pour demeurer fidèles à nous-mêmes, nous devons trahir quelque peu autrui.

De même que nous avons assimilé des préjugés de nos parents (interdit de demander de l'aide, de révéler des souhaits d'anniversaire ou un vœu devant une étoile filante), de même avons-nous adopté la pensée horrible que nous n'avons pas le droit de penser d'abord à nous-mêmes.

MAIS SI NOUS NE PENSONS PAS À NOUS-MÊMES, QUI LE FERA À NOTRE PLACE ?

Je vous invite à penser à vous-même et à vos rêves (sous réserve qu'ils ne blessent personne, bien sûr), pour être un parent plus heureux, un conjoint attentionné, un enfant plus agréable pour ses parents et un meilleur camarade. Comme nous l'avons vu, les enfants apprennent davantage en imitant le comportement de leurs parents que des leçons qu'on leur inculque. C'est pourquoi un parent martyr, qui renonce à ses désirs, ses besoins et ses rêves, élève des enfants qui seront, plus tard, des adultes frustrés.

Certes, se dévouer aux besoins de sa famille peut retarder plus ou moins la réalisation de vos rêves, mais, dans la même mesure, la famille peut vous accompagner dans le périple de vos rêves et se mobiliser pour leur accomplissement.

Comme on l'a vu, j'ai repoussé mon voyage en Australie, à cause de problèmes familiaux. Mais je n'ai aucun doute que, un jour ou l'autre, je réaliserai ce rêve. Il se peut que je m'y rende avec ma famille, en camping-car, et il se peut, tout autant, que j'y aille seul (pour une durée de deux semaines, et non de deux mois, comme je le souhaitais à l'origine), sans mauvaise conscience exagérée – car la technologie nous permet de garder un contact quotidien avec le foyer, même quand nous séjournons au loin.

Nous ne sommes plus à l'ère de la carte postale qui arrivait deux mois après notre retour et alors que nous avions défait nos valises depuis longtemps. Aujourd'hui, on peut se trouver dans l'autre hémisphère et rester en contact grâce à Skype, Viber, WhatsApp, et, bien sûr, grâce aux sites d'infos, à la télé et aux murs photos de Facebook.

Pour réaliser votre liste, je vous invite à penser d'abord à vos aspirations et à vos rêves. Leur accomplissement vous rendra plus heureux et plus épanoui, et, par là même, meilleur.

JE SUIS UN GRAND ADEPTE DE LA PHRASE : « IL Y A UNE SOLUTION À TOUT. » À PRESQUE TOUT. CHAQUE PROBLÈME TECHNIQUE, FINANCIER OU DE CONSCIENCE, PEUT TROUVER SA SOLUTION GRÂCE À UNE DEMANDE D'AIDE AUPRÈS DES INDIVIDUS APPROPRIÉS.

57 | LE POUVOIR DU MIROIR DES MOTS

La liste n'est pas uniquement une feuille de route, une plate-forme et un contrat personnel. Elle représente un miroir reflétant votre intériorité aux yeux de vous-même et du monde.

La liste possède autant de pouvoir qu'un psychologue, assis face à son patient qui lui dévoile son comportement dans la vie. Si vous restez suffisamment à l'écoute, éveillé et conscient devant les mots que vous avez couchés sur la page, au début comme brouillon, puis après les avoir retravaillés, vous pourrez en apprendre beaucoup sur vous-même. C'est la raison pour laquelle je demeure un champion invétéré de la liste écrite, qui apparaît sous nos yeux au lieu de se réfugier quelque part dans notre tête ou sur un papillon jaune, sous des milliers de notes et de photos accumulées dans notre portable.

Verba volant, scripta manent (« Les paroles s'envolent, les écrits restent »)..., comme disaient les Romains.

Dans l'univers électronique contemporain, alors que nous tous, nous utilisons un ordinateur ou un téléphone perfectionné, la rédaction d'une liste avec un stylo sur le papier incarne une sorte d'effort, une quasi-cérémonie rituelle que vous effectuez à votre unique profit. Il ne s'agit pas seulement du temps que vous y consacrez, mais de l'attention que vous portez à ce qui bouillonne dans votre cerveau. Un regard détaché sur les lignes rédigées vous permet d'actionner tous vos sens, de considérer vos rêves d'un point de vue extérieur et novateur.

Plus d'une fois ai-je entendu de la bouche de rédacteurs de listes des souhaits émouvants, comme : « dire plus souvent à mes parents que je les aime », « rendre visite à Grand-mère dans sa maison de retraite », ou d'autres vœux du même genre qui ont germé dans leur esprit ou dans leur cœur, sans qu'ils y aient pensé auparavant.

En outre, une liste efficace est susceptible de changer notre attitude, même si beaucoup se disent : « Ce n'est pas à mon âge que je vais changer ! » Ajoutez à votre liste finalisée des comportements négatifs que vous seriez heureux d'éliminer ou d'atténuer, et commencez à agir en ce sens.

Je peux témoigner que mes listes m'ont aidé à dominer mes nerfs et m'ont conduit à changer d'attitude.

☑

À 25 ans, après une période de travail intensif et épuisant dans un journal dont j'avais été l'un des initiateurs, j'ai quitté mon pays, furieux et déçu parce qu'un rédacteur en chef avait désigné un autre journaliste pour traiter un sujet que j'avais proposé. Alors que, installé au Green Park de Londres, j'actualisais ma liste, j'ai ajouté ce paragraphe : « maîtriser mes nerfs ». À mon retour en Israël, je me suis dominé… pendant une semaine. Très vite, je suis revenu à mes mauvaises habitudes.

Le sort a voulu (et mes employeurs) que, deux mois plus tard, je m'envole pour la Grèce dans le cadre de mon travail. J'ai rédigé à nouveau une liste avec ce point : « moins m'énerver ». Cette fois, j'ai tenu le coup pendant tout un mois. Cette année-là, j'ai rédigé cinq listes d'objectifs, en les actualisant de temps à autre. Et, de manière générale, j'ai bénéficié d'une véritable percée professionnelle et personnelle.

Sur la cinquième liste rédigée alors, je me suis retrouvé à ressasser le point qui m'était si familier : « me calmer ! ». J'ai regardé la feuille qui reflétait mes souhaits intimes… et je me suis emporté contre moi-même. Tu ne vois donc pas que ça te porte du tort ? Que tes nerfs t'empêchent de progresser ? Maîtrise-toi !

Ces dialogues intérieurs et, surtout, le fait que je voyais sous mes yeux, noir sur blanc, le comportement qui me handicapait ont fait que, à la fin de cette année-là, je me suis vraiment calmé.

Cela ne signifie pas que je me sois métamorphosé en moine bouddhiste, immunisé contre les situations horripilantes (deux minutes avec mon fournisseur Internet, et je pars en vrille en quelques secondes !), mais, désormais, mes nerfs ne me dominent plus.

Je peux m'irriter pour une broutille, mais la colère s'évanouira très vite et ne me suivra pas comme mon ombre. Je n'écume plus de rage, pendant des jours, pour une peccadille stupide – et c'est si bon !

Nombre de rédacteurs de listes m'ont fait part de la manière dont la liste les a aidés à changer de comportement. Ainsi, un jeune homme m'a raconté qu'il avait accepté d'être un peu moins taciturne avec sa femme. Un homme particulièrement rigide m'a confié comment la liste l'a aidé à répondre au souhait de sa femme de se montrer un peu plus romantique. Une femme m'a révélé comment elle a cessé de penser d'abord aux autres et a commencé à se placer en tête de ses priorités ; résultat : cet été, elle se rend au festival « Burning Man », qui se déroule dans le désert de Black Rock, au Nevada…

LA LISTE A LE POUVOIR DE CHANGER NOTRE COMPORTEMENT ET DE NOUS TRANSFORMER EN DE MEILLEURS INDIVIDUS. CONSACREZ-Y AU MOINS UN POINT DE VOTRE LISTE FINALISÉE.

58 | OBSTACLES SUR LA ROUTE DE LA VIE

Malgré l'optimisme et l'énergie positive que je prône, je n'ignore pas que la vie est complexe et que, parfois, elle nous réserve des surprises désagréables qui épuisent les ressources que nous aurions pu mobiliser autrement.

Une panne de moteur nécessite une dépense imprévue, et, du coup, cette année, nous devons annuler nos vacances en Europe ; un être cher est malade, et, pendant que nous nous en occupons, nous négligeons d'autres tâches importantes ; une baisse de salaire ou un licenciement nous obligent à nous serrer la ceinture ; quant à Israël, la situation politique exerce ses ravages sur tous les citoyens.

POUR NE PAS SOMBRER, NOUS DEVONS PRÉSERVER NOS RESSOURCES EN ÉNERGIE ET UNE MOTIVATION SUPRÊME, MÊME DANS DES PÉRIODES CATASTROPHIQUES.

Pendant mon service militaire, je commandais une formation au brevet d'officier à l'école des spécialités de l'armée de l'air. Plus d'une fois, j'ai dû affronter des problèmes de motivation de la part de recrues cantonnées dans une base du désert, à la lisière de la frontière égyptienne.

J'ai connu des cas de désertions, de dépressions, de crises d'hystérie accompagnées de menaces de suicide – y compris la tentative de suicide ratée d'un soldat déprimé par son affectation.

L'un des moyens à la disposition de mes collègues officiers et de moi-même pour tirer un soldat de son marasme était d'utiliser cette phrase-sésame : « Tout est donc si noir ? » – et cela fonctionnait ainsi :

Je m'installais face à un soldat abattu et amer (parfois, à cause de son caractère, le plus souvent, du fait des circonstances) et j'essayais de lui montrer les deux faces de la pièce de monnaie.

Soldat : « Je veux quitter cette base ! Elle me bousille le moral ! »

Moi : « Minute ! Tout est-il mauvais ici ? Il n'y a pas une seule chose de bien dans cette base ? »

Soldat : « C'est sûr, les gars sont extra, mais cette base, dans ce désert horrible, est si loin de tout... »

Moi : « Je comprends. Mais, en ce qui concerne tes relations avec les autres soldats, tout va bien, n'est-ce pas ? Même si nous sommes loin de tout, comme tu dis, ça n'est pas sympa d'être à une demi-heure de route d'Eilat où nous nous rendons, une fois par semaine ? »

Soldat : « Oui, c'est cool. Mais le voyage de chez moi jusqu'à la base me met sur les genoux. Toutes les semaines, cinq heures de trajet jusqu'à ce trou... »

Moi : « Euh, pas toutes les semaines... Nous restons à la base un samedi sur deux. Et la piscine, dis-moi ? Tu n'aimes pas faire trempette ? »

Soldat : « Si. Quand j'ai raconté à mon frère, qui sert dans une autre unité, il ne m'a pas cru pour la piscine et le ciné. »

Moi : « Ajoute la supérette. Maintenant, on fait le point : tes potes et toi, ça baigne, tu te rends une fois par semaine à Eilat, et tu as une piscine, un ciné et une supérette à l'intérieur de la base. Dans ces conditions, pourquoi tu ne te sentirais pas bien ici ? »

À ce stade, je percevais souvent la première faille dans la muraille de son opposition et découvrais que son humeur noire se colorait légèrement en rose fuchsia. Non que ce bref entretien ait résolu tous les problèmes de cette recrue, mais il lui avait insufflé certainement un peu de chaleur et d'énergie positive.

DE TEMPS À AUTRE, POSEZ-VOUS CETTE QUESTION : « TOUT VA DONC SI MAL ? »

59 | LE CALEPIN DE MES 16 ANS

Tout au long du périple de mon accomplissement personnel et dans le cadre de mon blog, je me suis souvent heurté, comme on l'a vu, à un bon nombre d'obstacles. L'une de mes entreprises a subi une crise financière grave ; ma grand-mère chérie est décédée ; mon troisième roman est resté bloqué au septième chapitre, pendant de longs mois... Toutefois, même dans les moments difficiles, j'ai réussi à trouver la force et l'énergie – grâce à ma famille et à mes amis proches, mais, en même temps, grâce à un calepin posé sur ma table de chevet depuis mes 16 ans. Il me permet de m'interroger, chaque jour : « Tout va si mal ? » et de répondre aussitôt, même dans les jours les plus lugubres : « En vérité ? Pas si mal ! »

Un simple calepin, qui se remplit à vue d'œil, que je remplace par un nouveau toutes les quelques semaines, et dans lequel je note, chaque nuit, cinq choses qui m'ont fait du bien.

(Pas de panique ! Il ne s'agit pas d'une nouvelle liste, mais d'un outil d'appoint : une sorte de vade-mecum.)

Quel genre de choses embellit ma journée ? Cela peut être un dessert délicieux dégusté au restaurant, un nouveau café que j'ai déniché, un livre qui m'a inspiré, une brise automnale agréable qui m'a caressé le cou, une bonne conversation à cœur ouvert avec un ami, des rires aux éclats avec ma fille et, bien sûr, un petit somme réparateur.

Parfois, j'ai du plaisir à ouvrir l'un de mes anciens calepins et à retrouver les choses qui, cinq ans auparavant, m'ont donné du bonheur. Il me semble qu'avec le temps mon cerveau s'est aguerri et aiguisé : il sait déjà repérer en quelques secondes que quelque chose de bien est en train de se produire. Or ce moment, ce « maintenant », est notre unique trésor. Chaque fois que nous ne discernons pas que nous vivons un petit bonheur à cet instant, en une fraction de seconde, cet instant s'est évaporé en doux souvenir.

BATTRE LE FER DE LA VIE,
PENDANT QU'IL EST CHAUD,
VOUS VOUS RAPPELEZ ?

Désormais, chaque nuit, je suis capable de graver sur le roc de la réalité quotidienne cinq bonnes choses, même au bout d'une journée exécrable. Car j'ai appris à la perfection comment retrouver les minuscules ballons d'oxygène disséminés autour de moi et à m'en servir.

Ce faisant, ou en conséquence, je puise en moi-même les ressources psychologiques pour continuer à foncer, pied au plancher, vers la réalisation de mes listes.

J'exerce ma fille Shira à cultiver une pensée positive avant de s'endormir : « Choisis deux choses qui t'ont fait vraiment plaisir aujourd'hui...

– Ben, tu m'as permis de manger une glace, malgré qu'il pleuvait, et nous avons regardé deux fois *La Reine des neiges* ! »

Tout naturellement, à cinq ans et demi, la palette de ses expériences est limitée, mais elle apprend, au fur et à mesure, à apprécier les choses. C'est une enfant intelligente, ma fille, et elle capte les lois de l'existence qui m'inspirent. Elle sait déjà qu'elle doit exprimer ses souhaits à voix haute devant ses parents, car c'est ainsi qu'elle a le maximum de chances de les voir réalisés.

Il y a juste une semaine, maintenant qu'elle sait écrire et, suivant mon conseil de rédiger sa propre liste de rêves, Shira a préparé la sienne, de sa plume enfantine, et l'a collée sur la porte de sa chambre :

- ☐ Aller à Jérusalem.
- ☐ Préparer une crème glacée avec la recette de mon arrière-grand-mère, qui est morte.
- ☐ Recevoir en cadeau une robe de princesse de Disney.
- ☐ Apprendre l'anglais.
- ☐ Voir un peu plus mes amies.

À la réflexion, j'aurais peut-être dû attendre que Shira atteigne ses 20 ans pour lui offrir mon conseil : la santé de notre compte bancaire est gravement menacée...

60 | LISTE DE REMERCIEMENTS

Si vous êtes honnête, vous serez d'accord avec ce que je suis sur le point de vous révéler. Si vous l'êtes moins, vous vous opposerez peut-être – ensuite, vous acquiescerez.

NOUS ADORONS CRITIQUER ! EN FAIT, C'EST L'UNE DE NOS ACTIVITÉS FAVORITES.

Nous nous plaignons (parfois, sans raison réelle) de notre conjoint, des enfants, du boulot ou de la vie en général.

J'espère que vous adopterez l'idée du calepin et que vous trouverez toujours des choses positives à noter avant de vous endormir. J'espère aussi que votre calepin vous aidera à moins râler et à immortaliser les petits bonheurs de votre vie quotidienne.

J'estime qu'il est important de s'exercer à goûter et à apprécier nos succès, petits et grands, chaque jour, et même tout le temps.

Chacun de nous possède la liste de ses succès dans l'existence. Chacun de nous doit se savoir gré pour les instants de courage qui ont provoqué un changement : celle-ci a surmonté la crainte du « qu'en-dira-t-on » et s'est fait greffer des implants mammaires, ce qui l'a comblée de bonheur. Celui-là a décidé d'investir ses économies en Bourse et, malgré un rendement modeste, s'est épris de l'adrénaline que cela lui procure et s'est résolu à en faire son métier. Une avocate a plaqué son cabinet au profit de son amour du design. Une famille a mis fin à la course folle à la consommation et a pris une année sabbatique pour voyager dans le monde, etc.

Vous aussi, vous avez intérêt à vous exercer à dire « Merci » pour tout ce que vous avez déjà obtenu. Et, aussi, pour certains traits de caractère qui ont fait de vous ce que vous êtes aujourd'hui et vous ont aidé à réaliser jusqu'ici un nombre non négligeable de choses.

C'est pourquoi, cessez, un instant, de penser aux nouveaux rêves qui vous attendent au coin de la rue et consacrez quelques minutes à rédiger une nouvelle liste.

Vous avez fini par remarquer que je suis toqué de listes, n'est-ce pas ?

PARFAIT ! VOICI DONC VOTRE LISTE DE REMERCIEMENTS.

Inscrivez les choses significatives que vous avez obtenues dans votre existence (inutile qu'elles soient grandioses) pour lesquelles vous dites « Merci ». Notez les choses que vous avez réussi à réaliser, qui vous ont procuré de la fierté et de la joie, et que, pour cette raison, vous n'oublierez jamais. (Le cas échéant, vous pourrez toujours les retrouver sur votre liste...)

Lorsque votre liste sera achevée, relisez-la.

Je souhaite que vous crouliez sous des tonnes de fierté, que vos yeux soient noyés de larmes (ou, du moins, qu'ils soient légèrement humides), et que vous vous souveniez du slogan électoral de Barack Obama : « Oui, nous pouvons ! »

1.

2.

3.

4.

5.

6.

7.

8.

9.

10.

« TÉMOIGNER DE LA GRATITUDE EST L'UNE DES CHOSES LES PLUS SIMPLES, MAIS AUSSI LES PLUS FORMIDABLES, QUE LES ÊTRES HUMAINS PUISSENT EFFECTUER L'UN ENVERS L'AUTRE. »

RANDY PAUSCH (AUTEUR DU *DERNIER DISCOURS*)

11.

12.

13.

14.

15.

16.

17.

18.

19.

20.

« LA RECONNAISSANCE EST LA MÉMOIRE DU CŒUR. »

JEAN MASSIEU (1772-1846), NÉ DANS UNE FAMILLE DE SOURDS-MUETS, FONDATEUR D'UNE ÉCOLE POUR SOURDS-MUETS À LILLE)

21.

22.

23.

24.

25.

26.

27.

28.

29.

30.

Vous êtes parvenu à la fin ? Impressionnant, n'est-ce pas ? Toutes ces choses-là (et je suis persuadé qu'il en existe beaucoup d'autres), vous avez réussi à les accomplir jusqu'ici.

Grâce à vos succès, il n'y a aucune raison que vous ne réussissiez pas à réaliser votre nouvelle liste de rêves, focalisée et efficace, que vous rédigerez en fin de lecture. Certes, la tâche ne sera pas toujours aisée ; certes, il y aura parfois des hauts et des bas pendant votre parcours ; mais, n'oubliez pas, cette voie vous appartient en propre.

Et puisque vous avez réussi à accomplir, à ce jour, tant de choses prodigieuses,

VOYEZ-VOUS UN PROBLÈME À ÉCRIRE
UNE
NOUVELLE LISTE DE RÊVES ?

61 LA SECONDE LISTE QUI M'A SAUVÉ

La première liste qui m'a sauvé, je l'ai rédigée, comme on l'a vu, à l'époque de mon handicap qui me clouait dans un fauteuil roulant.

D'autres nombreuses listes m'ont sauvé, au cours de ma vie, ont bonifié mon comportement et m'ont rendu plus agréable à mon propre égard et à celui de mon entourage.

Mais, à l'âge de 34 ans, j'ai bénéficié d'une piqûre de rappel au sujet de la puissance de la liste et de l'influence de la collaboration et du partage des rêves.

Cela m'est arrivé à Oslo, où je participais à une rencontre entre artistes israéliens et palestiniens en vue d'organiser une collaboration culturelle. Au beau milieu des hymnes à la paix, j'ai commencé à recevoir un déluge d'appels téléphoniques en provenance d'Israël. De l'autre côté de la mer, des fournisseurs de mes boutiques m'accablaient de leurs doléances :

✔ **« Ça fait deux mois que vous ne m'avez rien réglé ! »**

✔ **« Vous avez oublié ma facture ? »**

✔ **« Pourquoi vous n'avez pas payé votre loyer depuis six mois ? »**

Au bout du dixième appel, j'ai compris que j'affrontais un problème grave. Je me suis hâté de rappeler Israël et j'ai découvert qu'une somme énorme, près d'un quart de million de shekels, avait disparu des caisses de mon entreprise.

Je me suis précipité dans ma patrie pour reprendre le gouvernail, et plus je plongeais dans les profondeurs, plus je saisissais l'ampleur de la catastrophe. L'un de mes associés avait profité de mon absence, de ma participation à d'autres projets et de mon manque d'expérience en affaires : il avait prélevé de l'argent, trafiqué la comptabilité, détourné de la marchandise, donné de fausses assurances aux fournisseurs et aux clients, et provoqué un dommage irréparable à l'entreprise. Cette déroute retombait sur mes épaules.

Même des dizaines de listes charmantes sur sa table de chevet auraient eu du mal à remonter le moral d'un individu plongé dans un tel gouffre. Toutes mes pensées positives m'apparaissaient brusquement comme autant de slogans creux. Je n'avais aucune idée de la manière de restaurer ma confiance en moi et de manifester une énergie positive.

J'étais désemparé et aux abois. Je craignais que tous mes succès personnels et professionnels soient balayés d'un coup, face à la meute des créanciers réclamant leur dû.

Je me voyais quitter mon bel appartement, et ma réputation bâtie au long des années serait entachée, dès que le scandale « fuiterait » dans les rubriques de potins et dans les milieux « branchés ».

Je me suis résigné au fait que je devrais renoncer aux vacances à l'étranger, pendant les prochaines années, aux repas gastronomiques ou aux dépenses somptuaires.

En fin de compte, j'ai décidé de prendre le taureau par les cornes. J'ai mis de côté la liste originelle de mon blog et j'en ai rédigé une autre d'« état d'urgence » :

- ☐ Appeler personnellement chaque fournisseur et lui expliquer la situation.
- ☐ Adresser un mail à chacun pour résumer les points d'accord après notre entretien.
- ☐ Prendre conseil auprès d'un avocat.
- ☐ Examiner auprès de ma banque l'hypothèse d'un emprunt pour couvrir le trou.
- ☐ Consulter des amis propriétaires d'entreprises.
- ☐ Demander un prêt à des amis proches.

Ce n'était qu'une partie des points de ma « liste d'urgence ». À l'étape suivante, malgré la difficulté à accuser le coup, j'ai décidé de la rendre publique.

Si vous ne l'avez pas encore compris, je reste le champion toutes catégories du partage public des souhaits et du recours à l'aide de la part de mon entourage proche et lointain. En toutes circonstances.

Sur ma page Facebook, j'ai posté un court statut, un peu nébuleux, j'en conviens, dans lequel je disais ceci :

« L'une de mes affaires est en proie à des difficultés financières. Une somme énorme a disparu des caisses, et je recherche des solutions à cette situation. Si vous avez des idées originales, si vous avez vécu quelque chose de semblable, si vous êtes avocat ou connaissez un avocat, et si vous disposez d'un tuyau qui me rendra le sourire, je vous invite à le partager avec moi. »

En cinq minutes, j'ai reçu des centaines de réactions sur mon mur Facebook et plus de 200 réponses personnelles. En voici un minuscule échantillon :

- **Un quart de million envolé ? C'est de la gnognote ! J'avais une affaire et j'étais criblé de dettes pour un montant d'un million de shekels (250 000 euros). Je m'en suis sorti au bout de deux ans.**
- **Contactez votre banque, demandez un rééchelonnement de votre emprunt de départ et un nouveau prêt pour combler le trou.**
- **Si votre société est une SARL, vous pourrez toujours vous retrancher derrière l'« écran social » de l'entreprise. Vos fournisseurs constateront qu'ils ne peuvent pas vous poursuivre personnellement.**
- **En tant que personne physique, tu es protégé par la personne morale de l'entreprise. Les fournisseurs ne peuvent pas te poursuivre sur tes biens propres.**
- **Traînez en justice votre associé indélicat.**
- **Liquide ton affaire et ouvres-en une nouvelle qui couvrira les pertes.**
- **Je suis avocat, et je serais heureux de vous représenter, avec une remise de 50 % sur mes honoraires.**

Ces centaines de réactions m'ont, toutes, insufflé l'espoir de réussir à me tirer de ce fiasco lamentable. J'ai continué à informer de ma situation à voix haute et publiquement, jusqu'au jour où j'ai eu un entretien avec un avocat astucieux qui m'a demandé si j'avais foi en mon entreprise et en son potentiel. Devant ma réponse positive, il a accepté de se battre avec moi, devant le tribunal, pour la survie de mon affaire, dans le but d'en éliminer l'associé nuisible et de récupérer les fonds perdus.

J'ai suivi son conseil, et nous nous sommes plongés dans des analyses juridiques qui ont duré quatre mois. Durée interminable, épuisante, au cours de laquelle nous avons connu bien des rebondissements – mais, à la fin, j'ai gagné.

L'associé indélicat a été chassé de l'entreprise, devenue ma propriété exclusive ; je liquide la majeure partie des dettes par des remboursements mensuels (il ne me reste plus que deux ans) ; je suis parvenu à un compromis avec tous les fournisseurs et j'ai regagné leur confiance.

Au bout de six mois de convalescence psychologique et financière, j'ai commencé à travailler à la création d'une nouvelle affaire ; et, six mois plus tard, à une autre. Je ne souhaite à personne cette expérience qui m'a secoué, mais, *a posteriori*, cet imbroglio douloureux m'a permis de me régénérer, psychologiquement et financièrement. Aujourd'hui, du moins au moins plan psychologique, je me sens plus aguerri. Un coup de fil de la banque m'informant d'un découvert de 2 000 shekels (500 euros) ne m'ôte pas le sommeil – franchement, faire toute une histoire pour 2 000 shekels, quand on a connu un trou d'un quart de million ?

De nombreuses raisons expliquent que j'ai réussi à me sortir de ce pétrin horrible. Parmi les plus déterminantes, la liste focalisée, les mesures claires que j'ai établies, la publicité donnée à la liste et la capacité psychologique de demander de l'aide.

Plus d'une fois, nous butons sur des obstacles et affrontons des aléas qui nous retardent dans notre accomplissement personnel. Nous devons nous rappeler que notre moyen d'affronter l'imprévu, sans s'écarter de la bonne voie, dépend de la qualité de la liste que nous avons créée. Plus notre liste sera pertinente, plus nous réussirons à surmonter toutes les embûches posées sur notre chemin.

☑

Une Israélienne demeurant au Canada, ayant découvert mon blog « La Liste » sur Facebook, souhaitait me faire part de son rêve modeste, coupé net par un accident de la route. Voici sa lettre :

« J'avais un rêve : suivre un cours de plongée. En 2003, après avoir jonglé avec cette idée pendant un certain temps, j'ai décidé de faire le premier pas.

Après avoir pris conseil auprès d'amis, j'ai trouvé à Eilat le club de plongée qui me convenait. J'ai téléphoné et je suis tombée d'accord avec la secrétaire : après avoir trouvé un hôtel en ville j'appellerais pour régler le cours et réserver ma place.

Cela se passait un jeudi. En fin de semaine, j'ai repoussé mon inscription au dimanche, en me disant que je m'en occuperais au bureau. Après tout, il n'y avait pas le feu, n'est-ce pas ?

Le dimanche, sur le trajet du travail, mon mari et moi, nous avons eu un accident de la route. J'ai été blessée à la clavicule (à cause de la ceinture de sécurité), et j'avais du mal à respirer, à rire ou même à me relever. La nuit, chaque fois que je me retournais dans mon lit, la douleur me torturait. Dans mon état, il n'était plus question de plongée.

Mais il s'avère que cet accident a eu un effet positif : au cours des examens subis à l'hôpital, les médecins ont découvert la cause de ma stérilité prolongée, alors que j'étais mariée depuis trois ans et demi et que nous voulions désespérément avoir un enfant. Et un mois après l'accident, j'étais enceinte. Mais, à vrai dire, j'avais oublié mon rêve de plongée.

À la fin de l'année, ma fille aînée est née et, quand elle a eu quatre mois, j'ai été enceinte de ma deuxième fille. Après la naissance de celle-ci, j'ai entamé des études en maîtrise, j'ai débuté dans un nouvel emploi, puis encore une nouvelle grossesse et un nouveau travail, et quand ma troisième fille a eu un an, nous avons émigré aux États-Unis, alors que j'étais enceinte pour la quatrième fois. Bref, près d'une décennie s'est écoulée, et mon cours de plongée s'éloignait et s'enfonçait dans les tréfonds de ma liste.

En février 2013, j'ai commencé à suivre votre blog. Avec le temps, j'ai été contaminée par votre fièvre d'action et je me suis reconnue dans ces posts qui encourageaient à crier nos rêves et à vivre l'instant. Ces aperçus ont commencé à faire leur effet et, lors de mon avant-dernier séjour en Israël, j'ai recommencé à penser à ce fameux cours de plongée.

D'emblée, les pensées négatives m'ont submergée : je serais une mère indigne de laisser mes quatre filles chez ma mère pendant une semaine, juste pour me rendre à Eilat et m'accrocher des bouteilles d'oxygène dans le dos ; ma mère aurait du mal avec quatre petites filles ; je n'étais pas honnête d'attendre de mon mari qu'il joue les baby-sitters, alors qu'il devait venir pour un séjour en Israël d'une semaine et demie, etc.

MAIS, CETTE FOIS, JE N'AI PAS RENONCÉ.

J'AI CLAMÉ MON RÊVE.

En fait, je me suis contentée de le chuchoter à l'oreille de mon mari – qui a accepté sans hésitation : à son arrivée en Israël, je pourrais suivre mon cours. Ma mère aussi m'a promis son aide. Moi-même, j'ai réduit un peu mes ambitions (au lieu d'un cours à une et deux étoiles à Eilat, j'en ai pris un à une étoile à Ashkelon pour pouvoir revenir chez moi, en fin de journée) et, enfin, avec dix années de retard, mon rêve s'est réalisé.

En outre, lors de ma deuxième visite en Israël, j'ai crié mon rêve, et une cousine a accepté de m'accompagner pendant un week-end à Eilat et garder mes filles pendant que je plongeais – et me voilà en passe de réaliser l'autre moitié de mon rêve : obtenir ma deuxième étoile à Eilat.

La prochaine étape : faire de la plongée sous-marine dans quelque spot exotique : Hawaï, les Caraïbes, les Maldives, etc.

Aujourd'hui, je sais que cela se produira. Rien ne m'empêchera d'accomplir mes rêves. »

62 | DES LISTES
PLUS GRANDES QUE LA VIE

Si vous consultez à nouveau votre liste originelle à l'état brut (p. 210), vous découvrirez qu'une partie importante de vos points peuvent être envisagés comme des « objectifs suprêmes ». Rappel : il ne s'agit pas des points décrivant les mesures à prendre pour parvenir à ces objectifs mais de rêves vraiment grandioses, exigeant de longues tranches de vie et impossibles à concrétiser en une année ou deux.

Dans les pages vierges suivantes, vous pourrez inscrire vos « listes thématiques », selon les catégories et les sujets. Contrairement aux objectifs immédiats à mettre en œuvre dans les deux prochaines années, notez là-dedans ce que j'appelle les « objectifs suprêmes » : l'ensemble des choses que vous désirez achever au cours de votre existence, sans pour autant fixer de date butoir à leur accomplissement.

Le but de ces listes est de vous ouvrir des horizons de pensée et d'enrichir votre réserve de rêves.

Je vous invite à remplir les pages suivantes, à reporter certains points sur la liste finalisée de l'an prochain, à rafraîchir cette liste de temps à autre et à en retirer des idées pour vos futures listes annuelles.

LES LIVRES QUE JE VEUX LIRE.

LES FILMS-CULTES QUE JE N'AI PAS ENCORE VUS.

LES VILLES ET LES PAYS QUE JE SOUHAITE VISITER.

LES PLATS QUE JE MEURS D'ENVIE DE GOÛTER.

LES CHOSES DINGUES QUE JE VEUX FAIRE.

LES MUSÉES QUE JE DÉSIRE VISITER.

LES SITES QUE JE SOUHAITE VISITER DANS LE MONDE.

LES ALBUMS DE MUSIQUE QUE J'AI RATÉS ET QUE JE SOUHAITE ÉCOUTER.

LES COURS AUXQUELS JE DÉSIRE ASSISTER.

LES PEURS QUE JE VEUX SURMONTER.

LES SÉRIES TÉLÉVISÉES QUE JE VEUX REGARDER SANS RATER UN ÉPISODE.

LES CHOSES QUE JE VEUX FAIRE POUR MA MAISON.

LES ASSOCIATIONS ET LES CAUSES QUE JE SOUHAITE SOUTENIR EN BÉNÉVOLE.

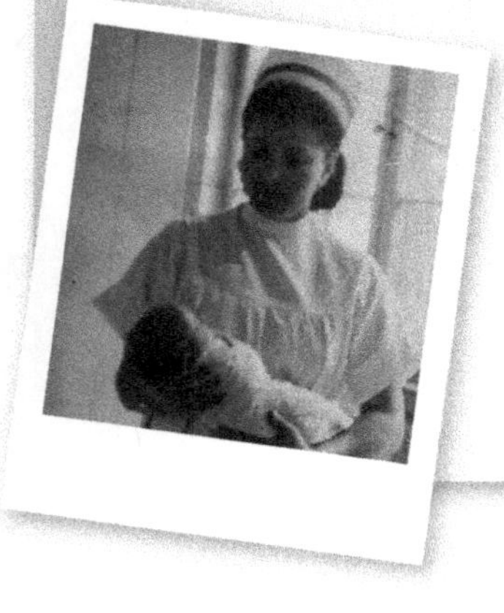

LES PERSONNES AVEC LESQUELLES JE SOUHAITE AVOIR DES CONVERSATIONS À CŒUR OUVERT.

LES PERSONNES AVEC LESQUELLES JE VEUX RENOUER.

LES SPECTACLES AUXQUELS JE DÉSIRE ASSISTER.

LES DÉFIS LES PLUS EXTRÊMES QUE JE VEUX RELEVER.

LES TÂCHES QUE JE SERAIS SOULAGÉ DE MENER JUSQU'AU BOUT.

LES MEMBRES DE MA FAMILLE, LES AMIS ET LES CONNAISSANCES AUXQUELS JE SOUHAITE TÉMOIGNER MON AFFECTION.

LES CADEAUX QUE JE VEUX M'OFFRIR.

LES CADEAUX QUE JE VEUX OFFRIR AUX AUTRES.

LES TRAITS DE CARACTÈRE QUE JE DÉSIRE AMÉLIORER.

LES DÉFAUTS DONT JE SERAIS HEUREUX DE ME DÉBARRASSER.

LES HABITUDES QUE JE DÉSIRE ADOPTER.

LES MESURES QUE JE VEUX PRENDRE POUR MA SANTÉ.

LES CHOSES QUE JE FERAI QUAND J'EN AURAI LES MOYENS.

LES MODÈLES D'INSPIRATION QUE JE SOUHAITE RENCONTRER.

LES PASSE-TEMPS AUXQUELS JE DÉSIRE M'ADONNER.

LES ERREURS QUE J'AIMERAIS NE PLUS COMMETTRE.

LES CHOSES QUE JE SOUHAITE FAIRE LORS DE MON PROCHAIN ANNIVERSAIRE.

LES CHOSES QUE JE VEUX INVENTER ET DÉVELOPPER.

LES PALACES OÙ JE DÉSIRE PASSER AU MOINS UNE NUIT.

LES ÉVÉNEMENTS PLANÉTAIRES AUXQUELS JE DÉSIRE PARTICIPER.

LES CHOSES QUE JE DÉSIRE EFFECTUER POUR MA FAMILLE.

LES BÊTISES QUE J'AIMERAIS COMMETTRE.

LES GENS TOXIQUES
DONT JE SOUHAITE ME DÉBARRASSER.

LES CHOSES QUE J'AIMERAIS RÉALISER PENDANT MES PROCHAINES VACANCES.

LES SAVOIR-FAIRE QUE J'AIMERAIS ACQUÉRIR.

LES SPORTS QUE JE SOUHAITE PRATIQUER.

63 VOTRE LISTE
FINALISÉE

Notre parcours en vue de l'élaboration de votre liste efficace touche à sa fin.

Si vous avez agi en suivant toutes les étapes de ce livre, vous devez détenir maintenant un nombre respectable de listes et de points à exécuter.

Outre votre liste de 100 points, vous avez accumulé plus de 40 brèves listes d'objectifs spécifiques dans lesquelles vous pourrez puiser des idées pour la liste finalisée que vous allez bientôt établir.

Relisez à nouveau toutes vos listes. Réécrivez-les, affinez-les et recentrez-les.

Aidez-vous des différentes listes que vous avez rédigées jusqu'à ce stade et recopiez les points que vous souhaitez réaliser au cours des prochains mois. Ensuite, vous pourrez rédiger votre liste finalisée de l'année prochaine.

À vos objectifs personnels, familiaux et professionnels, ajoutez des sujets sociaux et généraux, afin que vous puissiez disposer d'une liste équilibrée et ressentir un épanouissement personnel dans tous les domaines de l'existence.

Dans vos pages, il y a la place pour 12 autres points constituant la liste finalisée et affinée qui vous servira au cours des prochaines années.

Je vous suggère d'établir des listes entre deux et quatre fois par an. Lorsque elles seront pleines, achetez un beau cahier et utilisez-le comme Livre d'or de vos listes. Vous pourrez le consulter tous les quelques mois, afin de rafraîchir vos listes, ou acquérir à chaque fois un cahier neuf pour revivre cette expérience. Cela peut avoir lieu lors de votre anniversaire, de votre fête préférée, de vos vacances annuelles ou à quelque autre occasion.

Date : / / / Heure :________ Lieu :_______

Date : / / / Heure :________ Lieu :_______

Date : / / / Heure :________ Lieu :_______

Date : / / / Heure :________ Lieu :_______

Date : / / / Heure :________ Lieu :_______

Date : / / / Heure :________ Lieu :_______

Date : / / / Heure :________ Lieu :_______

Date :   / / /   Heure :________ Lieu :______

Date : / / / Heure :_______ Lieu :_______

Date : / / / Heure :_______ Lieu :______

Date : / / / Heure :________ Lieu :_______

64 LA FÊTE DES LISTES

Vous vous rappelez : j'ai rédigé l'ancienne liste qui a servi de base à mon blog « La Liste » en 2006, dans la soirée du Nouvel An juif à laquelle j'avais invité un groupe d'amis intimes et leur avais demandé d'établir leurs propres listes, puis d'en faire part à l'assistance.

Si vous adhérez à ma conception du partage de listes, je vous suggère d'organiser, à votre tour, une fête annuelle des listes avec vos amis, les membres de votre famille ou vos collègues de travail. Apprenez à connaître intimement vos proches, regardez-les avec un œil neuf. Vous pouvez aussi leur offrir un exemplaire de cet ouvrage afin qu'ils soient aussi efficaces que possible en rédigeant leurs propres listes.

Apprenez à vos enfants à se donner des objectifs annuels. Montrez-leur comment rédiger des listes pragmatiques, réalistes, focalisées et modestes. S'ils sont trop jeunes pour écrire, découpez des images appropriées dans de vieux journaux et magazines ou imprimez des photos téléchargées de l'ordinateur. Habituez votre entourage à dresser des listes et à exprimer des rêves.

Plus d'une fois, dans le cadre de mes conférences, j'ai rencontré des collègues travaillant ensemble depuis plusieurs années, qui échangeaient des propos quotidiens parfaitement anodins (critiques du patron, discussions politiques, polémiques à propos de programmes télé, etc.), mais qui n'ont jamais évoqué leurs rêves entre eux.

Lors de ma première conférence donnée au staff de l'Université ouverte, au moment où les auditeurs lisaient à voix haute la liste de leurs rêves, l'un d'eux a déclaré : « nager trois fois par semaine. » Avouez qu'il s'agit d'un rêve peu compliqué à réaliser.

Aussitôt, à l'autre bout de la salle, quelqu'un a bondi en s'écriant : « Incroyable ! C'est exactement ce que je souhaite faire ! Depuis des années ! »

Le public a ri aux éclats. Je ne comprenais pas pourquoi tous ces gens se tenaient les côtes de rire, jusqu'à ce qu'on m'informe que ces deux-là partageaient le même petit bureau depuis une dizaine d'années. Si seulement ils avaient partagé leurs rêves bien avant, ils ne seraient pas loin, aujourd'hui, d'être champions olympiques de natation...

65 NOTRE OBSTACLE PRINCIPAL ? NOUS-MÊME.

Pendant longtemps, j'ai désiré écrire ce livre. Résumer le périple de « La Liste » entrepris avec le blog, ajouter des exemples découverts au cours de mes conférences, rapporter des rencontres et des conversations avec des milliers de rédacteurs de listes et synthétiser les méthodes pertinentes et pragmatiques pour les transmettre. J'ai rédigé à n'en plus finir, page après page, qui, toutes, s'accumulaient sur mon ordinateur mais, au dernier moment, je repoussais la décision ultime.

- ✓ **Pourquoi m'achèterait-on un livre d'accomplissement personnel ?**
- ✓ **Qu'ai-je donc réussi de particulier dans mon existence ?**
- ✓ **Quelle valeur mes recommandations peuvent-elles avoir ?**
- ✓ **Aucune maison d'édition n'acceptera mon manuscrit.**
- ✓ **Pourvu qu'on n'aille pas croire que je fais du prêchi-prêcha...**
- ✓ **Je ne veux pas passer pour un mégalo.**

J'ai été assailli par ce genre de pensées négatives et stérilisantes. À rebours, et à ma grande joie, j'ai reçu un bon lot d'encouragements de toutes parts.

Un beau jour, en pleine inconscience et surmontant mes inhibitions, j'ai décidé de me jeter à l'eau et de publier mon ouvrage en autoédition. Cette foucade, je la baptise : « mon moment d'égarement », pendant lequel je n'étais plus obnubilé par les blocages et autres prétextes habituels, et où je m'autorisais à me montrer téméraire.

Pendant une longue période, j'ai suivi les miracles des sites de financement participatif, fonctionnant, eux aussi, selon le principe du « crier nos rêves ». Ces dernières années, ces sites prolifèrent et permettent à des milliers de rêveurs de partager leurs idées et leurs trouvailles avec les habitants du village global, dans le but de collecter des fonds pour les mettre en pratique.

Je me suis posé la question de savoir si la levée de fonds sur Internet était le bon moyen pour financer l'ouvrage que vous lisez en ce moment. La réponse n'a pas tardé : oui !

Si je réussissais, grâce à mon « cri », à recueillir la somme nécessaire pour publier mon livre (alors, à mi-parcours de rédaction), cela offrirait la meilleure preuve à ma théorie – les idées à l'origine de « La Liste » fonctionnent. Dans les pages suivantes, vous trouverez des tuyaux et une « boîte à outils » qui vous aideront à collecter de l'argent sur Internet pour réaliser vos rêves.

66 | LE PACTOLE SE GONFLE DE PETITES SOMMES

C'est le fil directeur du financement participatif : le pactole se gonfle de petites sommes.

La collecte de fonds sur le Net fonctionne de la façon suivante : un initiateur ou un groupe d'initiateurs ouvrent une page de campagne pour un projet et proposent aux internautes de rejoindre la communauté des donateurs. De son côté, le public reçoit une contrepartie – sous forme d'un produit, d'un service ou d'une expérience. Par exemple, la primeur d'un album ou d'un spectacle, des conférences, la participation à une œuvre, etc.

Au bout de longs mois de recherche approfondie dans ce domaine, j'ai décidé d'ouvrir ma page de collecte afin de publier mon livre, *La Liste*, en hébreu et en anglais. Cette page a été hébergée par le site Internet israélien jumpstarter.co.il.

J'ai clamé mon rêve à tue-tête. J'ai diffusé le lien vers ma page de campagne sur les réseaux sociaux et dans les boîtes mails de mes amis. Dès les premières vingt-quatre heures, j'ai bénéficié d'une somme de 36 000 shekels (presque 10 000 euros) ; elle dépassait de 30 % le montant que je m'étais fixé. En quarante-huit heures, la somme a doublé, et, le troisième jour, j'avais bouclé mon budget à 107 % !

Le fait que j'avais réussi à collecter en trois jours la somme de départ que je m'étais fixée m'offrait une chance à laquelle je ne m'attendais pas du tout.

Mon émotion a atteint son comble au moment où j'ai saisi brusquement que « La Liste » avait agrégé une communauté plus large et plus engagée que je ne le croyais, et qu'il me restait cinquante-sept jours de mobilisation qui m'offrait une autre occasion de jouer un jeu que je n'avais pas prévu. Et de m'y préparer sur-le-champ !

67 EXTENSION
DU PROJET ET DE MOI-MÊME

Au bout de soixante jours d'euphorie et d'insomnies, ma campagne de fonds a pris fin. Sur l'horloge du site, les dernières heures et minutes s'égrenaient, tandis que le tableau des résultats affichait la somme irréelle (et rondelette) de 251 818 shekels, plus d'un quart de million de shekels collectés en deux mois seulement ! Somme censée couvrir la publication du livre en hébreu et dans d'autres langues et qui, en outre, permettait d'investir dans les relations publiques et la publicité – condition indispensable pour la promotion d'un produit nouveau, mais qui souffre souvent d'un manque cruel de financement.

Au cours des deux premières semaines d'appel de fonds, sous le coup de l'émotion, je n'ai pas réussi à fermer l'œil. L'enthousiasme me donnait l'impression de planer. Mon corps était parcouru de frissons – pas du tout métaphoriques. J'ai reçu un « j'aime » réel et concret de milliers de parfaits inconnus. Certains ont investi dans mon ouvrage plus de 5 000 shekels (1 250 euros) ! Je m'imaginais en alter ego de Leonardo DiCaprio dans *Le Loup de Wall Street*. Je quittais mon ordinateur pour préparer mon déjeuner ou pour prendre une douche, et, au retour, je découvrais de nouveaux donateurs et que le financement de mon projet avait augmenté de milliers de shekels, parfois, de dizaines de milliers.

Très vite, la crainte d'essuyer un échec ou une humiliation a cédé la place à un bonheur indicible qui m'a submergé pendant de longues journées et m'a insufflé une confiance personnelle et professionnelle – en même temps qu'abondaient de nouvelles adhésions à ma conception du monde.

Parce que j'avais surmonté mes peurs, j'éprouvais le sentiment d'une victoire personnelle. Certes, à la veille de la campagne de levée de fonds, j'avais prêté l'oreille à mes craintes, qui auraient pu être plus toxiques que n'importe quel poison, mais, en fin de compte, j'avais réussi à forcer les barrières.

Vous aussi, vous le pouvez.

Comment m'y suis-je pris ? Grâce à une série de rencontres et de conversations avec des personnes qui connaissent bien ce système de financement. J'ai consulté des webmestres de sites et des entrepreneurs qui ont eu recours au financement participatif pour leurs propres projets, en leur exposant tous mes doutes. C'est ainsi que j'ai découvert qu'apprivoiser ses peurs constitue une étape fondamentale pour nous aider à choisir la plate-forme qui nous convient le mieux.

À ma grande joie, je me suis aperçu que je n'étais pas le seul à avoir peur. Ceux qui tentent de lever des fonds dans le public partagent un « paquet de craintes » typique : ce processus se déroule dans une transparence totale et affiche les résultats en temps réel. Au cours d'une discussion avec Elia Alon-Cohen, la directrice de la plate-forme que j'ai choisie au bout du compte, j'ai appris que c'est justement la raison de l'efficacité de cette méthode. J'ai compris que cette transparence accordait aux internautes et aux donateurs une sécurité et une proximité et qu'elle formait une communauté qui, bien vite, fournissait un stimulant aux entrepreneurs et à leurs projets.

FORT DE CETTE EXPÉRIENCE, JE VOUS ADJURE : ÉTOUFFEZ LES CRAINTES QUI VOUS MINENT, DONNEZ-LEUR UNE RÉPONSE ET UN RÉCONFORT. ANESTHÉSIEZ-LES AVEC LE COURAGE NÉ DE LA FOI ET ALLEZ JUSQU'AU BOUT, AVEC CETTE FOI CHEVILLÉE À L'ÂME.

L'histoire de l'humanité abonde en précurseurs qui ont agi en se conformant à leur vérité intime. De Galilée, qui s'est obstiné à crier à tue-tête que la Terre tournait autour de son axe, jusqu'à de célèbres acteurs hollywoodiens qui ont risqué leur prestige et leur argent dans un projet cinématographique marginal mais qui leur a offert une gloire planétaire et, à l'occasion, un oscar (Tom Hanks, par exemple, a investi comme producteur dans *Mariage à la grecque*, devenu un film-culte et une mine d'or, ou dans *Little Miss Sunshine*, récompensé par les oscars).

68 VOUS ÊTES INTÉRESSÉS PAR LE FINANCEMENT PARTICIPATIF ? BIENVENUE AU CLUB !

1. LA PLATE-FORME

Sur le Net, vous trouverez de nombreux sites sur lesquels il est possible d'ouvrir une page de levée de fonds. Je vous suggère de les consulter tous et, en particulier, les campagnes proches de votre domaine d'intérêt ou celles qui ont le mieux réussi. Commencez par analyser leur réussite – ou leur échec –, vérifiez la palette des cadeaux proposés aux donateurs, l'attitude de l'initiateur à l'égard de sa communauté, la qualité de sa relation avec elle et la fréquence de ses actualisations. Enfin, interrogez-vous : que ressentez-vous devant la page de campagne ? Auriez-vous rejoint la communauté des donateurs ? Quelle que soit votre réponse, essayez d'élucider les raisons de votre choix.

2. LE BOUTON DU SENTIMENT

Pourquoi soutiendrait-on mon idée ?

C'est la question que se pose quiconque se lance dans le financement participatif. Eh bien, c'est parce que beaucoup souhaitent partager la réussite d'une idée ou d'un projet. En effet, ce genre de financement offre à chaque adepte l'occasion de nouer un lien direct avec l'initiateur, qui devient disponible et abordable à tout moment. Cette motivation est formulée à la perfection par Kevin Kelly, dans le magazine *Wired* :

« JE CROIS QUE LE PUBLIC VEUT PAYER LES CRÉATEURS. LES FANS SOUHAITENT OFFRIR LEUR ARGENT AUX ARTISTES, AUX MUSICIENS ET AUX ÉCRIVAINS EN SIGNE D'ADMIRATION, PARCE QUE CELA LEUR PERMET D'ENTRER EN CONTACT AVEC EUX. ILS NE LE FERONT QUE SI LA PROPOSITION EST TRÈS SIMPLE, LA SOMME RAISONNABLE, ET S'ILS SONT CERTAINS QUE LA SOMME BÉNÉFICIERA DIRECTEMENT AUX ARTISTES ET AUX CRÉATEURS. »

En analysant le domaine du financement participatif, j'ai découvert, entre autres, le projet d'un biologiste américain qui proposait à la vente un produit baptisé « Mini-musée » (avec des échantillons de pierres, des insectes ou des éléments de la nature), et visait la somme de 35 000 dollars pour développer son idée. En deux mois, il est parvenu au montant surréaliste d'un million de dollars, bien au-delà de ses espérances. En revanche, j'ai trouvé de nombreux projets apparemment prometteurs (à cause d'une idée intéressante ou de célébrités qui en assuraient la promotion) qui ont essuyé un échec cuisant par défaut de gestion ou de communication claire et séduisante (vous vous souvenez ? Formulation et focalisation avant la diffusion et le cri revêtent une valeur primordiale).

3. VALEUR AJOUTÉE

Vous souhaitez que d'autres personnes soutiennent votre rêve ? Très bien : garantissez-leur une valeur ajoutée ! Il faut que votre projet comporte une valeur pour le contributeur, la communauté, la collectivité. Si votre projet n'a d'autre vocation que de vous servir exclusivement, je doute que vous puissiez réussir à recueillir le budget escompté. Des explications du genre « Je veux sortir mon disque » ou « Je veux tourner un documentaire sur mon grand-père » n'inciteront personne à mettre la main au portefeuille.

Vous désirez éditer votre premier disque ? Détaillez-en le contenu et les messages que vous souhaitez transmettre à travers lui, signalez la valeur ajoutée que votre communauté de soutiens en obtiendra. Soyez actif dans votre communauté. Informez de vos actions avant et pendant la campagne de collecte. Associez les internautes, incitez-les à l'action. Votre communauté se joindra à cette expérience et désirera saisir cette occasion de financer et de faire progresser votre projet.

4. SOMME TOUTE...

Après avoir choisi le site qui vous convient, envoyez un mail personnel au webmestre du site et demandez à le rencontrer. Vérifiez si vous adhérez aux valeurs prônées par le site et si vous acceptez le taux de commission (en général, de 8 à 15 %) que vous réglerez en fin de campagne. Assurez-vous aussi que vous n'aurez pas d'autres paiements à effectuer pendant la campagne ou à sa fin.

5. VOTRE COMMUNAUTÉ

Bien avant de vous mettre en route, créez votre communauté sur les réseaux sociaux. Ajoutez des « amis » à vos différents profils, réagissez à d'autres profils, créez une interaction et préparez le terrain à l'action. La campagne de collecte de fonds est votre campagne : elle ressemble un peu à une campagne électorale, car, avec les fonds, vous recevrez un soutien et un écho permanents. Le système du site actualise l'adhésion de chaque donateur et déverse tout le temps de nouveaux messages et des réactions dans votre téléphone. Vous êtes le patron de la campagne.

Vous devrez y consacrer un labeur acharné : des heures de réponses aux mails, de conversations téléphoniques, de communication, à convaincre des individus du bien-fondé de votre idée – que ce soient vos connaissances ou des inconnus curieux de connaître l'origine de votre projet. Vous devrez expliquer devant tout le monde, inlassablement, ce que ce projet signifie pour eux et pour vous-même, même si c'est la huitième fois que vous le rabâcherez en une heure...

Pendant le déroulement de la campagne, parallèlement à mon activité sur le Net, j'ai imprimé des cartes de visite expliquant comment entrer sur ma page de projet et naviguer facilement entre les différentes canaux de soutien. Pendant toute cette période, j'avais ces cartes sur moi, et je les proposais à tous ceux que je rencontrais, en les encourageant à rejoindre ma communauté de soutiens.

6. EXPOSEZ VOTRE RÊVE EN TOUTE TRANSPARENCE

Décrivez au mieux votre rêve (vous vous rappelez ? Formulation et transparence !) et expliquez pourquoi vous avez choisi le financement participatif et quelle valeur votre création apporte au monde. Veillez à émouvoir la communauté de vos soutiens et à créer une valeur réelle à son profit, du point de vue du contenu comme de la palette des cadeaux que vous leur offrirez en échange de leur argent.

Plus d'une fois, je me suis retrouvé à aider financièrement les rêves d'autres individus, quand ils m'émouvaient : la publication d'un livre de recettes de cuisine éthiopienne, dont les bénéfices étaient destinés à développer le niveau scolaire des élèves de cette communauté, ou un jeune homme ayant perdu des dizaines de kilos et qui avait besoin d'une opération esthétique pour raffermir ses membres devenus flasques…

7. LE « J'AIME » AUTHENTIQUE

La participation massive à une campagne de financement, voilà le véritable « j'aime » ! Non comme ces « j'aime » plaqués nonchalamment sur les statuts de nos amis, mais à partir d'une démarche volontaire et authentiquement engagée.

Les premiers à adhérer à votre projet seront des membres de vos cercles proches : votre famille, vos amis et ceux du Net. Il est important de préparer vos proches en vue du début de la campagne, afin qu'ils soient les premiers à se mobiliser. Ces derniers feront part de votre campagne à leurs propres cercles et répercuteront vos messages sur la page de campagne ou sur Facebook par un « recommander » ou des commentaires. La première somme significative qui tombera dans votre escarcelle encouragera d'autres à participer. La réussite est contagieuse, et beaucoup aiment s'associer à la réussite d'autrui.

Vous avez le pouvoir de convaincre des individus de différents cercles, seraient-ils éloignés de vous, grâce à un message clair, une valeur ajoutée et une palette diversifiée de cadeaux.

Certes, en découvrant votre campagne, quelqu'un appartenant à un cercle éloigné ne se hâtera pas de mettre la main à la poche. Il réfléchira d'abord au sens de votre projet pour lui-même. Cela pourra prendre quelques jours, voire davantage, non sans qu'il consulte votre message à plusieurs reprises.

Ensuite, il devra ouvrir son portefeuille, prendre sa carte de crédit, enregistrer ses coordonnées sur le site Internet et valider la transaction. Même s'il a recommandé le projet à ses amis, ou marqué d'un « j'aime » votre projet, il devra franchir plusieurs étapes au cours desquelles il est susceptible de se raviser.

Dans ce cas, qu'est-ce qui, en fin de compte, incitera les internautes à soutenir votre projet ? Qu'est-ce qui les conduira à dénouer les cordons de leur bourse justement pour vous ? Surtout, le fait que vous aurez réussi à leur « vendre » à la fois de la valeur et du sentiment, et pas seulement un produit.

8. UN DIALOGUE ENRICHISSANT ET PERMANENT

Du point de vue du créateur, le charme d'une campagne de financement participatif sur le Net découle, en premier lieu, du lien direct et sans intermédiaires avec la communauté.

Chacun des soutiens de mon projet a choisi le cadeau qui lui convenait, a accepté de diffuser mon projet et de le recommander à ses amis, puis de donner son argent, son temps et son attention afin que l'initiateur de la campagne réussisse. Cette générosité ne va pas du tout de soi. C'est pourquoi elle revêt une valeur suprême pendant le déroulement de la campagne et une portée énorme et prolongée, bien après sa clôture.

☑

Pendant ma campagne (60 jours), j'ai publié 16 actualisations, ce qui signifie que j'ai établi un contact avec ma communauté, tous les trois jours environ. Il s'agissait d'une communication de qualité qui ne dédaignait ni la gratitude, ni l'estime à l'égard des donateurs, et, à chaque fois, j'y ajoutais une valeur nouvelle, que ce soit par de nouveaux cadeaux ou en offrant une partie, avant même la fin de la campagne. En outre, j'ai créé sur Facebook un groupe privilégié pour les donateurs m'ayant gratifié de milliers de shekels ; j'ai associé ce groupe à des développements externes au site, à de nouveaux liens, des initiatives et des collaborations inédites, etc.

Avec ce groupe, j'ai tenu une séance de remue-méninges pour trouver de nouvelles rétributions susceptibles d'émouvoir les donateurs existants et potentiels. C'est ainsi que sont nés des cadeaux comme un dîner intime chez moi et une participation aux bénéfices tirés de la traduction du livre en cinq langues supplémentaires, bien au-delà des gratifications proposées en ouverture de campagne.

Dès que j'ai clos la campagne de collecte, j'ai commencé à concrétiser les cadeaux promis aux donateurs. Aujourd'hui, je possède plusieurs moyens de communication me permettant d'accéder directement à mes donateurs, afin de continuer à les tenir au courant de chaque nouvelle évolution de mon projet.

Quelques jours avant la fin de la campagne, une amie intime m'a houspillé : « Je n'en peux plus de ta liste !

Tu rabâches ! » Je lui ai répondu : « Tu as raison, je rabâche. Mais quand tout cela sera terminé dans quelques jours, j'aurai en mains plus d'un quart de million de shekels pour réaliser mon rêve. »

69 | LEVER LES PRÉVENTIONS D'AUTRUI

PARFOIS, POUR QUE VOTRE LISTE RÉUSSISSE, VOICI CE QUE VOUS DEVREZ FAIRE : LEVER LES PRÉVENTIONS D'AUTRUI.

Les préventions sont le produit d'une angoisse refoulée ou d'un manque de confiance. Vos opposants peuvent être des membres de la famille, des gens « toxiques », mais si, à l'occasion, les toxiques écoutent vos rêves, les contestataires ne sont pas du tout disposés à vous prêter l'oreille. Depuis longtemps, ils ont étouffé leurs propres rêves et ils entendent en faire de même pour les vôtres.

Un jour, j'ai eu un droit à la réaction sarcastique d'une femme qui a laissé ce commentaire sur mon blog :

> « Voici ma liste : la paix universelle, la démocratie planétaire, la social-démocratie au Proche-Orient, enseigner à la Banque mondiale et au Fonds monétaire international comment liquider la famine, mettre fin à la pauvreté, détacher l'État des oligarchies, réduire l'aliénation et retrouver un esprit collectif. Vous semble-t-il vraisemblable que, si 50 amis postaient ce souhait sur le Net, cela fonctionnerait ? Ou cela ne convient-il pas plutôt aux listes qui se prosternent devant la réalité capitalistique ? »

En réponse (j'adore discuter avec les opposants), je lui ai demandé pourquoi elle se montrait si cynique, et elle m'a répliqué (avec cynisme, bien sûr) : « Vous et moi, nous ne vivons pas dans la même réalité et nous n'utilisons pas le même langage. Quand mes rêves se réduiront à m'acheter un iPhone 5 ou à rencontrer Oprah Winfrey, nous pourrons discuter ! »

Je ne connais pas cette femme, qui m'a répondu de manière agressive et a refusé de dialoguer, mais je me suis heurté à bon nombre d'opposants de cet acabit dans mes conférences. Ils trouvent toujours des explications et des prétextes au fait que mes listes réussissent et les leurs, jamais. Ils m'expliquent que je suis connu, gagne bien ma vie et suis lié à de nombreux amis sur le Net, sur ma page Facebook et sur mon site personnel, etc.

Je ne rejette pas ces objections mais je leur rappelle que, dans la même mesure, je ne suis pas né à New York, que je n'ai pas trouvé des millions dans mon berceau et que je n'étais pas spécialement « branché » avant de commencer, à 16 ans, à écrire des listes et à cultiver les talents et les liens nécessaires à mon accomplissement personnel.

J'ai aussi croisé de nombreuses personnes qui m'ont fait valoir qu'une liste de rêves était le privilège de gens comblés par la vie, qui ne ploient pas sous le fardeau d'une hypothèque immobilière et qui finissent le mois sans y penser. C'est exact : ceux qui se débattent dans une situation financière horrible et croulent sous les dettes ne disposent pas de la liberté mentale et émotionnelle pour rêver en grand. Ces individus ont besoin de solutions immédiates et, à ceux-là, je conseillerai (tout comme je l'ai fait pour moi-même) de rédiger une liste d'urgence pertinente qui les aidera à sortir du pétrin.

Beaucoup croient au destin ou à des « forces supérieures ». Pour ma part, j'ai la conviction que notre existence est entre nos mains.

AU COURS DE MON EXISTENCE, J'AI CONNU NOMBRE DE PERSONNES QUI ONT CONFIRMÉ CETTE CONVICTION. BIEN QU'ELLES AIENT ÉTÉ PLONGÉES JUSQU'AU COU DANS DES DIFFICULTÉS PERSONNELLES ET FINANCIÈRES, ELLES ONT SURMONTÉ CETTE SITUATION, GRÂCE À LA DÉCISION DÉLIBÉRÉE DE S'EXTIRPER DE LA BOUE, DE PARTAGER AVEC AUTRUI, DE DEMANDER DE L'AIDE ET DE SAUTER PAR-DESSUS TOUS LES OBSTACLES.

Quelques semaines avant la parution de ce livre, j'ai été interviewé à la télé à propos de « La Liste ». La maquilleuse, qui m'avait reconnu, m'a demandé si je croyais que chacun pouvait réaliser son rêve. Je lui ai répondu que j'en étais convaincu, et que tout dépendait de l'expérience.

J'ai essayé de lui donner un exemple tiré de son propre univers : « On m'a maquillé tant de fois sur les plateaux de télé que je suis capable désormais de prendre votre brosse de fond de teint et de vous maquiller... Bien sûr, le résultat ne sera pas parfait, mais sans doute acceptable. J'ai appris quelques trucs, à force de regarder travailler les maquilleuses. Si je pensais que mon avenir était dans le maquillage, j'étudierais pour devenir un as du blush... »

NOUS POUVONS TOUJOURS APPRENDRE À RÉALISER NOS RÊVES. IL SUFFIT D'EN AVOIR LA VOLONTÉ.

70 | CHAQUE LISTE A-T-ELLE UNE VALEUR ?

Oui, absolument : chaque liste vaut de l'or pour celui qui l'a rédigée. Même si vous avez l'impression que votre liste comporte des points insignifiants et peu impressionnants, elle demeure votre clé du changement.

Une liste de rêves ne doit pas être obligatoirement pompeuse. Même si elle manque d'un point qui nous missionne pour redresser la tour de Pise ou se soucie du bien-être des vaches laitières, il n'en demeure pas moins qu'il s'agit de nos listes, destinées à accomplir nos rêves intimes.

Un rêve peut être minuscule et modeste, mais, accompli et incarné dans la réalité, il rend notre vie meilleure et plus satisfaisante.

TRÈS BIEN. MAIS SI TOUT UN CHACUN SE METTAIT À RÉDIGER SA LISTE ?

À l'époque où j'écrivais ce livre, alors que je séjournais à Berlin pour mon travail, j'y ai rencontré un ami israélien résidant dans cette ville. Je lui ai raconté l'histoire de ma liste. Mon ami, qui ignorait mon projet, m'a prêté une oreille attentive, puis a lâché : « Ça me semble intéressant et important, ton truc. Mais es-tu conscient du problème que pose ton bouquin ? Des millions de gens vont se mettre à rédiger leurs listes et à les brailler à tue-tête !

– Je ne vois vraiment pas pourquoi il y aurait un problème.

– Parce que tout le monde ne pourra pas réaliser ses rêves. La planète est surpeuplée, il n'y a plus assez de place pour les milliards d'habitants. Imagine que tous écrivent "publier un livre"... Les librairies crouleraient sous les invendus ! »

J'ai souri.

Je ne comprends pas les craintes de mon ami. Le monde est encore assez vaste pour accueillir de bonnes choses. En outre, ma campagne de « La Liste » ne m'oblige pas à marquer chaque rêve d'un « ✔ ». Car une partie de ce projet consiste, tout au plus, à vérifier si je suis capable d'effectuer des choses et si j'ai encore la volonté et l'enthousiasme de surmonter les obstacles qui barrent mon chemin.

Certes, certaines personnes, épuisées par l'effort requis pour réaliser leur rêve, le laisseront tomber en cours de route. Mais même le fait de renoncer à un rêve représente, à mes yeux, une sorte de succès. Car, dès que l'on a décidé de renoncer à un rêve, on se libère, du même coup, du sentiment de frustration, de ratage ou de regret. Parce qu'un rêve inaccompli risque de se transformer en cauchemar.

Ainsi une de mes connaissances cultive le rêve ancien d'apprendre la sculpture. « Qu'est-ce qui t'en empêche ? Inscris-toi à un cours de sculpture !

– J'ai peur de découvrir que je suis nulle...

– Et tu préfères vivre pendant des années avec ce rêve inassouvi ? Tu ne crois pas préférable d'apprendre ? Au pire, tu t'apercevras que tu ne possèdes pas le moindre talent, et donc, tu pourras renoncer à ce rêve et faire de la place à un autre dans ta tête et dans ton cœur ! »

Au lieu de me répondre, mon interlocutrice s'est hâtée d'appeler un atelier de sculpture qu'on lui avait naguère recommandé. (Par la suite, au fait, il s'avère qu'elle est devenue une sculptrice pas mauvaise du tout.)

Aussi j'ai répondu ceci à mon ami craintif de Berlin :

« NOUS VIVONS À L'ÈRE DE LA TÉLÉRÉALITÉ QUI NOUS MONTRE QUE, DANS LA VIE, IL Y A UN VAINQUEUR ET BEAUCOUP DE VAINCUS. MAIS LA RÉALITÉ EST DIFFÉRENTE : DANS LA VIE, IL EXISTE BEAUCOUP DE VAINQUEURS QUI ACCÈDENT À LA PREMIÈRE MARCHE DU PODIUM ET D'AUTRES, PLUS NOMBREUX, QUI MONTENT SUR LES AUTRES MARCHES ! »

Mon ami m'a paru perplexe. Il s'est abîmé dans la contemplation de son verre de bière, puis il a ajouté : « Écoute, toi, tu possèdes une méthode ! Mais c'est la tienne. Elle te va comme un gant, elle est efficace pour toi, mais pas forcément pour les autres ! »

Ces mots, aussi, m'étaient familiers. Il est évident que « La Liste » fonctionne à mon profit, et que le stimulus qui m'a poussé à écrire ma première liste était dû à mon accident.

Mais des milliers de gens dans le monde ont rédigé des listes (plus ou moins précises) et les ont révélées dans le cadre de mon blog. Ce sont des individus que la technique de « La Liste » a aidés à progresser dans la vie : ils ont trouvé un meilleur travail, l'amour, adopté un nourrisson, ont gagné de l'argent, coché des « ✔ » sur une liste de tâches fastidieuses, ont rencontré les idoles de leur jeunesse ou effectué le voyage qu'ils ont fantasmé pendant toute leur existence.

71 NE LAISSEZ PAS
VOS IDÉES S'ÉVAPORER

S'il est une chose que j'exècre, c'est une bonne idée gâchée. Attendre « le moment opportun », c'est donner la priorité à d'autres personnes. Le dicton « Les grands esprits se rencontrent » a du vrai. Vous avez une idée brillante ? Il est vraisemblable que cette idée germera dans le cerveau de quelqu'un d'autre, quelque part dans le monde. Voudriez-vous, pour autant, abandonner vos rêves ?

L'HISTOIRE DE « LA LISTE » EST CERTES LA MIENNE, ET LE MOMENT DÉTERMINANT DE MON EXISTENCE EST CELUI DE MON ACCIDENT, À L'ÂGE DE 16 ANS. N'ATTENDEZ PAS UNE TELLE CIRCONSTANCE MALHEUREUSE, QUI SECOUERA VOTRE VIE ET VOUS RAPPELLERA QUE L'AVENIR N'EST JAMAIS ASSURÉ.

LA LISTE PERTINENTE A LE POUVOIR DE CHANGER LA VIE, ET LE PUBLIC DÉGAGE L'ÉNERGIE D'UNE CENTRALE NUCLÉAIRE.

RÉDIGEZ

VOTRE LISTE.

MAINTENANT.

☑

« Si vous le voulez, ce ne sera pas qu'une légende ! »
Théodore Herzl,
visionnaire de l'État juif

72 | MA NOUVELLE LISTE (TIENS DONC !)

Pour que nous puissions garder le contact, même après que vous aurez fini de lire cet ouvrage, j'ai décidé de vous faire partager ma nouvelle liste.

Eh oui, je possède déjà une nouvelle liste composée de… 10 points – quelle surprise ! – que j'ai l'intention de réaliser en 400 jours.

Dès la parution de cet ouvrage, je me lancerai dans une nouvelle aventure.

Vous pourrez trouver un compte rendu de ce périple sur le site « La Liste », à l'adresse : uv-tlv.com (onglet : « La Liste »). Je vous invite chaudement à essayer de m'aider à la réalisation de mes nouveaux rêves. Comme vous vous en êtes aperçu, j'aime beaucoup recevoir de l'aide…

Voici donc les points de ma nouvelle liste :

- ☐ Diffuser le message de « La Liste » en plusieurs langues et donner des conférences en Israël et dans le monde.
- ☐ Accéder enfin, grâce à « La Liste », à Oprah Winfrey, lui proposer une collaboration professionnelle (certains rêves transitent d'une liste à l'autre avant de se réaliser !) et l'interviewer aussi, bien sûr.
- ☐ Recruter une équipe qui m'aide à fonder une association « Un shekel par jour », pour offrir à des enfants nécessiteux des moments de bonheur.

- ☐ Apprendre à cuisiner.
- ☐ Malgré la charge de travail, les tâches domestiques et l'éducation de mes filles, réserver un dîner par semaine avec mes amis (et, en profiter pour rafraîchir et augmenter ma liste d'amis).
- ☐ Fixer une date sur mon agenda à mon voyage en Australie, pour une excursion qui durera au minimum deux semaines (l'hébergement et le billet d'avion sont déjà assurés).
- ☐ M'occuper du format télévisé d'un programme que j'ai développé, « Projection privée », pour lui trouver une chaîne de diffusion.
- ☐ Écrire une pièce de théâtre.
- ☐ Monter un one-man-show.
- ☐ Dégagez un jour de congé dans la semaine sans ordinateur.

☑

Si vous êtes arrivé jusqu'ici, je suppose que vous avez déjà assimilé l'essentiel de mes messages au sujet des rêves : les focaliser, leur accorder un caractère public et les diffuser à tous vents.

Aussi, voici la formulation condensée d'un petit rêve supplémentaire : que cet ouvrage parvienne au plus grand nombre possible de personnes en Israël et dans le monde. La capacité de m'aider est entre vos mains ! Si vous avez partagé mes réflexions, je serais heureux que vous diffusiez le message et que vous « clamiez » l'existence de ce livre.

PHOTOGRAPHIEZ-VOUS AVEC LE LIVRE EN MAIN, POSTEZ LES LISTES QUE VOUS AVEZ GRIFFONNÉES SUR LE NET, CITEZ DES EXTRAITS DU LIVRE OU SCANNEZ UN PASSAGE QUE VOUS AVEZ APPRÉCIÉ ET COLLEZ-LE SUR VOTRE MUR FACEBOOK OU SUR TOUT AUTRE RÉSEAU SOCIAL. DE CETTE FAÇON, VOUS AIDEREZ LE MESSAGE DE « LA LISTE » À PARVENIR AU PLUS GRAND NOMBRE D'INDIVIDUS ET, TOUS ENSEMBLES, NOUS POURRONS FONDER UNE COMMUNAUTÉ MONDIALE PARTAGEANT UN MÊME LANGAGE.

Si vous désirez laisser un commentaire personnel – poser des questions, suggérer, discuter, contester ou corriger une erreur dans le livre –, vous pourrez me contacter aux adresses suivantes :

e-mail : uvtlv1@gmail.com

Facebook : yuval abramovitz.fr

Twitter : @uvtlv

Instagram : uv

Mon site : http://uv-tlv.com/fr/

The List

Réservation de conférences sur « La Liste » : me contacter sur mon numéro personnel : 00 972-50-2462463.

REMERCIEMENTS

✔ Tout d'abord, j'exprime mon immense gratitude aux milliers de personnes en Israël et dans le monde qui ont manifesté de l'intérêt pour le projet « La Liste », dès sa naissance. Je remercie tous ceux qui se sont montrés disposés à fournir leur aide sans contrepartie et m'ont ouvert sans hésiter leur cœur et leur maison. Je remercie aussi les milliers de contributeurs, de soutiens, de donateurs et d'expéditeurs de listes… de même que tous les opposants qui m'ont aidé à me recentrer et à focaliser mon idée.

✔ Merci à Zeev Yanaï pour ses conseils stratégiques lors des premiers jours du blog, à Nathalie Feinstein pour sa traduction en anglais du blog, à Edi Liberman, pour sa traduction en arabe et en persan, pour mon coach Tal Stav, qui m'a enseigné la bonne manière de courir, à Arad Richter pour le clip qu'il a préparé, à Noam Kott pour son aide sur Internet et à Nétahen Livné, pour ses conseils diététiques. Merci également à Rafi Barbiro et à la députée Stav Shafir pour mon apparition dans les médias, à Alon Gal qui m'a incité à élaborer le contenu de mes conférences, et à Tami Neutal, qui a osé m'inviter à ma première conférence payante. Vous avez été les premiers à croire en moi et à me soutenir et, grâce à vos encouragements, j'ai pu me lancer dans l'aventure dont ce livre est l'un des aboutissements.

✔ Merci à tous les autres soutiens que j'ai rencontrés en chemin et dont je n'ai pas eu la présence d'esprit de noter le nom. Vous demeurez à jamais gravés dans ma mémoire.

✔ À Tamara Moyal, la directrice artistique la plus douée avec laquelle il m'a été donné de travailler ! Ton cerveau déborde de créativité et, grâce à ton travail exceptionnel, les lecteurs ont bénéficié de la maquette magnifique de cet ouvrage.

✔ À Atara Ofek, pour l'hébreu impeccable dont tu as enrichi ma plume et pour ton excellente relecture de ces pages.

✔ À Odetta Schwarz, pour nos discussions nocturnes par mail (et pour celles en tête à tête), pour ton appui et tes conseils.

✔ Aux étudiants et diplômés de l'atelier d'écriture « Héros culturel », pour leur désir sincère d'aider à la lecture de ce livre et pour leurs réactions. Un merci particulier à Ada Ofir, Marina Kiguel, Liraz Grin et Ilanit Shahar pour leurs remarques intelligentes, et à Ravid Shavit pour sa contribution avec l'histoire du père, du fils et de l'âne.

✔ Merci aux 326 soutiens du financement participatif, qui ont acquis des exemplaires en avant-première, des cadeaux et des conférences et ont alimenté la caisse de soutien à ce projet. Sans eux, cet ouvrage n'aurait pas vu le jour. Mille mercis ne suffiraient pas à exprimer mon estime sincère à l'égard de chacun d'eux.

✔ Un merci gigantesque à Ari Koka (le premier soutien !), Yoni Zikholz, Eran Talmor, Lia Yaffe-Talmor, Batya et Eytan Yaffe, Brakha Leit, Orit Gil, Lior Talmor, Golan Bar-Or, Efrat Enzel, Edi Arklis, Golan Leinmann, Messi Arklis-Leinmann, Ronit Yurslavitz, Ida Markovitz-Twig, Lilah Vidal, Limor Goldstein, Arlette Bill, Hen Shabataï, David DiMarimski, Noa Budner, Orna et Tsuri Peles, Tali Asseraf Yuran, Ido Yuran et Orit Gil, pour avoir eu le courage d'investir de fortes sommes dans ce projet « La Liste » et témoigné votre confiance absolue en moi et en mon idée.

✔ À Shiri Ben-Or, pour son empathie et ses encouragements infinis, pour son aide à la diffusion de l'idée dans le cadre de conférences. Et merci à toi, Nir Haïmowicz, pour m'avoir mis en contact avec Shiri et pour ta bienveillance.

✔ Merci encore à Eliav Elalouf, Eliran Ben-Yéhouda et Nir Gilboa pour leurs conseils éclairés en matière de Net. Aux membres de « J Group » : J. Yafit, Omer Noï, Gili Cohen, Kinneret Tovyahou et Orian Fradji, pour leurs encouragements et leurs conseils pertinents.

✓ À Elia Alon-Hacohen, pour la magnifique plate-forme de levée des fonds et, surtout, pour son écoute attentive vingt-quatre heures sur vingt-quatre. Merci pour les conseils, les tuyaux, la patience et la confiance que tu m'as accordée pendant la rédaction de ce livre.

✓ À Hen Shabataï, Keren Ohayon, Enat Miron, Tal Nitsan, Sharon Mor-Yossef, Mia Landau et Tali Helman, pour votre lecture méticuleuse de l'ouvrage pendant son élaboration et pour vos longues remarques détaillées.

✓ À Méira Barnéa Goldberg pour les mots chaleureux que tu m'as écrits, à une heure tardive de la nuit, au moment précis où une peur paralysante m'avait saisi.

✓ À Tamar Abramovitz, ma mère, qui a lu cinq fois les 22 versions qu'a connues ce livre, et a toujours aimé le résultat avec un manque rare d'objectivité maternelle.

ET MERCI À VOUS TOUS, LECTEURS,
QUI AVEZ PRIS LA PEINE DE PARVENIR
JUSQU'À CETTE PAGE ET DE LA LIRE.

SOMMAIRE

Cet ouvrage a été imprimé en France par
CPI Bussière
à Saint-Amand-Montrond (Cher)
en septembre 2016

Composition et mise en pages
Nord Compo à Villeneuve-d'Ascq

Pour l'éditeur, le principe est d'utiliser des papiers composés de fibres naturelles, renouvelables, recyclables et fabriquées à partir de bois issu de forêts qui adoptent un système d'aménagement durable.
En outre, l'éditeur attend de ses fournisseurs de papier qu'ils s'inscrivent dans une démarche de certification environnementale reconnue.

81-7425-2/01

Dépôt légal : octobre 2016
N° d'impression : 2025584

Nuart : 8174252